AF130947

Karl Ludwig O´Cahill

Geschichte der Größten Heerführer neuerer Zeiten

Karl Ludwig O´Cahill

Geschichte der Größten Heerführer neuerer Zeiten

ISBN/EAN: 9783743303812

Hergestellt in Europa, USA, Kanada, Australien, Japan

Cover: Foto ©ninafisch / pixelio.de

Manufactured and distributed by brebook publishing software
(www.brebook.com)

Karl Ludwig O´Cahill

Geschichte der Größten Heerführer neuerer Zeiten

Geschichte

der

Größten Heerführer

neuerer Zeiten

gesammelt

und mit taktisch-geographischen Noten

begleitet

von

Obristlieutenant, Baron Ô Cahill.

Fünfter Theil.

Zwote Auflage.

Frankenthal,
gedruckt bei Ludwig Bernhard Friederich Gegel,
kurpfälz. privil. Buchdrucker. 1788.

Liste
der
Herren Pränumeranten,
welche noch
nach alphabetischer Ordnung der Oerter ihres
Aufenthalts zugekommen sind.

Amberg.

1. Herr Obrist und Commandant, Graf von Daun, vom Löbl. Chur Pfalz-Bayrischen Infanterie-Regiment Graf von Preising.
2. Herr Lieutenant von Reindl.

Cassel.

Vom Löbl. Landgräfl. Hessen-Casselschen
ersten Garde-Regiment.

1. Herr Hauptmann und Flügel-Adjudant Graf von Bohlen.

)(2 Vom

Vom Löbl. Landgräfl. Hessen-Casselschen Artillerie Regiment.

2. Herr Major von Schleenstein.

Rionerud in Norwegen.

Vom Löbl. Königl. Dänischen Oplandischen Infanterie-Regiment.

1. Herr Obrist und Chef von Stricker.
2. — Major von Siegholt.
3. — —— von Lowzow.
4. — —— von Ruge.
5. — —— von Glad.
6. — —— von Motzfeldt, vom Löbl. 1sten Smaalehnschen Infanterie-Regiment
7. — Hauptmann von Rick.
8. — —— von Wessel.
9. — —— von Lilienpalm.
10. — Premier-Lieutenant Paul Christian von Rye.

Langenburg.

Sr. Durchlaucht Fürst Christian Albrecht, regierender Fürst zu Hohenlohe-Langenburg ꝛc. ꝛc.

Mann-

Mannheim.

1. Herr Lieutenant Graf von Hollenstein.
2. — Lieutenant von Vreden.

Mömpelgard.

Se. Durchlaucht Prinz Friedrich Eugen, Herzog zu Würtemberg, Statthalter zu Mömpelgard, des Schwäbischen Kreises General der Cavallerie, und Ritter des Schwarzen Adlerordens ꝛc. ꝛc.

Neuwied.

1. Se. Durchlaucht Fürst Johann Friedrich Alexander, regierender Fürst zu Wied-Neuwied ꝛc. ꝛc.
2. Se. Durchlaucht der Herr Erbprinz.
3. Se. Durchlaucht Prinz Clemens.

Oehringen.

Ihro Hochfürstliche Durchlaucht der regierende Fürst zu Hohenlohe-Oehringen.

Pots-

Potsdam.

1. Se. Königliche Hoheit der Prinz von Preussen.

2. Se. Königliche Hoheit Prinz Louis von Preussen.

Prag.

1. Herr Generalmajor Graf von Thun.

2. — Graf Adolph von Kaunitz.

Ripen.

Vom Löbl. Königl. Dänischen Ripenschen Infanterie-Regiment.

1. Herr General-Major und Chef Freyherr von Lützow.

2. — Major von Lepel.

3. — —— von Krabbe.

4. — —— von Baudis.

5. — Hauptmann von Sommer.

6. — —— von Behr.

7. — —— von Foß.

8. — Premier-Lieutenant von Kreber.

9. — Lieutenant von Schaumberg.

10. — —— von Scharffenberg.

11. Herr

11. Herr Lieutenant von Lemppert.

12. — — von Conradi.

Rothenburg an der Tauber.

1. Herr Lieutenant von Köyet.
2. — Fähnrich Freyherr von Seybothen.

Sagan.

Vom Löbl. Königl. Preußischen Dragoner-Regiment von Boße.

1. Herr Oberst und Commandeur von Frankenberg.
2. — Hauptmann von Rebenstock.
3. — — von Steinäcker.
4. — — von Pannewitz.
5. — Lieutenant und Adjudant von Boße.
6. — Fähnrich von Bluhm.

Turin.

Herr Graf von Leutrum, Königl. Sardinischer General-Lieutenant und Chef eines Infanterie-Regiments.

Wesel.

Wesel.

Herr Hauptmann von Böhler, vom Löbl. Königl. Preußischen Infanterie-Regiment von Gaudi.

Wien.

20 Exemplar.

Militairische Geschichte
Peter des Großen.
Kayser von Rußland.

Der Verbesserer seines Reiches, der Schöpfer seiner Nation, der Gesetzgeber des Nords, Peter der Große erfüllte die Welt mit dem Rufe seines Namens. Durch seine Niederlagen in der Kunst zu siegen unterrichtet, hatte ihn sein tiefdenkendes arbeitsames Genie in den Stand gesetzt, seinen Ueberwindern Lehren zu geben. Dieser große Mo-

Monarch der Ueberwinder des nordischen Alexanders, war gebohren den 11. Junius 1672. und trat die Regierung im Jahr 1691. allein an. Da sein großes Genie sich aus eigenem Triebe über alle Vorurtheile, Sitten und Gesetze seines Landes empor geschwungen hatte; so beschloß er, die ganze Gestalt der Regierung umzuschaffen, nnd durch sein Beyspiel seine Völker gesittet zu machen. Da ich hier nur die Militairische Geschichte (und nicht die Staatsgeschichte) dieses großen Monarchens beschreibe, so will ich auch nur von seinen gemachten Militairischen Verbesserungen reden.

Eines Tages, als Peter der Große sich mit seinem Liebling über den Dänischen Hof unterhielt, und dieser ihm die Dänische Leibgarde so sehr rühmte, fragte ihn der Monarch, was er denn von der seinigen dächte? und befahl ihm, seine Meinung offenherzig zu sagen.

„Ich denke, antwortete le Fort, daß solches „alles wackere Leute sind, denen es an nichts „als an einer guten Manszucht, guter Ue„bung, und an militairischer Kleidung nach „dem Dänischen Fuße fehlet, und denen die „langen Kappen sehr hinderlich sind.“

Peter der Große fragte, ob er ihm nicht eine solche Kleidung, wie er meinte, könnte sehen lassen? „Ich werde trachten, antwortete Le Fort,

und

und gieng den nemlichen Tag zum Schneider des Dänischen Gesandten, welcher ihm das Maas zu einem Kleide, wie es die Hauptleute der Dänischen Leibgarde hatten, nehmen mußte. Nach zween Tagen erschien er vor dem Monarchen, der ihn nicht eher erkannte, als bis er zu reden anfieng. Peter der Große erzeigte darüber sein Wohlgefallen. Etliche Tage darauf fand er sich wieder bey ihm in der Uniform eines Gemeinen ein; welche dem Czaar so wohl gefiel, daß er ihm befahl, eine Compagnie von 50 Mann zu errichten, und machte ihn zum Hauptmann darüber; und sagte ihm, daß er bey seiner Compagnie die Kriegsübungen erlernen wollte, weswegen er ihm eine Montur eines gemeinen Mannes zu erst machen lassen sollte; und wie diese fertig war, begab er sich zu seiner Compagnie, welche ein Lager unweit Moskau formirt hatte. Hier sah man den Monarchen eines Reiches von 1500 Meilen als gemeiner Soldat seine Dienste gleich einem andern thun, von seinem Gehalte leben, mit seinen andern Kameraden in einem Zelte schlafen, und seine Vorgesetzten bitten seiner Würde zu vergessen, und ihm gleich einem andern zu behandeln. *) Durch die-

*) Es wäre sehr zu wünschen, wenn viele Prinzen anstatt gleich geborne Generals zu seyn heut zu Tage die-

ses ausserordentliche Betragen, welches in einem Lande, das die Unterwürfigkeit verabscheuete, so nöthig war, reizte er die Nacheiferung seiner Unterthanen an, und viele seines Adels boten sich bald an, dabey zu dienen. Diese Compagnie ward nach und nach so verstärkt, daß daraus das erste Garderegiment entstand. Nach diesem Regiment, welches zum Muster der übrigen diente, ließ Peter der Große nach und nach mehrere bis zu einem Corps von 20000 Man stark errichten; und sie nach dem Dänischen Fuß exerciren.

Da Peter mit den Türken in einen Krieg verwickelt war, und selbiger nicht nach seinem Wunsch ausfiel, entschloß er sich Anno 1695. die Armee selbst anzuführen. Sobald es die Witterung zulies, brach er an der Spitze einer Armee von 100,000 Mann, und einer großen Anzahl Kosacken und Kalmucken auf, um erstlich Asow zu erobern, vor welchem Orte er im Juny die Belagerung anfing. Während der Belagerung aber, begegnete er einem

In-

diesem großen Beispiele nachfolgten, um die Noth des gemeinen Mannes, und den oft mühsamen Stand des Subaltern Officiers besser kennen zu lernen. Was würden die Armeen nicht hierdurch gewinnen?

Ingenieur mit Namen Jacob sehr hart, daß dieser zu den Türken übergieng, und ihnen sowohl den Zustand der Armee, als die Posten aller Officiers verrieth; auch gab er ihnen Rath, wo sie am vortheilhaftesten Ausfälle machen könnten, welches nebst dem, daß die Festung einen guten Hafen hatte, durch Hülfe dessen sie mit Lebens- und Kriegsbedürfnissen versehen ward, ohne daß es die Russen verwehren konnten, weil sie keine Flotte hatten, und noch einige andere Zufälle verursachten, daß die Belagerung, nachdem man über vier Monathe damit zubrachte, und bey einem Sturm allein 5000 Mann verloren, überhaupt aber mehr als 20,000 Mann während diesem Feldzuge eingebüßt hatte, aufgehoben werden mußte. Glücklicher gieng der Feldzug an dem Dnieper unter dem Commando des Generals von Scheremetof und dem Hettmann Mazeppa von statten, indem diese sich der Städte Jwan, Astangorod, und Singrie bemeistert hatten.

Da Peter der Grosse in diesem Feldzuge die Nothwendigkeit einer Seemacht erkannt hatte, betrieb er also die Ausrüstung seiner Schiffe aus allen Kräften, und begab sich mit dem Admiral Le Fort und einem gut ausgerüsteten Geschwader im Jahr. 1696. auf dem schwarzen Meer, und langte vor Asow an. Der Czar, welcher eine grosse Neigung zum Seewesen hatte, befand sich am Bord der Galeere des le Fort, als sich auf einmal die Türkische Flotte sehen ließ, welche aus neun Schiffen, sieben Barken und dreyzehn Galeeren bestand, und gegen Asow zu segelte. Diese wurde zum Ende des Maymonats mit so gutem Erfolge angegriffen, daß, nach einem hartnäckigen Gefecht von zwey Stunden zwey Türkische Schiffe, zwölf Barken und Galeeren, an deren Bord sich ein Aga nebst 27 Janitscharen befanden, erobert wurden. Der übrige Theil der Türkischen Schiffe und Fahrzeuge ward, weil ihnen der Wind zuwider war, an den Strand gejagt, und fiel in Rußische Hände. Am Bord der sämtlichen Flotte, fand man, ausser dem erwähnten, einen großen Vorrath an Kriegsmunition und Lebensmittel, Waffen für 4000 Mann, Montur für die Besatzung von Asow, 50,000 Dukaten und 70 metallene Kanonen. Da der Czar vom Kaiser, Kurfürsten von Brandenburg, und Holland Ingenieurs, und gute Artillerie-Officiers erhalten hatte, so gieng nun die Belagerung so gut von statten, daß sich Asow schon den 28. Juni mit Accord ergab. Die Besatzung erhielt einen freyen Abzug, die gefangene Christen hingegen wurden mit dem Ingenieur Jacob, welcher als ein Verräther hingerichtet ward, ausgeliefert. Nach diesem ließ Peter der Große Asow nach der neuen Art mit großen Basteyen und

Außen

Aussenwerke befestigen; und auf der andern Seite des Donaustroms ließ er, der Stadt gegenüber, eine grosse Schanze anlegen. Auch ließ er die übrigen Schlösser am schwarzen Meere erweitern und befestigen. Hierauf that der Monarch eine gute Besatzung in Asow, und trat mit der Armee im Anfang des Septembers seinen Rückmarsch nach Moskau an. Nach diesem machte Peter der Grosse eine Reise in verschiedene Europäische Staaten, um sich noch mehr Kenntniß vom Schifbau, der Kriegskunst und Staatskunst zu sammeln. Von allen Gattungen der Künste und Handwerker nahm er Leute in seine Dienste auf, und seinen Adel ließ er reisen, damit sich selbiger gleichfalls in den Wissenschaften und Künsten bilden konnte.

Nachdem drr Monarch Holland, Engelland und Deutschland gesehen hatte, und im Begrif stand 1698. nach Italien zu gehen, erhielt er die Nachricht von einem Aufstand der Strelitzen in Moskau. Er flohe in der Stille den 29. Julii seinen Staaten zu, allwo er den 4. September zu Moskau anlangte, stellte sich an die Spitze der Truppen, die er gebildet hatte, und zog wider die rebellischen Strelitzen, welche er dergestalt zerstreuete, und gänzlich zernichtete, daß sogar ihr Name und Andenken kaum übrig blieb.

Der Krieg gieng wider die Türken in diesem Jahre sehr glücklich von statten. Der General von Soltikow, Statthalter von Asow, welcher eine Armee von 50,000 Mann hatte, schlug die Tartarn zu verschiedenenmalen. Ingleichen zwang der Fürst Dolgoruky, Statthalter zu Belgorod mit 60,000 Mann am 17 Julius den Seraskier Bassa, sich bis unter die Canonen von Oczakow zurück zu ziehen.

Im Jahr 1699 kam es endlich auf Anerbieten der Türken zu einem Vertrag zwischen dem Römischen Kaiser, dem Czar, der Krone Polen und der Republick Venedig, worinnen man zu Anfang des folgenden Jahres 1700 über einen Waffenstillstand auf 30 Jahr einig wurde. Peter der Große behielt Asow und alle feste Plätze, die er am schwarzen Meere erobert hatte, mußte aber die Städte und Schlößer, so er am Dnieper weggenommen hatte, wider zurückstellen; auf beiden Seiten gab man alle Gefangene loß.

Peter der Große, welcher eingesehen hatte, daß er zur Ausführung seiner großen Absichten, und zur Beförderung der Handlung einen Hafen auf der Ostsee vonnöthen hätte, ersuchte deßwegen den schwedischen Hof, ihm die Freundschaft zu erzeugen, ihm entweder Narva oder Nienschanz gegen ein tüchtiges Aequivalent abzutreten, welches ihm aber abgegeschlagen wurde. Dieses verdros Peter den Grossen dergestalt, daß er also gleich beschloß mit Schweden zu brechen, und seine Rechte auf Ingermanland und Liefland gültig zu machen, und diese Provinzen, welche einstens zu seinen Staaten gehört hatten, wieder an sich zu bringen. Zu dem Ende verband er sich im Jahr 1700. mit Friedrich IV. König von Dennemark, und mit August I. Königе von Polen, wider den Jungen König von Schweden Carl XII. Er rüstete eine Armee von 60,000 Mann aus, und fiel in Liefland ein; er vereinigte sich mit August I. bey Riga, welchen Ort diese beyde Monarchen gleich darauf belagerten. Die Belagerung ward durch den sächsischen General von Flemming und dem russischen General von Patkul, in Gegenwart Augustus Königs von Polen angefangen und betrieben. Nachdem sich beyde Monarchen besprochen hatten, ging der Czar mit einem Theil seiner Armee wieder ab, und stieß zu seiner Armee, welche er bereits versammelt hatte, und mit der er den ersten October die Belagerung von Narva unternahm.

Peter der Grosse hatte die Belagerung von Narva selbst veranstaltet, indem er selbst das Lager abgestochen und befestigen hatte lassen; er ließ Reduten in gleicher Entfernung aufwerfen, und öffnete selbst die Laufgräben den 16ten October.

Als Peter der Große den Anmarsch von Carl XII. erfuhr, glaubte er noch nicht Truppen genug zu haben. Er begab sich also mit dem Fürsten von Menzikof, nachdem er das Commando dem Herzog von Croy und dem General von Dolgoruky übergeben hatte, hinweg, um noch 40,000 Mann geschwind herbey zu schaffen, welche bereits mit forcirten Märschen vor Pleskow anrückten. Mit diesem wollte er den König von Schweden zwischen zweien Armeen einschließen. Er hatte auch schon alle Vorbereitungen gemacht ihn wohl zu empfangen, indem er 20,000 Mann eine Meile von Narva gelagert und verschanzt hatte, und andere 10,000 Mann stunden noch weiter hinaus auf der Straße, wo Carl XII. anrücken mußte, endlich machten noch 5000 Mann die Vorposten aus. Wie aber dieses sein Vorhaben leider nicht gut ausgeführt worden ist, habe ich in der militairischen Geschichte Carl XII. im dritten Theil hinlänglich angeführt, es würde also sehr überflüßig seyn, hier nochmals die Beschreibung von der Belagerung und Schlacht von Narva zu geben.

Als Peter der Große die Nachricht von der verlohrnen Schlacht erhielt, zog er sich mit seinen 40,000 Mann zurück, und sann nach, wie er sich an Carl XII. rächen könnte. In dieser Absicht verfügte sich Peter der Große nach Moskau, er

be-

besorgte allda die ersten Bedürfniße, und wollte Canonen gießen laßen. Dieweil es ihm aber an Metall mangelte, so nahm er die Glocken aus den Kirchen und Klöstern, und ließ daraus 100 grosse und 140 drey, und sechspfündige Canononen gießen. Auch nahm er drey Regimenter Cavallerie und drey Infanterie Regimenter von Dännemark, welches mit Carl XII. Friede gemacht hatte in seinen Sold. Peter war also von den Dänen verlaßen; und da die Pohlen wider den König August aufgebracht waren, und ihm nicht dienen wollten, so hatte er an diesem einen schwachen Bundsgenoßen, indem die Sächsische Armee nicht stark war. Dieserwegen sandte er dem Könige von Pohlen, welcher sich unweit Riga verschanzt hatte, den Fürsten Repnin mit 6000 Mann zur Hülfe, den aber Carl XII. im Frühjahr 1701. augriff und aufs Haupt schlug. Bey allen diesen Unglücksfällen lies Peter der Grosse doch den Muth nicht sinken, sondern sagte, als er die Nachricht von der Niederlage seiner und der Sächsischen Völker erhielt: „Ich weiß, daß „die Schweden uns lange überlegen seyn werden, „aber mit der Zeit werden sie uns lehren, sie zu „überwinden.“ Der große Czar war unermüdet, er hatte wieder ein ziemliches Kriegsheer gesammlet und dergestalt in den Waffen geübt, daß es unter dem Commando des Marschalls von Scheremetof

metof, einen der besten Generale Carls XII. mit Namen Schlippenbach überwand, und vier Fahnen, ein paar Paucken, nebst vier eisernen Canonen eroberte. Schlippenbach verlohr dabey 1700 Mann an Todten und Gefangenen, und hatte beynahe eben so viele Verwundete. Der Verlust der Rußen belief sich auf 1800 Mann. Auf dem See Peipus hatten die Russen gleichfalls das Glück, die Schweden zu schlagen, nnd eine große Galeere zu erobern: und nachdem sie dort gelandet hatten, besiegten sie auch die Landtruppen. Im Ingermanland bey dem Fluß Embac, erhielt der Russische General von Scheremetof abermal einen Sieg wider den General von Schlippenbach, welcher 2000 Schweden einbüßte; überdas nahmen die Russen 1700 Gefangene, unter welchen sich der General-Adjüdant Graf von Löwenhaupt, der Obrist-Lieutenant von Horn nebst etlichen zwanzig Officiers befanden. An Ehrenzeichen erbeuteten die Russen noch 16 Fahnen und Standarten und 20 Canonen Der Verlust der Russen belief sich hingegen auf etliche tausend Mann.

Peter der Große rückte nach diesem mit einer Armee vor Marienburg in Liefland, belagerte und eroberte solches; hier fand er die große Catharina *) wel-

*) Catarina war die Tochter eines armen Lithauischen Edelmannes mit Namen Scawaronsky, der in dem Pohl-

welche nachgehends seine zweyte Gemahlin ward. In dem nehmlichen Jahr 1702, als der Czar Marienburg eroberte, zwangen die Russen die Schweden auf dem See Ladoga, (welcher für den grösten und fischreichsten Landsee in Europa gehalten wird) sich bis auf Wieburg zurück zu ziehen, und der Czar ließ die Belagerung von Notenburg *) durch

Polnischen Kriege geblieben war. Er hinterließ sie in ihrer ersten Kindheit nebst einem Bruder, einer kränklichen Mutter; beyder Handarbeit war kaum hinlänglich, ihnen den nöthigen Unterhalt zu verschaffen. Catarine war sehr reizend gebildet, überaus schön von Gesicht, und kündigte viel Verstand an. Ihre Mutter unterrichtete sie im Lesen und Schreiben, und ein alter lutherischer Prediger übernahm die Obsorge, sie im Glauben zu unterrichten. Sie stand eben mit ihrem Bräutigam vor dem Altar, als Marienburg von dem Czar erstiegen wurde, ihr Bräutigam ward beordert auf den Wall zur Vertheidigung zu gehen, woselbst er gleich von den Russen erlegt wurde. Sie hingegen ward in der Folge die Beherrscherinn dieser Nation.

*) Heißt nunmehro Schlüsselburg, eine altmodische Vestung auf einer kleinen Insel mitten in der Newa, da wo sie aus dem See Ladoga kömmt; das dazu gehörige Städtchen liegt auf dem Land, da wo der Ladogaische Canal in die Newa geht.

durch den General von Schereinetof vornehmen. Noteuburg ergab sich mit Accord nach einer Belagerung von vier Wochen, den 5ten October 1702. Der Obrist von Schlippenbach, welcher Commandant darin war, erhielt mit der Besatzung einen freyen Abzug. Peter der Große verehrte allen Officiers, die der Belagerung beygewohnt hatten, goldene Ehrenpfennige, und beschenkte die Gemeinen; da hingegen ließ er einige, die bey dem Sturm nicht ihre Schuldigkeit gethan hatten, hart bestrafen; dieses war der rechte Weg, um Truppen zu bilden.

Bisher war Peter der Große nur noch Lieutenant bey der Bombardier-Compagnie des Menzikofs, jetzt aber wurde er zum Hauptmann bey diesem Corps ernannt, und kam unter den General von Scheremetof zu stehen. Dieser General unternahm die Belagerung von Nienschanz, bey Eröffnung des Feldzuges des 1703 Jahres zu Lande, und der Czar übernahm das Commando zur See, um den Succurs, welcher diesem Orte von dieser Seite zugeführt werden konnte, abzuhalten. Nienschanz ergab sich den 14ten May 1703 eben zu der Zeit, als zwey große schwedische Schiffe mit Hülfe herbey eileten, welche Peter der Grosse angriff, und auch beide eroberte, wofür er den St. Andreasorden durch den General von Gallovin als ersten Ritter dieses Ordens erhielt. Nach diesem ließ

der

der Czar die Stadt Petersburg anlegen, das Modell zu ihren Festungswerken verfertigte er selbst von Holz, und übertrug die Ausführung davon dem Fürsten Menzikof. Nachdem Peter der Große seine Armee sehr ansehnlich verstärkt hatte, eröfnete er den Feldzug des Jahres 1704 mit der Belagerung von Narva und Dörpt; hierauf rüsteten die Schweden eine Flotte von 15 Schiffen unter dem Vice-Admiral Lösche auf dem Peupus See aus, um sich dem Vorhaben des Czars zu widersetzen, allein diese Flotte ward von der russischen Seemacht, die sich daselbst schon in Bereitschaft fand, den 24 May geschlagen und gänzlich erobert. An eben dem Tage ward die Belagerung von Narva unter dem Commando des Feldmarschalls von Ogilvi unternommen, nachdem es seit einem Monat bloquirt worden war. Der unglückliche schwedische General von Schlippenbach wollte dem Commandanten von Narva eine Verstärkung von 2000 Mann zuführen, er ward aber von dem General von Rönne so total geschlagen, daß er kaum noch mit 400 Mann entkam. Die Stadt Dörpt ward durch den General von Scheremetof, welcher diese Belagerung commandirte, so scharf zugesetzt, daß sie sich den 25ten Juny, wo schon alles zum Sturm bereit war mit Accord ergab. Von Dörpt marschirte Peter der Große mit 10,000 Mann nach Narva, allwo er

drey

drey Hauptstürme veranstaltete, vermög welcher die Stadt den 9ten August mit Sturm erobert und geplündert ward. Indem aber der Monarch von seinen Truppen Grausamkeiten begehen sah, welche er auf das schärfste verbothen hatte, so eilte er gleich hinzu, um Einhalt zu machen; er erstach selbst zween seiner Soldaten, welche sich widerspenstig bezeigten, und befahl mit der Plünderung inne zu halten. Hierauf begab er sich auf das Rathhaus, wo er seinen Degen auf den Rathstisch, vor dem allda versammelten Stadtrath mit diesen Worten hinlegte. „Dieser Degen ist mit Blut „befärbt, es ist aber nicht das Blut der Ein„wohner, sondern meiner eignen Soldaten, „welches ich vergossen habe, um euch das „Leben zu retten." Er hielt sich einige Tage zu Narva auf, und zwang viele junge Mädchen, und andere Frauenzimmer, sich an Russen zu verheirathen; er wohnete selbst einigen von diesen Hochzeiten bey. Menzikof ward von ihm zum General-Lieutenant und Statthalter von ganz Ingermannland ernannt, und erhielt den St. Andreasorden.

Die zu Narva gemachten Kriegsgefangenen waren der General-Major von Horn, fünf Obristen, zwey Obrist-Lieutenants, fünf Majors, fünf und zwanzig Hauptleute und acht und dreißig andere Officiers, nebst 2200 Gemeinen.

Den

Den 17ten August foderte der Feldmarschall von Ogilvi die Vestung Iwanogorod auf. Da der Commandant nicht auf zehen Tage Lebensmittel hatte, ergab er sich mit Accord, vermög welchen er mit seiner Besatzung mit Zurücklassung des Gewehrs einen freyen Abzug erhielt. Als Peter der Große die erforderlichen Anstalten zu dem Feldzuge des folgenden Jahres 1705. getroffen hatte, besah er seine Armee bey Pleskow, und gab dem Feldmarschal von Scheremetof Befehl mit 40000 Mann Infanterie und 2000 Cosacken nach Curland aufzubrechen, und den schwedischen General von Löwenhaupt aufzusuchen. Bey Mietau traf Scheremetof die Schweden an; Löwenhaupt zog sogleich die Besatzung aus Mietau an sich, und postirte sich in einer sehr vortheilhaften Gegend, wo er den Feldmarschall von Scheremetof erwartete, welcher den 28ten July anlangte, die Schweden sogleich recognoscirte und sie am nehmlichen Tage des Nachmittags um zwey Uhr bey Gemauerthof angriff, und das Treffen mit der größten Hartnäckigkeit bis in die Nacht fortsetzte. Unglücklicher weise wurden Scheremetof und der General Bauer aber verwundet, wodurch die Russen gezwungen wurden mit Zurücklassung dreyzehn Canonen, acht Fahnen, einer Standarte und vieler Bagage sich zurück zu ziehen. Der Verlust auf beiden Seiten belief sich auf einige tausend Mann. Die Schweden zählten unter ihren Todten den Obristen Gabriel von Horn, die Obrist-Lieutenants von Danckwarth, von Kaulbars, Graf von Lindschöld, und von Wrangel. Peter der Große welcher bey Wilna mit 60,000 Mann stand, marschirte bis Grodno welches er befestigen ließ. Ein gleiches that er auch mit Tykoczin, allwo er starke Magazine anlegte. Seine Vorposten gewannen verschiedene Vortheile über die Schweden, und bemächtigten sich verschiedener vortheilhaften Posten gegen Warschau zu, wodurch er Meister von ganz Litthauen wurde, und der General von Rönne nahm Mietau und einige andere Städte in Curland ein. Nach diesem versah Peter der Große den König August mit Geld und einer neuen Armee, und gieng nach Moskau

In dem Feldzuge von 1706 trugen sich folgende Begebenheiten zu: Peter der Große ertheilte den Marschal von Ogilvi den Befehl, mit der Armee, nachdem er die Werke von Grodno und Tykoczin zernichtet haben würde, aufzubrechen, und zu dem Fürsten von Menzikof zu stoßen, welcher, nachdem er das Commando dieser Armee übernommen, auf Kiow marschirte. Er selbst aber ging und belagerte Wiburg, da aber die Schweden der Stadt Succurs zuschickten, so mußte er die Belagerung wieder aufheben: während diesem war Men-

zikof

zikof zur Armee des Königs August, wo dieser auch selbst eingetroffen war, gestoßen; er schlug diesem Monarchen vor, die schwedische Armee, welche sich mit dem Anhange des Königs Stanislaus vereinigt hatte, und unter des Generals von Mardefelds Befehl stand, anzugreifen; welcher es aber unter allerley Vorwendungen aufschob, ja selbst den schwedischen General ermahnen ließ, sich zurück zu ziehen, und ihm von dem unterwaltenden Friedensgeschäft durch einen Getreuen Nachricht ertheilte. Mardefeld, welcher dieses für eine List hielt, glaubte, daß dieses nur geschähe, ihn kleinmüthig zu machen, weswegen er bis auf Kalisch vorrückte, und sich zwischen den beyden Dörfern Dobresez und Koselnavisch auf der Landstrasse von Posen postirte; hinter sich hatte er den Fluß Prosna. Mardefeld nahm folgende Schlachtordnung, die Schweden stellte er in die Mitte in zwey Treffen, Cavallerie und Infanterie waren zusammen vermischt, diese Mitte commandirte er selbst. Die Polen standen in drey Treffen auf beyde Flügels, den rechten commandirte Kiowsky, und den linken Sapieha. Menzikof hingegen, nachdem er auf den rechten Flügel die Russen, und auf den linken die Sachsen gestellt hatte, griff er zwischen drey und vier Uhr des Nachmittags den Feind mit solcher Heftigkeit an, daß selbiger von beyden Flügels in der größten

Unordnung gleich die Flucht ergriff, ungeachtet der tapfre Mardefeld alles anwandte, um die flüchtigen Polen zum stehen zu bringen, so war nicht nur diese seine Mühe vergebens, sondern die Russen durchbrachen auch die schwedische Mitte, brachten diese in Unordnung, zum Weichen, und nahmen Mardefelden selbst mit denen Obristen Gustav von Horn, Carl von Horn, von Marschall, von Müller 35 andere Officiers und 2906 Gemeine gefangen, und an Todten verlohren die Schweden 3000 Mann. Die Russen erbeuteten ferner 100 Fahnen und Standarten, 600 Wägen, und die sämmtliche Artillerie. Nach diesem großen Siege nahm der General von Menzikof den folgenden Tag Kalisch ein. Da der König August von Polen ohne Vorwissen des Czars mit Schweden Friede gemacht hatte, so verdroß dieses nicht allein Petern den Großen, sondern er nahm sich vor, gleich Carln Könige zu entsetzen und andere zu machen. Er fiel zu dem Ende 1707. mit einer ansehnlichen Armee in Polen ein, rückte bis Lemberg vor, wo er alle Anstalten zu einer neuen Königswahl traf, da sich aber hier die Wahl zerschlug, so verlegte er die Versammlung nach Lublin. Hier brachte der Monarch den Polnischen Reichs-General von Siniawsky in Vorschlag, da dieser aber nicht die mehresten Stimmen erhielt, so lief die

gan-

ganze Wahl fruchtlos ab. Zu Lublin ward dem Czar durch den Grafen von Bersini, welchen der Fürst Ragotzy, als das Haupt der Rebellen an ihn gesandt hatte, um ein Darlehn auszuwirken, die ungarische Krone für seinen Sohn den Czarewitsch angetragen, welche er aber großmüthig ausschlug, und erklärte, daß er seinen treuen Bundsgenossen nie Anlaß geben wolle, sein Feind zu werden.

Peter der Große erhielt vom Kaiser in diesem Jahre verschiedene gute Officiers, welche seine Truppen in der Mannszucht verbesserten, wodurch seine Macht augenscheinlich anwuchs, und damit er seinen Officiers mehr Muth einflössete, verehrte er den Generals und Obristen, welche der Schlacht bey Kalisch beygewohnt hatten, sein mit Brillanten besetztes Bildnis, den Subaltern Officers aber goldene Medaillen, und den Gemeinen silberne. Nach diesem vertheilte der Czar seine Armee in verschiedene Quartiere, übergab das Commando von der Hauptarmee dem Feldmarschall von Scheremetof, und begab sich nachdem nach Petersburg und Moskau, und ließ dort noch mehrere Truppen zur Verstärkung seiner Armee zusammenziehen.

Zu Anfange des Jahrs 1708. erhielt der Czar von dem Feldmarschall von Scheremetof und dem Fürsten Menzikof die Nachricht, daß Carl XII. über die Weichsel gegangen, und in völligem Anmarsch auf Litthauen wäre; worauf Peter der Große sich nach Grodno begab, um den Feind den Uebergang über die Memel streitig zu machen. Allen seinen Generals gab er den Befehl, sich auf keine Weise mit den Feinden ins Handgemenge einzulassen, wenn sie nicht ihren Vortheil augenscheinlich sähen; er ließ hierauf die Brücke bey Grodno befestigen, und übergab das Commando dieses Postens dem Brigadier von Mannsfield mit 2000 Mann. Die glückliche Attaque, die Carl XII. aber gegen Grodno vornahm, nöthigten Peter den Grossen, sich nach Wilna zurück zu ziehen. Peter der Große, welcher seine Armeen sowohl in Liefland als Finnland verstärkt hatte, mußte nun sowohl seine Eroberungen, als die Gegend von Liefland und selbst Moskau decken; er zog also alle seine zerstreute Truppen in aller Eil zusammen, und verstärkte sich so viel als möglich war, überall. Da indessen Carl sich bey Litthauen gegen Minsk hinzog und die übelsten Wege wählete, die noch dazu samt den Flüssen, die er passiren mußte, besezt waren. Nachdem Peter der Große alle nöthige Vorkehrungen getroffen hatte, seinem Feinde den Marsch hinderlich und beschwerlich zu machen, und einsah, daß derselbe durch die großen Wassergüße in Litthauen würde aufgehalten werden, begab er sich nach Peterstersburg, sah seine neue Flotte, landete in Finnland, eroberte Borgo, und machte große Beute. Da ich überhaupt schon die Begebenheiten von diesem Feldzuge in der Militairischen Geschichte Carls XII. erzählet habe, so will ich sie hier nicht wiederholen, sondern nur die Beschreibung von der Schlacht bey Leßzno, die der Czar in eigner Person wider den schwedischen General Graf von Löwenhaupt gewann, hier hersetzen. Peter der Große, nachdem er sich den Posten von Propoisk und einige andere bemeistert hatte, brach er den 29ten September mit der Armee durch einen Wald, ja selbst in einem Theil dieses Waldes, der eben nicht sehr stark und dicht von Bäumen besetzt war, stellte er seine Armee in Schlachtordnung, um von dieser Seite in die feindliche Bagage zu fallen. Löwenhaupt, nachdem er das Terrain recognoscirt hatte, stellte er seine Infanterie dem Gehölz gegen über, er stieg vom Pferde, führte sein Regiment und die beyden von Helsinger und Abo-Lehn dicht an den Wald, wo er sie postirte heran; nach diesem stieg er wieder zu Pferde, nahm die Cavallerie postirte selbige gleichfalls, und griff nun die Russen von denen einige Bataillons wegen dem Gehölz getrennt waren, oder besser zu sagen, zu große Intervallen hatten, mit einer solchen Heftigkeit an, daß sie das Terrain mit Zurücklassung vier Canonen

nen verliessen. Ein solcher glücklicher Anfang machte den Schweden Muth, und gab ihnen den Sieg zu erhalten die beste Hofnung. Allein ein schwedischer General hatte die Ordre des Generals von Löwenhaupt, um mit seiner Brigade den angreiffenden Batallons (welche völlig vom Gehölz im Besitz waren) zu unterstützen, nicht befolgt; sondern führte vielmehr die Regimenter anstatt vorwärts zurück auf die Ebene. Diesen Fehler der Schweden sah Peter der Große, welcher sogleich mit den beyden Garde-Regimentern Preobrasinsky, Semenofsky und die Brigade von Menzikof von neuem vorrückte und von dem Gehölz Besitz nahm; nach diesem ließ der Held noch mehrere Infanterie-Regimenter vorrücken, und formirte vier Treffen. Der schwedische Heerführer wandte nunmehro alles an, um den Fehler, welchen einer seiner Generale gemacht hatte, zu verbessern. Er ließ seine ganze Artillerie gegen den Wald rücken, und unter dem lebhaftesten Canonenfeuer ließ er von der Infanterie einen zweyten Angriff machen. Die Nacht fiel aber ein, und da der Sieg unentschieden blieb, griff Peter der Große den folgenden Tag des Nachmittags um vier Uhr, nachdem der General von Bauer mit seinem Corps zu ihm gestossen war, den Feind von neuem an. Beide Theile thaten Wunder der Tapferkeit, bald waren die Schweden, bald die Russen, Meister vom Gehölz, endlich geriethen diese leztere in Unordnung.

Peter der Große, welcher wohl einsah, daß so wohl seine, als seiner Unterthanen Wohlfart von diesem Tage abhing, und daß es um ihn gethan seyn könnte, wenn Löwenhaupt zum Könige von Schweden sieghaft stossen sollte, eilte demnach zu den Kosacken und Kalmucken, die seinen Nachtrab formirten, und sprach zu ihnen: „Ich befehle euch, jedermann, der nur fliehen wird, zu tödten, und mich selbst nicht zu verschonen, wenn ich so verzagt seyn sollte, nicht zu stehen. Hierdurch ward die Ordnung wieder hergestellt, jedoch der Feind nicht überwunden, indem die Nacht Einhalt machte. Den dritten Tag ward Löwenhaupt neuerdings mit seinem Convoy von Petern dem Großen mit einem solchen Muth angegriffen, daß das Russische Canonenfeuer ganze Glieder von dem Feind niederriß, und nicht nur Pelotons, sondern ganze Bataillons öfnete und in Unordnung brachte. Peter focht bald an der Spize der Infanterie, bald sezte er mit der Cavallerie in den Feind, warf und trieb selbigen mit solcher Heftigkeit zurück, daß dieser ganz aus aller Fassung kam, und bestürzt das Schlachtfeld verließ, und in der größten Eil die Flucht über die Sosna nach Prekop nahm. Der General von Löwenhaupt ließ zwar einen Theil von dem Convoy anzünden, allein die Russen, die überall durchgebrochen waren, löschten den Brand, und retteten 7300 Wagen, die Peter der Große mit 16 Canonen, und 37 Fahnen und einige Millionen an Geld, die Löwenhaupt durch Contributionen erpreßt hatte, erbeutete. Der Schwedische Verlust belief sich an Todten, Verwundeten und Gefangenen auf 12000 Mann, worunter sich sechzig Officiers befanden. Der Russische Verlust hingegen belief sich in allem auf 6000 Mann, unter denen Verwundeten befanden sich die General Lieutenants Prinz von Hessen-Darmstadt, welcher an seiner Wunde starb, von Bauer, und zwey Obristen.

Dieses war die erste förmliche Schlacht, welche Peter der Große in eigener Person lieferte, und ein Sieg, den er sowohl seinen eigenen guten Anstalten, als seiner unerschrockenen Tapferkeit, die sich durch seine Gegenwart über alle seine Truppen ausbreitete, und sie anfeuerte, zu verdanken hatte. Der Czar marschirte nach diesem Siege mit der Armee nach Smolensko zurück. Da ich die übrigen Begebenheiten von diesem Feldzuge schon in der militairischen Geschichte Carls XII. erwehnet habe, so übergehe ich selbige hier mit Stillschweigen.

Zu Anfang des 1709 Jahrs erhielt Peter der Große Nachricht, daß der General von Golz bey Potkamenie in Schwarzreussen die Conföderirten unter dem Commando des Starosten Bobruiski geschlagen, über 400 getödtet, etliche hundert zu Kriegsgefangenen gemacht, und vierzehn Standarten, drey Paar Pauken, und gegen 200 Wägen mit dem Gepäcke erobert hätte; ingleichem daß die Schweden sowohl in Finnland, als auf der Insel Ketusar, allwo sie gelandet hatten, mit großem Verlust wären geschlagen worden.

Als Carl XII. nachgehends vor Pultowa, welches Peter der Große mit 4000 Mann hatte besetzen lassen, rückte, und nicht eingelassen ward, so unternahm er die Belagerung. Da es aber für Peter den Grossen von der äussersten Wichtigkeit war, diese Stadt zu erhalten; so zog er alle seine Truppen zusammen, welche ungefehr 60,000 Mann ausmachten, versah sie mit allen Bedürfnissen auf das Beste, und marschirte gegen den Feind. Er passirte erst den 20sten Junii den Worsklastrom, und lagerte sich eine Meile von dem Feind, wo er bis den 24sten stehen blieb. Während dieser Zeit fielen zwischen beyden Armeen einige Scharmützel vor, in einem derselben büßten die Schweden stark ein, in welchem Carl XII an den linken Fuß stark verwundet ward. Den

25 Ju

25. Junii rückte Peter der Große bis auf eine halbe Meile von dem feindlichen Lager vor, und verschanzte sich. Den 26sten ritt der Czar in Begleitung vieler Generals und einer starken Bedeckung aus, den Feind zu recognosciren, um ihn desto vortheilhafter angreifen zu können. Dieser Angrif war um desto bedenklicher, weil derselbe das Schicksal Rußlands, Polens und Schwedens, und endlich zweyer Monarchen, auf welchen die Augen von ganz Europa geheftet waren, entscheiden sollte. Nachdem Peter der Große wieder zurück kam, traf er die nöthigen Verfügungen (die alle vortreflich waren) Karln dem Zwölften den andern Tag ein Treffen zu liefern. Von dieser wichtigen Schlacht, von welcher Peter der Große nicht nur allein den Sieg davon trug, sondern zugleich auf immer der Ueberwinder des nordischen Alexanders blieb, zeigt hinten der Plan, die Stellung beyder Armeen, und da ich die weitläuftige Beschreibung derselben im vierten Theil geliefert habe, so finde ich für überflüßig, solche noch einmal hier zu berühren.

Die Freude des Helden über diesen erhaltenen Sieg war so groß, daß er sich nicht fassen konnte; und als man ihm die Gefangenen vorführte, fragte er beständig: **Wo ist denn mein Bruder Carl?** Der schwedischen Ge eralität und

an-

andern hohen Staatsbedienten, nebst allen Staabs-Officiers, that er die Ehre an, sie zu seiner Tafel zu ziehen. Während der Tafel trank er die **Gesundheit seiner Lehrmeister in der Kriegskunst.** Der General von Rheinschild fragte ihn, wer denn diejenigen wären, die er mit einem so schönen Titel beehrte? **Ihr seyd es, ihr schwedischen Herrn Generals!** antwortete Peter der Große. Nach der Tafel, nahm er seinen eignen Degen von der Seite, und schenkte ihn dem General von Rheinschild, und sagte ihm: dieses geschähe in Betrachtung seiner Treue. Auch ließ er allen übrigen Generalspersonen ihre Degen wieder zurück stellen, und begegnete ihnen als ein Fürst, der seinen Unterthanen in der Großmuth und Höflichkeit Unterricht geben wollte. Einem seiner Officiere, welcher unehrerbietig vom Könige von Schweden in seiner Gegenwart sprach, gab er einen derben Verweiß, und sagte zu ihm: **Bin ich nicht ein König, und hätte ich nicht auch das nemliche Schicksal haben können, das jezt dieser Prinz hat?**

Nach Carln den Zwölften seiner unglücklichen Niederlage erklärte der König August von Polen, den mit ihm gemachten Frieden für ungültig, und nachdem er bey Petern dem Großen wieder in Gunst aufgenommen war, begehrte er den Thron wieder zu besteigen. Der Czar ordnete den General von Menzikof mit einer zahlreichen Cavallerie nach Polen an ihn, zu der wenigen Infanterie, die er noch daselbst hatte, ab, und ließ den Anhang, welchen August unter dem Adel hatte, aufmuntern, ihrem rechtmäßigen Herrn beyzustehen, und die wenigen Schweden, die sich noch in Polen unter dem General von Krassau *) befanden, aufzureiben. Peter der Große gieng selbst über Kiow nach Lublin, allwo er den 18. September ein-

*) Ernst Detlef von Krassau, königlich schwedischer General. Er war aus einer uralten adelichen Familie in Pommern geboren, welche sich aus Polen (woselbst sie schon im dreyzehnten Jahrhundert bekannt gewesen) dahin begeben. Er that sich in den Kriegen wider Polen und Rußland sonderlich in den Jahren 1707. und 1708. sehr hervor. Nach der Schlacht bey Pultowa Anno 1709, machte er sich auch dadurch berühmt, daß, da er mit seinem Corps aus Polen durch das Preußische Pommern marschiren wollte, und als ihm solches gänzlich abgeschlagen wurde, er unvermuthet dennoch mit selbigen in das Schwedische Pommern ankam. Er starb Anno 1714. zu Harburg am Podagra und Steinschmerzen, und zu Ausgang selbigen Jahres ließ ihn Carl XII. bey seiner Zurückkunft aus Bender auf der Insel Rügen mit vieler Pracht begraben. Einer seiner Brüder war General in Herzoglich-Mecklenburgischen Diensten.

eintraf, und sich mit dem Kronfeldherrn von Litthauen besprach, welcher den Eid der Treue gegen Augusten von der Kronarmee in seiner Gegenwart und auf seinen Befehl mußte ablegen lassen. Nach diesem begab sich Peter der Große über Warschau nach Thoren, allwo er die Danksagung eines Königs empfieng, welchen er in seine Sta-ten wieder einsetzte. Peter machte in der nemlichen Zeit seine Rechte auf Liefland, Ingermanland, Dalecarlien und einen Theil von Finnland gültig. Von Thoren gieng der Held nach Marienwerder, wo Friedrich der Erste, König von Preussen entgegen kam, um den Bund mit ihm wider Schweden noch fester zu knüpfen. Von hier gieng Peter der Große wieder zu seiner Armee, welche Riga berennt hatte, veranstaltete die Belagerung dieser Stadt, und warf selbst den 27. November die drey ersten Bomben hinein; allein die rauhe Witterung nöthigte ihn, diese Belagerung aufzuheben, und selbige in eine Einschließung zu verändern. Nach Endigung des Feldzugs, begab er sich wieder nach Moskau.

Anmerkung über den Feldzug von 1709.

Dieser Feldzug war einer der glänzendsten für Peter den Großen, denn da er die Bataille von Pultowa gewann, hatte er nicht nur auf einmal ganz Schweden überwunden, Carl XII. gedemüthiget, und ihn gezwungen, seine Zuflucht zu den Türken zu nehmen; sondern er ward völlig von der Ukraine und ganz Polen Meister. Noch größer als Carl XII. setzte er in diesem Königreich den abgesetzten König Augusten wieder ein, auf seinem Befehl mußte die Kronarmee diesem Könige den Eid der Treue ablegen, und Preussen, Dännemark, Polen, beeiferten sich um des Helden Freundschaft, und schlossen mit ihm als dem Ueberwinder des nordischen Alexanders einen Bund.

Nach diesem glücklichen Feldzug hielt Peter der Große den 1. Jenner 1710. unter sieben errichteten Ehrenpforten, unter dem Geläute aller Glocken, unter Trommel- und Pauckenschall, einer unzählbaren Menge musicalischer Instrumente, unter Abfeurung 200 Canonen, und unter dem Zurufen einer halben Million Menschen zu Moskau einen triumphirenden Einzug. Das erste Garde-

Re-

Regiment machte den Anfang des Marsches, diesem folgte das Geschütz, welches der Held bey Lesno und Pultowa erbeutet hatte; jedes Stück ward von acht Pferden gezogen, welche mit scharlachenen Decken bis auf die Erde hinab behängt waren. Hierauf kamen die Pauken, Standarten und Fahnen, welche er bey beyden Schlachten erobert hatte, und welche die nemlichen Officiers und Soldaten trugen, die sie dem Feinde abgenommen hatten. Auf diese Ehrenzeichen folgten die übrigen Garde-Infanterie- und Cavallerie-Regimenter. Nach diesem kam auf einen Triumphwagen die Bahre Karls des Zwölften. Hinter dieser Bahre giengen alle Gefangene Paar und Paar von dem Höchsten bis auf den Geringsten. Gleich nach diesem erschien der Held auf eben dem Pferde, das er bey der Schlacht von Pultowa geritten hatte: welcher von den Generals, die an dem glücklichen Erfolge dieses Siegs Theil gehabt hatten, begleitet wurde. Bey der letzten Ehrenpforte stunden Boyarden-Söhne in römischer Kleidung, welche dem Monarchen Lorbeerkränze überreichten.

Den Feldzug von 1710. eröfnete Peter der Große mit der Belagerung von Elbing, welches der Hauptvorrathsort von Carl XII. war, er eroberte diese Stadt den 7. Februarii mit allen Magazins, 183 Canonen und 157 Mörsern. Nach dieser Eroberung eilte der Held nach Petersburg, bestieg eine Flotte, zog damit, unerachtet eines heftigen Sturms, gegen Carelien zu, schloß Wiburg ein, während die Truppen über gefrorne Moräste sich der Stadt genähert hatten, und unternahm die Belagerung, die Stadt ergab sich mit einer Besatzung von 4000 Mann den 24 Junii. Nach dieser glücklichen Einnahme belagerte der Monarch nach und nach Riga, Peenamünde, Pernau, Reval und Kexholm, welche Plätze er alle eroberte, und über 12,000 Mann Kriegsgefangene machte, und sehr viel Geschütz erbeutete.

Anno 1711. kündigte der Sultan Achmet der Dritte, Petern dem Großen den Krieg an; denn sowohl er als der Chan der krimmischen Tartarey sah ein, daß Peter der Große ein so gefährlicher Nachbar wurde. Peter sah sich also gezwungen, eine Armee wider die Türken marschiren zu lassen. Er ließ daher den General von Scheremetof aus Liefland mit seiner Armee aufbrechen, zu welcher er noch 10 Regimenter, die er in Polen hatte, stossen ließ, und gegen die Moldau zu marschiren. Den General von Apraxin sandte er nach Azow, um allda das Commando zu Wasser und zu Lande zu übernehmen. Er selbst gieng mit der Kaiserin den Garde-Regimentern und vielen jungen Edelleuten zur Armee. Der Anfang vom Feldzuge

war

war für den Monarchen günstig, denn der General von Gallizin schlug die Tartarn bey Kiow, erlegte 5000 Mann von ihnen, und befreyte 10,000 Rußische Unterthanen, welche sie in die Sclaverey mit sich fortschleppen wollten. Der General von Scheremetof drang bis Jassy vor, und der Großvizier Battagi Mehemet war auch schon vor Belgrad mit einer Armee von 100,000 Mann aufgebrochen, und bey Saikia über die Donau gegangen, und näherte sich Jassy längst dem Pruth. Peter näherte sich mit forcirten Märschen, gieng über den Dnieper, um sich mit dem General von Scheremetof zu vereinigen, welcher in Gefahr stand von 100,000 Türken, und einer eben so starken tartarischen Armee umrungen zu werden. Peter der Große paßirte den Bogfluß, ging dann unweit Oczakow über den Niester, marschierte nachgehends durch Wüsteneyen, und langte endlich im Junii zu Jassy an. Da ihm die Hospodars von der Wallachey und Moldau Truppen und Lebensmitteln versprochen hatten und ihr Wort nicht hielten, es auch schwer war, etwas aus Polen kommen zu lassen. Die Heuschrecken die eine allgemeine Plage dieser Provinzen sind, hatten alles, was sie fanden, verzehret. Auf dem Marsch war vor großer Hitze oft ein solcher Mangel an Wasser gewesen, daß man dasselbe in Fässern hatte zuführen müssen. Der Monarch ließ alles, was zu bekommen war, bey Jassy herbeyführen, errichtete daselbst ein Magazin, und eilte den Fluß Pruth hinunter, um den Großvezier den Uebergang zu verwehren. Durch diese Bewegung glaubt er Meister von der Moldau zu werden.

In dieser Absicht detaschierte er den General von Janus mit der Avantgarde voraus, welcher aber zu spät ankam, indem schon ein großer Theil der Türkischen Armee, hauptsächlich die Tartarn und die Spahis den Pruth paßiert hatten, und der übrige Theil in vollem Uebermarsch begriffen war. Die Türken griffen den General von Janus mit solcher Heftigkeit an, daß er gezwungen ward sich zurück zu ziehen, und Peter der Große mußte selbst kommen, um ihn aus der Gefahr zu reissen. *) Sobald der Großvezier die Stärke der Rus-

*) Hier begieng Peter der Große einen Fehler, daß er den Feind während des Uebergangs oder gleich nach demselben nicht angrif, denn hierdurch ließ er selbigen Zeit, daß er in Ruhe sein Lager schlagen, und sich verschanzen konnte. Peter bekam hierdurch den Fluß in den Rücken, mit vieler Mühe konnte seine Armee, obgleich sie ganz nahe an den Fluß stand, Wasser bekommen, indem die Türken eine zahlreiche Artillerie jenseit desselben aufgepflanzet hatten, mit welcher sie fast unaufhörlich die Russen im Rücken beschossen.

Rußischen Armee wahrgenommen hatte, näherte er sich derselben, und nahm die Stellung eines halben Mondes an; vermög welcher Peter der Große den Pruth in den Rücken bekam. Dieser Monarch befand sich in einer weit üblern Lage als Carl XII. bey Pultowa, denn er war von allen Seiten durch eine mehr als vierfach stärkere Armee eingeschlossen, dem äussersten Mangel an allem unterworfen, und von seinen Bundsgenossen verlassen oder verrathen, der General von Rönne welcher jenseit des Gebirgs in der Wallachey an dem Sireth stand, konnte sich mit dem Monarchen nicht vereinigen, weil ihm die Türken hierzu alle Gelegenheit abgeschnitten hatten. Peter mußte also den Schluß fassen nach Jassy zurück zu kehren, um sich dort vortheilhafter zu lagern. Zu dem Ende brach er in der Nacht vom 18. zum 19. Julii auf, aber kaum war er in Bewegung, so fielen die Türken auf seine Arriergarde, das Garde-Regiment von Preobrasinsky that aber so lange einen Widerstand, bis Peter der Große die Armee in Schlachtordnung gestellt, und eine Brustwehre hatte aufwerfen lassen. Der Großvezier griff ihn noch am nemlichen Tage mit seiner ganzen Macht an, allein Peter that Wunder der Tapferkeit, daß sich die Türken gezwungen sahen, sich mit einem starken Verlust zurück zu ziehen.

Peter der Große setzte sich den andern Tag wieder in Marsch, seine Arriergarde wurde abermal von dem Grosvezier angegriffen und in Unordnung gebracht, der General von Allard aber, stellte sich mit einer ausserordentlichen Geschwindigkeit dem Feinde entgegen, und wehrte sich, ohne einen Schritt zu weichen, so tapfer, daß der Großvezier zum zweytenmale den Rückzug zu nehmen genöthiget wurde. Beyde Armeen blieben hierauf gegen einander stehen, und in der Nacht verschanzten sich beyde auf das beßte. Da Peter der Große aber mit seiner Armee einen sehr großen Wassermangel litt, die Lebensmittel fehlten auch, hierauf bat die Kaiserin Catharina ihren Gemahl, dem Türken einen Waffenstillstand vorzuschlagen, welchen der Monarch auch bewilligte, solchen nahm der friedliebende Großvezier nicht nur an, sondern er schloß mit Petern dem Großen in dem Dorfe Falksen am Ufer des Pruths den 21. Julii einen völligen Frieden. Hierauf trat Peter den Rückzug mit seiner Armee an. Sobald er wieder an die Gränzen von Polen angelangt war, that er die Truppen in Erfrischungsquartiere, und setzte die Regimenter, die alle sehr viel gelitten hatten, wieder in vollzähligen Stand.

Die unglückliche Begebenheit an den Pruth war dem Czar höchst nachtheilig, indem seine Hoffnung,

nung, Herr von dem schwarzen Meere zu seyn verlohren gieng. Er beschloß demnach Anno 1712 sich dafür an Schweden zu rächen, und Carl XII. aller seiner deutschen Staaten zu berauben. In dieser Absicht begab er sich nach Pommern, allwo sich der General von Menzikof schon mit 15,000 Mann befand, zu welchen die Dänischen und Sächsischen Truppen stoßen sollten, um gemeinschaftlich die Insul Rügen, Stralsund und Stettin anzugreiffen; welches aber der schwedische General Graf von Steinbock *) hintertrieb, indem er zu gleicher Zeit mit einem Corps von 12000. Mann auf der Insul Rügen ans Land stieg, weßwegen dann die vorgehabte Belagerung von Stralsund aufgegeben ward. Peter der Große übergab das Hauptcommando seiner Truppen dem Könige August, und gieng nach Berlin,

*) Magnus von Steenbock, Königlich Schwedischer General, hat sich im Anfang dieses Jahrhunderts zuerst als commandirender General in Liefland wider die Russen und Polen, hernach als General-Gouverneur in Schonen, wider die Dänen, und endlich in Pommern, Mecklenburg und Holstein, wider die Nordischen Alliirten, durch seine Tapferkeit bekannt gemacht. Er mußte sich aber Anno 1714. mit seiner ganzen Armee an gedachte Alliirten als Kriegsgefangener ergeben, worauf er nach Coppenhagen gebracht wurde.

wo er mit dem Könige von Preussen, mit Dännemark und Hannover einen Bund schloß.

Anno 71; im Jenner schickte Peter der Große den General-Lieutenant von Bauer mit 4000 Mann Dragoner und Infanterie gegen den schwedischen General von Steinbock; Bauer zwang diesen sich mit Verlust nach Hollingstett zurück zu ziehen. Einige Tage darauf stieß Peter der Große mit einem Corps zum General von Bauer, und griff den 12 February Friedrichsstadt an, allwo er 500 Mann gefangen nahm, und sich mit den Dänen und Sachsen vereinigte, hierdurch ward Steinbock gezwungen, sich unter die Canonen von Tönningen zu setzen, allwo er eine Verstärkung aus Schweden erwartete. Peter der Große hatte ihn aber so eng eingeschlossen, daß er nicht im Stande war, der Regierung zu Stockholm Nachricht von seinem Zustand zu geben; sondern er mußte sich mit der Stadt den 17ten März an den Monarchen ergeben. Nach diesen hätte Peter der Große gerne einen Fuß in Deutschland gehabt, er eignete sich dahero Pommern zu, und ließ Stettin auffordern, nachdem der General von Menzikof aber vom Commandanten eine abschlägige Antwort erhalten hatte; so unternahm er die Belagerung, die Stadt ergab sich hierauf zu Ende des Septembers: Menzikof übergab hierauf Stettin an den König von Preußen, wel cher ihm dagegen 400,000 Thaler zur Bestreitung der Kriegskosten vorschoß. Während dieses vorging, begab sich Peter der Große zu seiner Flotte auf dem Baltischen Meere, und war auf einem Schiff von 30 Canonen, in Begleitung von 92 Galeeren, und 110 bewafneten Fahrzeugen, auf welche er 8000 Mann eingeschift hatte, auf Finnland gesegelt, allwo er, unerachtet aller Schwierigkeiten, zu Elsingfort landete, und diese Stadt sowohl als Borgo und Abo einnahm. Er setzte seine Eroberungen fort, übergab endlich das Commando dem Fürsten von Gallizin, welcher bis Tawastehus vordrang. Dieses war ein sehr wichtiger Posten, bey dem sich einige schwedische Regimenter nebst 12000 Mann Landmilitz befanden, welche Gallizin angriff, und gänzlich zu Grunde richtete. Nach diesem drang er bis Wasa vor, und ward also Herr von mehr als 80 Meilen Landes.

Peter der Große hatte schon längst Lust bezeigt mit seiner Seemacht, welche nunmehr auf einen förmlichen Fuß gestellet war, einen Versuch zu machen. In der Absicht gieng er nach Petersburg, und ließ seine Flotte, die aus 30 Linienschiffen und 60 Galeeren nebst 100 Halbgaleeren und einer grossen Anzahl Fregatten bestand, ausrüsten, welche letztere Schiffe am geschicklichsten waren, zwischen den Felsen bey Aland, und den Insuln im Baltischen Mee-

Meere zu manövriren. Mit dieser Flotte fuhr er endlich zu Anfang July 1714 aus dem Haven zu Cronslot ab, um die schwedische Flotte aufzusuchen, welche er unweit dem Königreiche Schweden entdeckte. Die rußische Flotte ward durch den Admiral Apraxin commandirt, und Peter der Große stand dabey als Unteradmiral. Er ließ also gleich 80 seiner Halbgaleeren über ein schmales Stück Land bringen, wo jenseit seine große Schiffe schon in Bereitschaft stunden, und auf der andern Seite wieder in dem Meer, welches Gango heißt, ins Wasser setzen.

Die schwedische Flotte ward von dem Unteradmiral von Ehrenschild angeführt. Beyde Flotten rückten den 16ten July auf einander zu. Ehrenschild machte den Angrif. Das Treffen dauerte drey Stunden lang, und war sehr heftig. Peter der Große ging auf das Admiralschiff zu, und eroberte es. Ehrenschild, der Wunder der Tapferkeit ablegte, wollte sich in einer Schaluppe retten, ward aber verwundet, und gezwungen sich zu ergeben. Er ward auf das Schiff welches Peter commandirte gebracht, von welchem er sowohl seine Soldaten als Matrosen durch das entsetzliche Feuer der Russen fallen sah, welche sich auch zu gleicher Zeit seiner Schiffe, Galeeren und Fregatten bemächtigten. Einige davon retteten sich mit der

Flucht

Flucht nach Schweden, und verusachten allda ein solches Schrecken, daß man sich in Stockholm selbst nicht mehr sicher zu seyn glaubte. Noch am nemlichen Tage setzte der Czar 16,000 Mann auf Aaland aus, welche die schwedischen Truppen, die sich darauf befanden, gefangen nahmen. Dieser Tag war, nach jenem bey Pultowa der glorreichste, den Peter der Große bisher erlebt hatte, und war um desto glänzender, weil es die erste förmliche Seeschlacht war welche er lieferte, und zwar mit dem glücklichsten Erfolge. Dem Fürsten von Gallizin übergab Peter der Große das Gouvernement von Finnland, und er, der Monarch begab sich mit seiner Flotte und den eroberten Schiffen nach Cronslot und von da hielt er mit selbigen einen triumphirenden Einzug in Petersburg.

Im Aprill 1715 brach Peter der Große mit seiner Seemacht schon wieder auf, nahm alle schwedische Schiffe weg welche sich blicken ließen, und landete im Juny auf der Insul Gothland; indessen gieng Gallizin mit seiner Armee nach dem Ausgange des Bothnischen Meerbusens, um die Schweden irre zu machen. Zu Anfange Septembris segelte der Czar an die Küste von Südermannland, setzte 10,000 Mann aus, und ließ das ganze Land auf zehn Meilen herum ausplündern. Die Stadt

Ula *) samt dem Schloße wurden erobert, und Cayaneburg **) mußte sich durch Hunger ergeben. Hierauf kehrte Peter der Große mit seiner Flotte wieder nach Petersburg zurück.

Peter der Große hatte jezt den Gipfel seiner Größe erreicht, und führte die Oberherrschaft in ganz Norden. Er war Herr von ganz Liefland, Estland, Karlien, und Ingermannland, und hatte alle diese Staaten den Seinigen zugeeignet, indem sie ihm von allen nordischen Fürsten zugesprochen waren, welche alle entweder seine Bundsgenossen oder seine Kreaturen waren, und weil ein jeder von ihnen seinen Theil an der Beute in Deutschland hatte. Außer diesem hatte er auch noch ganz Finnland inne, welches ihm zum Unterpfand des Friedens blieb.

Anno 1715 reisete Peter der Große zu dem Könige von Preussen und von Dännemark, in und bey Coppenhagen manövrirte er auf dem Meer mit der Dänischen, Englischen und Holländischen Flotte, und da der König von Dännemark darauf antrug, er sollte noch eine Landung mit selbigen in Schonen vor-

*) Ula oder Ulaborg, eine Stadt an der See, welche die größte in der Landschaft Ost-Bottn ist. Das bey derselben auf einer Insel gelegene Schloß Ulaborg, ist fast ganz zerfallen.

**) Ein Städtchen in Ost-Bottn am Fluß Pyhä.

vornehmen, welches Peter der Große abschlug, und solches wegen der späten Jahrszeit auf den künftigen Frühling verschob. Hierüber verfielen beyde Monarchen so sehr, daß dieses den Grundstein zum Frieden zwischen Petern dem Großen und Carl XII. von welchem der Baron von Görz den Plan entworffen hatte, und den ich bereits im vierten Theil erwehnt habe, legte. Peter, der Schweden schon genug gedemüthigt hatte, konnte nach seinem politischen Interesse unmöglich zugeben, daß Dännemark und Preussen noch größer wurden. Anno 1717 und 1718 brachte der Czar mit Reisen, Staats- und Familienangelegenheiten zu. Da nun aber die Friedensunterhandlungen auf schwedischer Seite so langsam betrieben wurden, so entschloß sich Peter der Große, um diese Krone wieder in Thätigkeit zu setzen, eine Landung in Schweden vorzunehmen. Zu dem Ende hatte er eine Flotte von 12 Linienschiffen vom ersten Range, 120 Galeeren und Fregatten nebst noch 100 kleinen Fahrzeugen ausgerüstet, welche er Anfangs July 1719 unter dem Commando des Admirals Apraxin absandte, mit welcher dieser Admiral unweit Aland bey der kleinen Insel Hameland, und von da den 21ten July in den schwedischen Scheeren *) anlangte. Durch diese

*) Diese Scheeren sind eigentlich nichts als lauter gefährliche Seeklippen vor Stockholm, die sich auf sechs-

se Scheeren arbeitete sich die russische Flotte mit vieler Mühe hindurch, obwohl sie nirgend widerstand fand, ausser auf einer kleinen Insel die Glockenscheere genannt, wo eine Wache ausgestellet war, welche, nachdem sie aus einem Stücke das Signal gegeben, und die Feuerstangen angezündet hatte, sich auf kleinen Fahrzeugen nach Stockholm rettete. Der russische Admiral zertheilte hierauf seine Flotte dergestalt, daß er sich mit selbiger rechts und links Stockholm näherte. Nach diesem ward längst der Küste und auf verschiedenen Insuln gelandet. Der rußische General-Major von Lascy trat den 24ten bey Girna mit 2400 Mann ans Land, und vertrieb etliche tausend Schweden, drang bis zu dem besten Eisenwerke vor, welches er nebst dem dabey gelegenen Flecken von 300 schönen Häusern und zwoen Kirchen zu Grunde richtete und verbrannte, und als er weiter vorrückte, verwüstete verbrannte und plünderte er bis zum Abmarsche zwo Städte, 16 Flecken, 21 Schlösser oder Adeliche Sitze, 535 Dörfer und Mayerhöfe, 40 Mühlen, 16 Magazine und 9 Eisengruben; diese wurden durch Bomben, die hierzu verfertigt worden waren, gesprenget. Unter diesen Gruben war eine, für deren Erhaltung 300,000 Thaler gebothen worden,

sechzehn Meilen weit ins Meer von allen Seiten erstrecken.

den waren. Ein grosser Theil des fertigen Eisens und Kupfers welches die Russen nicht mit fortbringen konnten, ward in die See geworfen.

Auf der andern Seite gieng es nicht besser. Denn der General von Apraxin ließ da gleichfalls sechs Städte, 12 Schlösser, 826 Dörfer, 13 Mühlen, 10 Magazine, 2 Kupferbergwerke und fünf Eisengruben verwüsten, verbrennen und sprengen. Mehr als 100,000 Stück Vieh wurden erschlagen und liegen gelassen, ohne was mit fortgeschaft wurde. Junge Leute und alle diejenigen, die bei den Bergwerken gebraucht wurden, nahm man gleichfalls mit. Die Beute welche die Russen gemacht, soll sich über zwey Millionen, der Schaden aber, den sie Schweden zugefügt haben, über zehn Millionen Thaler belaufen haben.

Alles dieses ließ Peter der Grosse ausführen, um Schweden, welches ihm Jahre lang mit der leeren Friedens-Hofnung geschmeichelt hatte, mit Ernst zum Frieden zu zwingen. Er rechtfertigte dieses sein Verfahren durch ein weitläuftiges Manifest; ob diese Entschuldigung, ohne welche doch viele tausend unglückliche Unterthanen am Bettelstab geriethen, zur Rechtfertigung hinlänglich seye, will ich hier nicht untersuchen. Zu Ende des August kehrte die Rußische Flotte nach Rußland zurück, und der Monarch hielt den 10ten September der in Petersburg einen prächtigen Einzug. Das unglückliche Schweden, welches erst von dem Helden war gezüchtigt worden, vergaß abermals die Friedensgedanken: den 7ten August kam es zwischen beyden Flotten wieder zu einem hitzigen Gefecht, in welchem die Russen die Schweden überwanden, vier Schiffe und 140 Canonen eroberten, und 800 Mann zu Kriegsgefangenen machten. Der Admiral von Apraxin hielt im Angesicht des englischen Admirals Norris *) seinen triumphirenden Einzug in Kronstadt, und ward von dem Czar mit einem reich mit Brillanten besetzten Degen beschenkt; ingleichen erhielten alle Officiers und Gemeine Geschenke nach ihrem Range.

Bald darauf vereinigte sich die englische Flotte mit der Schwedischen, welche der Graf von Spaar commandirte; beyde fiengen ihre Operationen damit an, daß sie auf der kleinen Insel Nargeen nahe bey Estonien landete und ein Haus anzündeten; wogegen die Russen welche bey Wasa abgestiegen waren, 41 Dörfer verbrennten.

Während diesen Feindseeligkeiten sandte der Czar seinen Flügel-Adjutanten, den General Graf von

*) Engelland nahm sich Schweden an, und wollte dieser Krone von Rußland einen guten und billigen Frieden verschaffen.

von Romanzow, an den König von Schweden, um die empfangene Höflichkeit zu erwiedern *), und seiner Majestät sowohl wegen seiner Gelangung zum Thron Glück zu wünschen, als auch das Verlangen zu einem ewigen Frieden mit ihm zu versichern.

Zu Anfange des Jahrs 1721 ward der schwedische Hof durch die Vorstellungen des Generals Graf von Romanzow und des Fürsten Meyersky, welchen der Czar nach Stockholm abgeschickt hatte, auf andere Gesinnungen gebracht, indem derselbe offenbar einsah, daß er sich nicht im Stand befand, der überlegenen Macht des Czars das Gleichgewicht zu halten, weswegen nun ernstlich an das Friedenswerk zu denken angefangen ward.

Da Peter der Große ein starkes Heer in Finnland stehen hatte, welches bereit stund, alles, was er noch nicht eingenommen hatte, auf dem ersten Wink zu erobern, und seine Flotte dem Königreich Schweden mit einer neuen Landung drohete: so mußte der Friede nach dem Willen des Czars eingegangen und geschlossen werden; welches denn auch

*) Der König von Schweden hatte durch einen Gesandten dem Czar seine Gelangung auf den Thron bekannt machen, und um einen Waffenstillstand ansuchen lassen.

auch den 30ten August 1721 geschah. Vermög dessen blieb Peter der Große auf ewig Herr von allen seinen Eroberungen, von den Gränzen Curlands an bis an den Meerbusen von Finnland.

Nach diesem Frieden ward der Monarch von ganz Europa, (ausser von Pohlen und dem Papst nicht) als Kaiser ernannt. Zu Anfange July 1722 zog Peter der Große wider die Usbeckischen Tartarn welche sich wider den Schach von Persien aufgelehnt hatten, zu Felde. Er eroberte in kurzem Terky, Derbent und Anderossina. Bald darauf schlug er den Sultan Mahumet Udenick, seine Residenz, nebst sechs Dörfern, welche ihm zugehörten, wurden geplündert und in Brand gesteckt. Weil aber Peter der Große zu besorgen anfieng, daß es ihm an Proviant fehlen würde, wenn er seinen Marsch weiter fortsezte; so ließ er seine Infanterie auf 74 Schiffe einschiffen, und trat damit die Rückreise nach Astrakan an, da indessen die Cavallerie zu Lande marschirte.

Anno 1723 zu Anfange des Merzmonats rückte die Russische Armee von Astrakan wieder aus, und eroberte Bahu einen der wichtigsten Plätze am Caspischen Meere. Zu eben der Zeit kam ein persischer Gesandte nach Petersburg, welcher mit dem Czar auf Befehl seines neuen Monarchen ein Bündniß schloß, wobey ihm von dem Schach die Stadt

Der

Derbent und Bahù, nebst allem was dazu gehört, wie auch die Provinzen Kilan, Mazanderan und Astarabath auf ewig abgetreten wurden, und eine vollkommene Handlungsfreyheit zwischen beyden Reichen errichtet ward.

Nachdem der Monarch den Schach wieder in seine Staaten eingesezt und die Usbeckischen Tartarn überwunden und sein Reich in die beste Verfassung gesetzt hatte; brachte er seine übrige Lebensjahre in Ruhe zu, und starb im 53sten Jahr seines Alters den 28ten Jänner 1725 in den Armen seiner grossen Gemahlinn. Peter der Große der größte Monarch Rußlands, war von hoher und geschlanker Leibesgestalt, gut gebauet, hatte ein majestätisches Ansehen, ein feuriges Auge, war von starker Natur, und zu allen Leibesübungen und Strapazen aufgelegt. Sein Verstand beurtheilte alles richtig, welches den Grund von allen grossen Talenten ausmacht; und diese Richtigkeit des Verstandes war mit einer Unermüdsamkeit vergesellschaftet, die ihm alles zu unternehmen und auszuführen geschickt machte. Von diesem grossen Kaiser kann man noch mit Ruhm anführen, daß er stets sein Wort gehalten, wem er einmal Schutz versprach, der genoß selbigen sicher lebenslänglich ein einziges Beyspiel davon mag zum Beweiß hinlänglich seyn: als er z. E. 1711 mit den Türken Frieden schloß, so bestand der

Grosvezier lange Zeit darauf, daß ihm der Hospodar Kantimir überliefert würde; allein Peter der Große schrieb dem Grosvezier folgende königliche Antwort zu: **Ich werde eher dem Großherrn den ganzen Strich Landes von hier bis Rusk abtreten, indem mir die Hofnung übrig bleibt, es einst zurück zu bekommen; aber der Verlust meiner Treue ist unersezlich, ich kann sie nicht brechen. Mein Eigenthum ist die Ehre, diese verlezen, heißt aufhören ein Monarch zu seyn.** O möchten doch alle Souverains diesem großen Beyspiel nachahmen, denn der Monarch, der Fürst, ist nur groß wenn er Wort hält, und die einmal ertheilten Gnaden nie wieder zurück nimmt.

Militairische Geschichte des Marschalls von Sachsen.

Obgleich Moritz, Graf von Sachsen, in einem fremden Lande gebohren ist, so hat doch Frankreich, welches ihn an Sohnes Statt aufgenommen, und das er triumphirend gemacht hat, das Recht, ihn in seine Jahrbücher aufzuzeichnen und unter seine Helden zu zählen. Auf gleiche Art zählt Rußland einen Goltz, Münnich und Lascy. Oesterreich einen Herzog von Lothringen, Louis Markgraf von Baden, Prinz Eugen, und einen Laudon, und Preussen einen Dörfling, Fürst von Anhalt Dessau, Keith, Werner und einen Wunsch unter seine Helden. Denn das Vatterland des Großen Mannes ist da, wo der Schauplaz seines Ruhms war und ist. Ein versetzter Baum gehört der Erde zu, wo er die Schönheit seiner Zweige und Früchte ausbreitet. Die Welt würde mehr dergleichen schöne Bäume hervorbringen, wenn nicht leider noch überall sogar in dem kleinsten Ländgen die einfältige

Eifersucht unter den Einheimischen und Fremden herrschte *). Moritz gebohren zu Goslar (und nicht zu Dresden wie alle seine Geschichtschreiber fälschlich melden) den 19ten October 1696, er war die einzige Frucht der Liebe Augusts des Zweiten Churfürsten zu Sachsen, und der schwedischen Gräfin von Königsmark, welche Minister und Helden unter ihren Ahnherren zählte; ihre Schönheit war das geringste unter den Geschenken, die sie von der Natur empfing; durch die Vereinigung aller Talente so den großen Manne bilden, über ihr Geschlecht erhaben, würde sie Europa zu seinen ersten Beherrschern gerechnet haben, wenn die Geburt sie zur Regierung eines Reiches berufen hätte: aber wenn sie gleich keine Krone trug, so hatte sie wenigstens die Ehre, einen großen König sich unterwürfig zu machen. Zärtlich und gefühlvoll gebohren, scheinen ihre Schwachheiten beides durch den, der davon der Gegenstand war, und durch den, der die Frucht

*) Dieser Fehler liegt leider zur Schande der Menschheit noch in der Erziehung, den die Hofmeisters, Präceptors, Schulmeister und wie alle diese Herren heissen, pflanzen anstatt ächte Vaterlandsliebe dieses durch ihre blinde Vorurtheile der Jugend zu sehr ein, und beschreiben derselben andere Nationen ganz widerwärtig und gehäßig. Gleicher Haß wird den Kindern oft in Ansehung der Religion beygebracht.

Frucht davon ward, veredelt worden zu seyn. August war der vollkommenste Prinz seiner Zeit, Moriz war der Held der seinigen.

Die ersten Neigungen offenbarten sich bey Morizen für den Krieg. Kriegsübungen waren die ersten Zeitvertreibe seiner Kindheit; ein schönes Pferd brachte ihn in Entzücken, und seine einzige Lust war es zu bändigen. Der Hof zu Dresden der glänzenste von ganz Europa, both damals Lockspeisen einer niedlichen Wollust an; die Kunst, die Vergnügungen abzuwechseln, kam dem Eckel zuvor. Pracht und guter Geschmack hatten bey den Feyern den Vorsitz. Moriz verwahrte sich gegen seinen natürlichen Hang zum Vergnügen, und entwich seinen Zudringungen, um sich mühsamern Uebungen, die seine angeborne Stärke vermehrten, zu widmen: er war wie ein junger Spartaner, der an den Hof der Spartaner in Jonien geräth, woselbst seine Strenge über ihre Schwelgerey und Weichlichkeit richtet. Moriz, dem das Donnern der Canonen mehr als die Harmonie der Concerten schmeichelte, ließ sich von seinem Muth, der ihm seine Schwäche verheelte, verführen. Er entwich heimlich aus Dresden, um zur Armee zu gehen. Da er weder Geld noch Ausrüstung hätte, legte er seinen Weg zu Fuß zurück. Er begab sich als Freywilliger in das Lager des Grafen von Schulenburg, dieses erfahrnen

Generals, der auch nach seinen Niederlagen den Ruhm davon trug, einer der grösten Heerführer seiner Zeit zu seyn. Moriz war nur 12 Jahr alt, und in diesem Alter kann man sonst nichts als Zuschauer bey Schlachten seyn, und höchstens nur eine Anlage zeigen, die einen künftigen Ruhm weissaget. In der Schule Eugens und Marlboroughs, dieser, einen solchen Zögling zu bilden, würdigen Feldherrn, lernte Moriz die Kriegskunst. Der General von Schulenburg brauchte ihn in der Belagerung von Dornick zu seinem General-Adjudanten. Moriz that seine Verrichtungen mit einer Geschicklichkeit welche die Generals aufmerksam machte. Die Eroberung von Ryssel (Lille) durch die Alliirten, öffnete ihm ein Schauspiel, wo die grösten Hauptleute dieses kriegerischen Zeitalters alle Kräfte ihres Genies entwickelten. Die Beweise von Unerschrockenheit, welche er in der Schlacht bey Malplaquet und in den Belagerungen von Bethüne, Aire, und St. Venant gab, zogen ihm die Verweise des Prinzen Eugens zu, welcher seine Hitze zu mäßigen für seine Pflicht hielt. Dieser Heerführer stellte ihm vor, daß, so rühmlich es sey, nothwendige Gefahren zu verhöhnen, es nichts als Verwegenheit sey, sich ohne Ursache darein zu stürzen.

Anno 1711 ertheilte König August dem Grafen von Sachsen Erlaubnis, ein Cavallerie-Regiment anzuwerben, und sich die Officiers selbst auszulesen. Er setzte es so geschwind in den Stand, daß er mit selbigen 1712 als den folgenden Feldzug im Herzogthum Bremen Dienste thun konnte.

Die Sachsen und Dänen nahmen daselbst noch vor der Ankunft des schwedischen Feldherrn Steinbocks, Stade weg. Als dieser General mit 12,000 Mann, von denen die Hälfte Cavallerie war, auf sie losgieng, zogen sich die Sachsen und Dänen, wiewohl sie stärker als er waren, über die Elbe zurück. Steinbock setzte ihnen in das Mecklenburgische nach, und erhohlte sie den 20ten December bey Gadebusch. Die Alliirten, die hinter einem Moraste standen, hatten den Vorzug der Anzahl und Lage. Man konnte anders nicht an sie kommen, als wenn man unter dem Feuer ihres Geschützes durch den Morast setzte. Nachdem Steinbock an der Spitze seiner Truppen hindurch gedrungen war, fieng er eins der blutigsten und hitzigsten Treffen an, dergleichen jemals war geliefert worden. Nach einem scharfen dreystündigen Gefecht wurden die Alliirten geschlagen und gezwungen, das Schlachtfeld zu verlassen. Der Graf von Sachsen that in dieser Schlacht mit seinem Regiment solche Wunder der Tapferkeit, daß ihm Steinbock selbst große Lobsprüche beylegte. Als die Truppen in die Winterquartiere gegangen waren, gieng Moriz nach Dresden, um sein Regiment, daß so viel gelitten hatte, wieder zu complettiren, und da er diese neue Leute wieder exerciren mußte, so blieb er eine Zeitlang ausser Dienste.

Im Ausgang des Jenners 1715. hatte der Graf in Crachnitz in Polen einen Streit gegen 1200 Polacken, welche ihn in seinem Gasthof als er eben zu Nacht speisen wollte, überfielen, und für den Grafen von Flemming hielten. Der Graf von Sachsen hatte nur 18 Personen bey sich, worunter die meisten Franzosen waren, die in dem Garde-Regiment, das der König in Polen aufgehoben, gedient hatten. Er wurde in den rechten Schenkel geschossen, verband sich mit einem Stück, das er aus seinem Hemde schnitt, selbst die Wunde. Nach diesem schlug er sich mit dem Degen in der Faust durch eine Wacht, erreichte mit seinen Leuten glücklich den Wald, und die Stadt Sendomir, in welcher er eine Sächsische Besatzung fand. Hierauf wohnte der Graf von Sachsen unter dem Grafen von Wackerbart, den Feldzug in Pommern, und unter dem großen Eugen die Feldzüge in Ungarn bey, in welchen er bey allen Gelegenheiten seinen Heldenmuth zeigte.

Anno

Anno 1720. that er eine Reise nach Paris, allwo er den damaligen Regenten des Reichs, dem Herzog von Orleans vorgestellt wurde; welcher ihm den Vorschlag machte, in Französische Dienste, mit dem Titul eines Marschall de Camp, zu treten. Dieses Anerbieten nahm der Graf mit Bewilligung seines Vaters, welcher ihm noch, das in Französischen Diensten stehende Deutsche Infanterie-Regiment von Greder kaufte, an.

Anno 1726. ward der Graf zum Herzog von Curland erwählt allein Rußland und Polen verhinderten, daß er nie in Besitz desselben kam.

Da es 1733. wegen der Polnischen Königswahl zwischen dem Kaiser und Frankreich zum Kriege kam, so ward der Graf von Sachsen ernannt, als Marschall de Camp in der Armee, die unter dem Befehl des Marschall von Berwick am Rhein zusammen gezogen ward, zu dienen. Zu dem Ende mußte er den 12. October mit 20 Grenadier-Compagnien, und 2000 Füselier den Rhein passiren, und zwey Brücken über selbigen, nemlich eine oberhalb Kehl, und die andre unterhalb dieser Festung, schlagen. Im Monat November, trieb der Graf die Kaiserliche Husaren, welche die Französischen Vorposten bey Stollhofen angriffen mit ansehnlicheu Verlust zurück.

Anno 1734. diente der Graf von Sachsen unter dem Befehl des Grafen von Belle-Isle. Er wohnte den Eroberungen von Trier, Trarbach bey, hier setzte er sich bey jeder Gelegenheit der grösten Gefahr aus. Nach der Eroberung von Trarbach stieß er zur Armee des Marschalls von Berwick, welcher ihm bey seiner Ankunft das schmeichelhafte Compliment machte, er sey ihm lieber als wie 20000 Mann. Der Graf mußte gleich die Linien von Ettlingen recognosciren, welche nach seinem abgestatteten Bericht angegriffen und erstiegen wurden. Er that mit dem Brigaden von Piemont, und Royal Vaisseaux, an deren Spitze er war, ausserordentliche Wunder der Tapferkeit. Ohne seine Gegenwart würden vielleicht diese Linien gar nicht erstiegen worden seyn. Als er im Monat August das Schloß Niederulm eroberte, wurde er vom Könige zum General-Lieutenant erhoben. Im Monat September hatte er bey Haßlach und Zell am Hammersbach, einen großen Scharmützel mit einem starken Trupp feindlicher Husaren, die er ganz aus dortiger Gegend jagte, und deren Chef mit eigener Hand erlegte.

Anno 1735. stand der Graf von Sachsen unter dem Commando des Marschalls von Coigny, in diesem Feldzuge trug sich eben nichts erhebliches zu; und da den 11. April 1736. der Friede zu

Wien

Wien geschlossen ward, so konnte der Held seinen Muth nicht eher wieder zeigen, als bis 1741. wo Frankreich, Bayern gegen Oesterreich beystand, und zu dem Ende 40,000 Franzosen vom 15 bis zum 21. August bey Fort-Louis und Lauterburg, in sechs Colonnen über den Rhein giengen. Diese rückten als Hülfstruppen des Cuhrfürsten von Bayern an die Donau. Der Marschall von Belle-Isle commandirte selbige, das Hauptcommando von der ganzen Armee aber führte der Churfürst von Bayern. Der Graf von Sachsen mußte in dieser Armee dienen, und führte die erste Colonne rechter Hand. Als alle Colonnen zwischen den 4. und 13. September zu Donauwerth angekommen waren, ward daselbst die Infanterie nach Passau eingeschift. Der Churfürst von Bayern hatte sich den 31. Julii dieser Stadt und des Schlosses Oberhaus bemächtiget.

Die drey ersten französischen Infanterie-Colonnen stiessen bey Schärdingen zu 18 Bataillonen und 16 Schwadronen Bayerischer Truppen. Mit diesen marschirte der Churfürst nach Linz, der Hauptstadt von Oberösterreich, und nahm den 14. September dort sein Lager. Der Commandant dieser Stadt, der nur Invaliden und Bürger zur Besatzung hatte, übergab sie, und das auf

einem

einem Berge oberhalb der Brücke über den Fluß Traun gelegene Schloß.

Zu Linz ließ sich der Churfürst huldigen, nahm den Titul eines Erzherzogs von Oestreich an, und blieb einige Tage, um sowohl die Cavallerie zu erwarten, die der Graf von Sachsen zu Lande herbey führte, als um Zeit zu haben, die von den Oesterreichern abgebrochenen Brücken über die Flüße Traun und Ens, wieder herzustellen. Die Stadt Ens, welche die Oesterreicher verlassen hatten, ließ er mit 400 Mann besetzen. Zu gleicher Zeit mußte sich ein Detaschement, der Stadt Gemünd, das Gebürge, und der dabey liegenden Salzbrunnen, bemächtigen.

Als die Brücken über die Flüße Traun und Ens fertig waren, brach die Armee den 22. September auf, und kam den 6. October an der Yps an. Der Graf von Sachsen machte mit den zwey Dragoner-Regimentern Mestre-de-Camp-General, und Dauphin, mit einem Husaren-Regiment, 8 Grenadier-Compagnien, und 4 Frey Compapnien, die Avantgarde. Als er zu Waldsee ankam, vernahm er, daß 1800 Feinde an der andern Seite des Dorfs in Schlachtordnung stünden. Er grif sie an, trieb sie in die Flucht, nnd machte einige Gefangene. Darauf rückte er an die Ufeer der Donau,

Donau, und nahm verschiedene mit Lebensmitteln beladne Saiken weg.

Nach diesem gieng die Alliirte Armee den 15. October über den Fluß Ips *) und rückte bis vier Meilen von Wien vor, die Königin von Ungarn nebst den meisten Einwohnern nahmen mit den besten Kleinoden und Meubles ihre Flucht nach Preßburg. Da in Wien der General Graf von Khevenhüller nur mit 6000 Mann zur Besatzung lag, so wäre es dem Churfürsten leicht gewesen, diese Residenz zu erobern. Gott weiß es am besten, aus was vor Ursache er solches nicht that, genug er marschirte wieder zurück, verließ Oesterreich, und fiel in Böhmen ein. Die Armee gieng unter dem Commando des Feldmarschalls von Thöring, bey Mautern über die Donau, und richtete ihren Marsch auf Tabor. Der General von Minuzzi welcher in der Oberpfalz stund, und zu welchem vier frische Colonnen Franzosen unter dem Commando des Marquis von Gassion stiessen, rückten gleichfalls in Böhmen ein, und

*) Ips ein kleiner Fluß entspringt in Oberösterreich unweit der Steyermärkischen Gränze, Waidhofen oder Bayerisch-Waidhofen, eine Stadt dem Bischof von Freysingen gehörig, ist der beste Ort an diesem Fluß, welcher bey der Stadt Ips in die Donau fällt.

und marschirte nach Pilsen. Der Churfürst lies in Oberösterreich 6000 Franzosen, unter dem Commando des General-Lieutenants Graf von Segür, welcher Linz, Ens und Mathausen besetzt halten mußten, zurück. Der Graf von Sachsen, welcher mit der ersten Colonne bis St. Pölten vorgerückt war, gieng den 3. November, dem Schlosse Mathausen gegenüber, oberhalb der Mündung des Flusses Ens über die Donau, und marschirte hierauf über Freystedt nach Budweis. Nachdem der Graf von Sachsen Büdweis, *) einen wichtigen Plaz an der Mulde, worinnen er einen starken Vorrath an Lebensmitteln fand, weggenommen hatte, brach er den 11ten mit dem Churfürsten von Bayern auf, und nahm sein Lager bey Königssaal, zwo Meilen von Prag. Den 20. November trafen 20,000 Sachsen, unter dem Commando des Grafen von Rutowsky, und Chevalier von Sachsen, welche den 9ten in Böhmen gerückt waren, ein; und lagerten sich mit dem rechten Flügel bey den Truppen des Marquis von Gassion, und mit dem linken bey dem untern Theile der Mulda.

Der

*) Eine kleine Stadt, aber ein wichtiger Plaz in Böhmen, an der Mulde, in welcher hier der kleine Fluß Malz fällt.

Der Königin von Ungarn lag alles daran, Prag zu retten. Sie hatte dem General-Feldmarschall von Neuperg den Befehl zugeschickt, Neiß, welches der König von Preußen zu belagern drohte, aufzuopfern, und nach Böhmen zu rücken. Während dieses geschah, ließ der Churfürst Prag auffordern, und da er von dem Commandanten eine abschlägige Antwort erhielt, so beschloß er, selbiges mit stürmender Hand einzunehmen, hierzu hatte ihm der Graf von Sachsen vorzüglich gerathen. Damit aber die Ersteigung glücklich von statten gienge, so schickte der Graf von Sachsen einen Officier Namens Gourù von seinem Regiment, welcher wie ein Bauer verkleidet war, in die Stadt. Dieser war ein sehr verständiger Mann, welcher gut zeichnete, und die Böhmische Sprache redete, er gab sehr gute Kundschaft, wie es am leichtesten geschehen könne, daß die Stadt erstiegen werden könne. Die Bestürmung geschahe glücklich, die folgende Nacht den 25. November, an der kleinen Seite der Stadt durch die Sächsischen Truppen, und bey den Mühlen der Altstadt durch die Französischen. Man kann keinen genauern Bericht von dieser merkwürdigen Kriegsverrichtung geben, als denjenigen, den der Graf von Sachsen an den Chevalier Folard durch folgendes Schreiben giebt.

Mein lieber Chevalier.

Nothwendig muß man sich unterrichten, wenn man sich mit Ihnen unterhält; denn Niemand weiß die Kriegskunst so wie Sie abzuhandeln. Ich will Ihnen also melden, was wir seit einigen Tagen gethan haben.

Ich bin den 18. November mit meiner Colonne zu Königssaal angekommen, und habe den Churfürsten von Bayern dahin geführt. Den 20ten sind die Sachsen mit 20,000 Mann zu uns gestossen. Den nemlichen Tag ist der Marquis von Gassion mit seiner Colonne vor Prag gerückt. Ich stand also rechter Hand, der Marquis von Gassion in der Mitte, wo der Churfürst seinen Stand genommen hatte, und die Sachsen waren linker Hand. Die ersten Tage wurden mit Besichtigung des Orts zugebracht.

Den 22ten schrieb ich folgenden Brief an den Churfürsten.

Monseigneur!

Ich bin hier seit zwey Stunden aus dem sächsischen Lager zurückgekommen, wohin mich Euer Churfürstliche Durchlaucht geschickt hatten. Ich habe daselbst die Nacht über mit 500 Grenadiers und 4 Bataillons, 200 Klafter weit von den Pal-

lisaden

lisaden von Prag gestanden, um die Zeit abzuwarten, da der Angrif rechter Hand durch die französischen Truppen geschehen sollte, wie Euer Churfürstliche Durchlaucht mir die Ehre erwiesen hatten zu sagen, so habe ich mich nicht eher zurück gezogen, als da der Anbruch des Tages mir weiter keine Hoffnung zu dieser Unternehmung übrig ließ.

Bey meiner Ankunft hat man mir den Brief übergeben, den Euer Churfürstliche Durchlaucht an mich zu schreiben die Gnade gehabt haben, und worinnen Sie mir befahlen, 1000 Reiter, 600 Dragoner, 5, bis 600 Mann Infanterie nebst einigen Husaren abzuschicken, um über die Mulde zu setzen, und Fourage zu holen, und davon ein Magazin zu Königssaal anzulegen. Sollte es mir wohl erlaubt seyn, Monseigneur, Ihnen vorzustellen, daß ich, da meine Brücke über die Mulde noch nicht fertig ist, Gefahr laufen würde, diese Truppen, wenn man Ihnen nachsetzte, einzubüßen; um so viel mehr, da es gar leicht geschehen könnte, daß die Avantgarde des General-Feldmarschalls von Neuperg morgen bis an uns gekommen wäre? Ich kann daher diese Truppen nicht über den Fluß schicken, ohne sie einer anscheinenden Gefahr auszusetzen. Denn wenn die Feinde dort sind, so haben sie die Ueberlegenheit. Sind sie aber nicht dort, so scheint mir ein Detaschement von 300 Cavalleristen, das heute unter Anführung des von Beauvau über die Mulde gesetzt hat, hinlänglich, um die Einwohner zum Gehorsam zu nöthigen, so viel als nur die Fuhren des Landes fortbringen können, worauf sich jedoch Euer Churfürstliche Durchlaucht nicht zu stark verlassen dürfen, denn sie haben fast alle damit genug zu thun, uns unsern täglichen Unterhalt zu bringen.

Ich will Euer Churfürstliche Durchlaucht nicht mit den andern Unbequemlichkeiten unterhalten, die sich bey Abschickung dieses Detaschements finden würden, sondern mir die Freyheit nehmen, Ihnen eine umständlichere Abschilderung unsrer Lage vorzulegen.

Euer Churfürstliche Durchlaucht werden die Gnade haben, Sich zu erinnern, daß ich zu St. Pölten die Ehre gehabt habe, Ihnen zu sagen, man müßte sich an der Donau zu Krems zu Pferde setzen, und dort die beyden Schanzen der zu schlagenden Brücke befestigen; dadurch würden wir den General von Neuperg abhalten, zu den wichtigen Posten, Tabor und Prag zu kommen, und das würde den Truppen des Marquis von Gassion, und den Sachsen die Belagerung dieser Stadt erleichtern, ohne daß die Feinde ihnen ein Hinderniß entgegen stellen könnten; durch diese Stellung

lung würden auch Euer Churfürstliche Durchlaucht die gemachte Eroberung von Oberösterreich behaupten können.

Inzwischen haben Euer Churfürstliche Durchlaucht gut gefunden, Sich aus der Gegend um Wien zurückzuziehen, nach Budweis und von da nach Prag zu rücken. Sie werden Sich erinnern, wie sehr ich diesen letztern Zug widerrathen, und darauf bestanden habe, Sie sollten blos nach Tabor rücken, und Budweis besetzen. Man hat also geeilt, vor Prag zu ziehen, anstatt meiner Meinung zu folgen, die ich für so wichtig halte, daß daraus, daß man ihr nicht nachgekommen ist, der Verlust von Oberösterreich folgen, und uns auch die Eroberung von Böhmen entgehen wird, wo wir nicht durch ein geschwindes, standhaftes und geschicktes Verfahren diesen Fehler wieder gut machen.

Wir haben hier beynahe 40,000 Mann. Wir müssen gleich morgen des Tages Brücken über die Mulde schlagen, und den Feinden, die auf Prag zukommen, entgegenrücken. Bey einer solchen Armee haben wir nichts zu fürchteu. Wir können ausserdem eine solche Stellung nehmen, die uns völlig Zeit verschaffen wird, die Truppen unter dem General von Leuville, und die Bayern, die in sechs Tagen hier seyn werden, zu erwarten.

Alsdenn werden wir unsern Feinden an der Zahl und unstreitig auch an der Güte der Truppen überlegen seyn. Die Einnahme von Prag, die von ganz Böhmen, die Erhaltung von Oberösterreich, die Erhaltung Ihrer eignen Staaten und Ihrer Armee werden, Monseigneur, Folgen dieses Schritts seyn. Ich bin so kühn Euer Churfürstliche Durchlaucht zu versichern, daß, wo Sie säumen, diesen Entschluß zu fassen, der Mangel an Unterhalte Sie nöthigen wird, Böhmen zu räumen, und Sich nach Bayern zu ziehen, wo der nehmliche Mangel machen wird, daß die Französischen und Ihre Truppen umkommen. Vergeben Sie, Monseigneur, daß ich so frey bin, Ihnen diese Vorstellungen zu machen. Ich habe sie für nothwendig gehalten, weil es mir scheint, als wäre man geneigt, sich zu verschanzen, und die Mulde zu brsetzen. Das wäre aber das schädlichste, das uns wiederfahren könnte. Ich bin mit aller Ehrerbietung, u. s. w.

Königssaal
den 22ten November 1741.

Moritz von Sachsen.

Den 24ten November in der Nacht erhielt der Graf von Sachsen von dem Churfürsten den Befehl, so früh als möglich, die Mulde zu paßiren,

und

und alles Heu, Hafer, Getreyde, Mehl und Vieh mit nehmen, er solle nichts zurücke lassen, als wie nur die Zelter und Bagage. Den 25ten November des Morgens paßirte der Graf von Sachsen mit vierthalb tausend Mann zwischen Königssaal und Prag die Mulder Brücke. Kaum hatte er die Brücke paßirt, als er die Nachricht erhielt, daß 14,0.0. Feinde in vollen Anmarsch seyen, die den 26ten sich in Prag werffen wollten, und daß die ganze feindliche Armee diesem Corps folge. Auf diese erhaltene Neuigkeit schrieb er gleich folgenden Brief an den Churfürsten.

Monseigneur!

Eben vernehme ich jezt, daß man morgen 14,coo. Mann in Prag werfen will. Es bleibt Ihnen also kein weiters Hülfsmittel übrig, als Prag mit aller Macht anzugreiffen. Die 2000. Mann, die darinn zur Besatzung liegen, können nicht hinreichen, unsern Bemühungen zu widerstehen, wenn wir sie von verschiedenen Seiten angreiffen, und die bewaffnete Bürgerschaft, wiewohl sie sehr zahlreich ist, darf uns nicht bange machen. Wollen also Euer Churfürstliche Durchlaucht die Sachsen zween Angriffe thun lassen, der einen mit ihrem ganzen Truppen, den andern durch den abgeschickten Detaschement, von dem ich vermuthe,

muthe, daß er diesen Augenblick über die Mulde gegangen ist, so will ich meiner Seits ebenfalls einen thun, und den 4ten kann der Herr von Gaßion mit seinen Truppen vornehmen. Wenn die Sache Euer Hochfürstliche Durchlaucht nicht anständig ist, so will ich gegen die Feinde rücken, alsdenn, wenn man auf mich los geht, Prag linker Hand liegen lassen, und mich nach der Brücke der Sachsen zurückziehen, weil es mir nicht möglich seyn wird, über die zwischen Königssaal und Prag zu gehen.

Man muß dem abgeschickten Detaschement Sachsen sagen laßen, daß es sich nicht zu weit entferne. Denn es könnte durch die Feinde, die mir nachsetzen werden, abgeschnitten werden. Ich bin mit aller Ehrerbietung u. s. w.

Bey der Muldenbrücke.
den 25ten November 1741.

Moritz von Sachsen.

Diesen Brief gab ich dem Freyherrn von Dieskau, einem meiner Adjudanten, zu lesen, und sagte zu ihm, Sie sehen wohl, von welcher Wichtigkeit die Sache ist. Gehen Sie hin, und suchen Sie den Churfürsten zu überreden, daß er in die Bestürmung von Prag willigt! Bringen Sie auch die Sachsen zur Einwilligung! Sagen

Sie

Sie meinen Brüdern, wenn Prag nicht eingenommen würde, so hätten die Franzosen keinen andern Zufluchtsort als Sachsen, und sie müßten von ihrer Weigerung Rechenschaft geben.

Ich rückte demnach gegen Kundrutiz, und kam von da Nachmittags um zwey Uhr vor Prag zurück, um zu zusehen, auf welcher Seite ich meinen Angriff thun wollte. Kaum hatte man mir einige Lagen Stückschüße gegeben, so erhielt ich vom Churfürsten folgendes Billet.

Mein Herr!

Ich verschiebe es auf andre Zeit, Ihnen umständlicher zu antworten. Jetzt will ich Ihnen nur so viel melden, daß die Brücke der Sachsen heute nicht fertig werden kann, und vielleicht auch morgen nicht. Das sicherste ist, nicht eher darauf zu rechnen, als übermorgen, den 27. Ich bin mit vollkommener Hochachtung, u. s. w.

Karl Albert.

Darauf schrieb ich alsbald folgende Antwort.

Monseigneur!

Weil die Sachsen ihre Brücke noch nicht fertig haben, und Euer Churfürstliche Durchlaucht Sich nicht entschließen, Prag angreiffen zu lassen,

 so

so will ich den Feinden entgegenrücken, um sie so lange, als es mir möglich seyn wird, aufzu halten. Es ist so kalt, daß mir die Feder aus der Hand fällt, und Euer Durchlaucht Mühe haben werden, mein Geschriebenes zu lesen, weßhalben ich um Entschuldigung bitte. Ich bin mit aller Ehrerbietung u. s. w.

Moritz von Sachsen.

Sogleich schickte ich den Marquis von Mirepoix mit den 1000. Mann Infanterie an die Muldenbrücke, über die ich gegangen war, mit dem Befehl, sich auf einer Anhöhe der Brückenschanze gegen über zu verschanzen, um, wenn man mir nachsetzte, meinen Rückzug zu decken, damit ich unter Begünstigung dieses Fußvolks wieder über die Brücke kommen könnte. Ich selbst gieng mit der Reiterey wieder nach Kundrutitz, welches, wie ich gesehen hatte, ein ganz guter Platz für die Reiterey war, um da die Nacht zuzubringen, indem ich mich rechter und linker Hand an Gründe anschließen konnte. Von da schickte ich vorwärts Partheyen aus Abends um sechs Uhr kam der Freyherr von Dieskau zurück, und sagte mir, er hätte heftige Anfälle auszuhalten gehabt. Der Graf von Schmettau hätte den Ausspruch gethan, man müßte die Stadt zu erstei-

ersteigen suchen; es würde überaus lächerlich lassen, wenn man sich aus Mangel an Unterhalt zurückziehen müßte, ohne zu wißen, wohin man wollte, und wo man leben könnte; es wäre ungewiß, ob der König in Pohlen die Truppen der Bundsgenossen in Sachsen aufnehmen wollte; ausser den Verlust der Armee, den er für unvermeidlich hielte, könnten alle europäische Angelegenheiten dadurch erschüttert werden; kurzum, im Kriege müßte man zuweilen etwas wagen, wenn zumal der Verlust nicht beträchtlich seyn könnte. Hingegen einige Generale wären ganz andrer Meynung gewesen, und hätten gesagt, diese Art, Städte wegzunehmen, wäre für sie etwas ganz neues. Der Churfürst, den die Sache am nächsten angieng, hätte sich für den Sturm erklärt, und darein gewilligt, wofern man nur die Sachsen dazu überreden könnte. Das hätte er, der Freyherr von Dieskau, auf sich genommen, hätte sich auf ein Pferd des Churfürsten gesetzt, weil das seinige von Kräften gekommen war, und wäre in das Sächsische Lager geeilt. Dorthin hätte man einen andern Officier vor ihm vorausgeschickt, der beinah alles verderbt hätte, unter dem Vorwande, es wären keine Sturmleitern da. Doch endlich hätte er folgendes Billet vom Grafen Rutowsky heraus gebracht, und es dem Churfürsten ein-

gehängebändigt. Im sächsischen Lager, den 25ten November 1741.

Da die Brücke für die Sachsen noch nicht fertig ist, kann sich der Graf von Sachsen nicht nach derselben zurückziehen. Wir hoffen, einen wirklichen Angriff auf das Carlsthor zu machen, und es wegzunehmen; gelingt er nicht, so kann er für einen verstellten gelten. Man wird in der Nacht die Truppen einzeln anrücken lassen, damit sie den Sturm des Morgens um zwey oder drey Uhr anfangen können. Wir erwarten aber, daß der verstellte Angriff des Herrn von Gassion, so wie auch des Grafen von Sachsen seiner, eine Stunde eher angehen soll, damit die Aufmerksamkeit der Besatzung nach jener Seite gelenkt werde. Denn beym Carlsthore steht alle Nacht eine Wache von 1000 Mann.

Rutowsky.

Unter dieses Billet hatte der Churfürst folgendes geschrieben: Ich bitte mein Herr, daß sie Sie sich hiernach richten, und einen Angriff, es sey verstellter Weise oder im Ernst, thun, nachdem als sie es für gut befinden, und Hoffnung des Erfolgs haben werden, so daß die Truppen nicht ohne Ursache der Gefahr blos gestellt werden. Wir wollen es hier eben so machen.

Carl Albert.

So-

Sogleich ließ ich den Marquis von Mirepoix abrufen, Leitern zusammentragen, und zween Balken mit Stricken zusammen binden, um sie zu Sturmböcken zu gebrauchen.

Des Abends um 9 Uhr stieß der Marquis von Mirepoix mit den 10.0 Mann Infanterie zu mir, und sogleich zogen wir auf Prag zu. Da der Theil, den ich zu besicht gen angefangen hatte, die Cittadelle, und folglich zu fest war, rückte ich längshin am Stadtgraben bis zum neuen Thore, dem einzigen nicht zugemauerten an dieser Seite der Stadt. Ob man mir gleich gesagt hatte, die Futtermauer wäre da sehr hoch, beschloß ich doch, daselbst den Angriff zu thun. Denn ein Thor mußte ich haben, um die Cavallerie hinein zu lassen, und das zwar im Augenblicke, weil ich nur eine Handvoll Infanterie hatte. Da außerdem die Stadt groß ist. glaubte ich, wenn nur einmal die Cavallerie hinein wäre, würde sie die verschiednen Posten der Feinde verhindern, Gemeinschaft zu haben, und sich zusammen zu ziehen.

Ich rückte denn nach diesem Thore, welches das zweyte dißseit der untern Mulde ist, in der Absicht, meine Leitern dort anlegen zu lassen, und überdachte meine Anstalten unterwegs.

Indem ich der Stadt nahe war, hörte ich den Angriff des Grafen von Polastron. Es mochte ungefähr

gefähr des Nachts um 1 Uhr seyn. Ich ließ Halt machen, und indem man die Leitern, Pulver und Kugeln unter die Soldaten austheilte, ritt ich mit dem Herrn von Chevert, Obrist-Lieutenant des Regiments Beauce, nahe hinan, um zu besichtigen, wo wir den Angriff thun wollten. Ich sprang in den Graben, der auf dieser Seite keine Futtermauern hatte, und fand nahe beym Thore eine 35 Fuß hohe, bis auf ungefähr 30 Fuß mit Ziegeln ausgemauerte Bastey. Gegenüber war eine Art von Erhöhung, die aus Sande und Schutt bestand, und beynah so hoch als der Wall gieng. Da die Zeit kurz, und des Grafen von Polastron Angriff beynah zu Ende war, konnte ich den Ort nicht weiterhin besichtigen, sondern beschloß, die Leitern in der Seite der vieleckigten Bastey, neben der andern, wo das Stadtthor war, anlegen zu lassen. Ich sagte dem Herrn von Chevert, so bald ich inne würde, daß er entdeckt wäre, wollte ich mich mit den Truppen auf diese Erhöhung stellen, um die Augen und das Feuer der ganzen Bastey auf mich zu ziehen, und zugleich wollte ich die Zugbrücke angreifen.

Darauf kam ich zu den Truppen zurück. Alles das gieng so stille zu, daß die Schildwachen auf den Wällen es nicht gewahr wurden. Ich hatte 600 Dragoner und 400 Carabiniers absitzen lassen, und hatte noch 24 kleine Detaschements Reiter übrig, die ich nach dem erhabnen Weg rücken ließ, um den Augenblick in die Stadt einzufallen, sobald ich nur würde das Thor erbrochen haben.

Die Leitern wurden den Grenadiers ausgetheilt. Ich befahl dem ersten Unterofficier Jacob *), mit acht Grenadiers hinauf zu steigen, kein Feuer zu geben, es möchte auch entstehen was da wollte, die Schildwachen, wenn er sie überfallen könnte, niederzustossen, und sich nicht anders als mit dem Bajonette zu wehren, wenn er auf dem Wall Widerstand fände. Dem Unterofficier sollte Herr von Chevert nachfolgen, an der Spitze von vier Grenadiers-Compagnien, und 400 Dragonern oder Füselieren, die der Graf von Broglio **) anführen sollte.

Als der Unterofficier mit den acht Grenadiers oben auf den Wall gekommen war, machten die Schildwachen Lärm. Ich hatte mich an den Rand des Grabens am Ende der Erhöhung, der Bastey gegenüber, wo Herr von Chevert hinan steigen sollte, niedergesezt. Acht Detaschement Dragoner hatte ich 30 Schritte hinter mir versteckt. Nunmehr stand ich

*) Ist nachgehends als Hauptmann in dem Invaliden-Hause zu Paris gestorben.

**) Ist der noch lebende nunmehrige Herzog von Broglio, und Marschall von Frankreich.

ich auf, und rufte meinen Dragonern zu, die sogleich zum Vorscheine kamen. So viel nur Feinde auf der Bastey und dem Mittelwalle waren, die entdeckten uns, und fiengen an, nach uns zu schiessen. Ich ließ ihnen durch ein sehr starkes Feuer antworten.

Mittlerweile stieg Herr von Chevert mit den Grenadieren hinauf. Die Feinde wurden es nicht eher inne, als da schon eine Compagnie auf dem Walle stund. Alsdenn kamen sie zum Angrif herbey, thaten viele Schüsse, und stießen den Grenadieren die Bajonets entgegen. Diese aber wehrten sich durch starke Stöße, und ließen sich nicht zurück treiben Dem Herrn von Chevert kamen in kurzem die drey andere Grenadiercompagnien und der Graf von Broglio mit seinen Leuten nach.

Da man jedoch sehr eilte, die Leitern hinauf zu steigen, und sie nicht die Last so vieler Menschen tragen konnten, brachen ihrer viele entzwey. Das hatte beynahe alles verderbt. Ich schickte sogleich einen Officier ab, um Gegenmittel vorzukehren *) und eilte, um mit den acht Detaschements Dragoner an die Brücke beym Thore zu kommen. An ihre Stelle ließ ich die Infanterie rücken, die ich noch übrig hatte, um Feuer zu unserer Bedeckung

zu

*) Dieser nahm die Leitern von der Gerichtsstätte, nicht weit davon.

zu geben. Sobald ich dort ankam, ließ Herr von Chevert, der die Hauptwache in der Stadt überwältigt hatte, die Zugbrücke für mich nieder. Nach niedergelassener Zugbrücke begab ich mich mit der Cavallerie nach derjenigen Brücke, welche die Stadt in zween Theile theilt. Sie war verrammelt, mit einigen Stücken und mit Infanterie besetzt.

Der Officier an diesem Orte machte anfangs Schwierigkeit, sich zu ergeben. Als er aber hörete, die Sachsen wären auf der kleinen Seite hinein gedrungen, und er würde zwischen zwey Feuer kommen, streckte er das Gewehr. Nachdem die ganze Besatzung dergleichen gethan hatte, ward sie in die Casernen gesperrt.

Ich habe die Ehre, mein lieber Chevalier, mit einer wahren Ergebenheit zu seyn. u. s. w.

Als der Graf von Sachsen seine Brüder mit den Sächsischen Truppen ankommen sah, umarmte er sie, und sagte ihnen im Scherz, er wäre eher als sie hereingekommen, und würde ihnen allezeit zeigen, daß er ihr Aeltester wäre. Es war für ihn um so viel schmeichelhafter, daß es ihm gelungen war, Prag zu überfallen, weil vor hundert Jahren der Graf von Königsmark, sein Großvater mütterlicher Seite, die nemliche Stadt mit den Schwedischen Truppen erstiegen hatte.

Wiewohl Prag mit Sturm übergegangen war, wurden doch des Grafen von Sachsen Befehle zu Verhütung der Unordnung so gut vollstreckt, daß nicht im mindesten geplündert ward *). Der gröste Theil der Einwohner erfuhr es nur erst den Tag darauf, daß sie unter eine andre Herrschaft gekommen waren. Durch einen so wichtigen Dienst gerührt, machte die Obrigkeit der Stadt dem Grafen von Sachsen ein Geschenk mit einem Diamant, der 40,000 Thaler werth war, auf dessen Kasten sie die Worte hätte eingraben lassen: die Stadt Prag überreichte ihm dieses Merkmal der Dankbarkeit für die gute Mannozucht, die er bey ihrer Eroberung gehalten hat.

Diese wichtige Unternehmuug kostete die Franzosen nur zween Soldaten. Von den Sachsen wurden 34 Mann theils getödtet theils verwundet; un-

*) Der Befehlshaber welcher saget, ja es war wider meinen Willen, daß der Ort so hart mitgenommen wurde, ich könnte die Leute nicht bändigen und in Ordnung halten; dieser sollte billig mit allem Ernst zur Rechenschaft gezogen werden. Denn die gute Mannszucht ist allemal der Grundstein von guten Truppen, guten Generals, tüchtigen Officiers wird diese bey allen ihren Unternehmungen zur Richtschnur dienen, und durch diese werden sie allemal Herr und Meister von ihren Soldaten bleiben.

unter den ersten befand sich der General-Major von Weißbach. Der Graf von Ogilvy, Commandant von Prag, ward nebst 2600 Mann zu Kriegsgefangenen gemacht. Man fand in Prag 300 Stücke schweres Geschütze, und eine Menge Kriegsbedürfnisse.

Den 26ten hielt der Churfürst von Bayern seinen Einzug in die Stadt. Der Graf von Sachsen überreichte ihm die Schlüssel derselben. Die gefangene Besatzung war auf den Gassen formirt. Die Französischen und Sächsischen Truppen standen auf den Wällen, die sie erstiegen hatten. Die Fahnen der Oesterreichischen Besatzung waren auf dem Waffenplatze unter Bedeckung von zwey Französischen Dragoner Detaschements aufgesteckt. Der Churfürst begab sich in die Hauptkirche, und wohnte dem Ambrosischen Lobgesange bey. Darauf besichtigte er die Oerter, wo der Angriff geschehen war, und gieng in sein Quartier zurück. Der Churfürst von Bayern schrieb an den König in Frankreich den schmeichelhaftesten Brief wegen des Verhaltens des Grafen von Sachsen. Er hörte nicht auf, dem letztern zu bezeugen, wie viel er auf ihn hielte, und wie vieles Vertrauen er auf ihn setzte. Zum Gouverneur von Prag ward der Graf von Bayern, und zum Commandanten der Herr von Chevert ernannt.

Den 27ten November zog der Graf von Sachsen mit 3000 Mann aus, um Nachricht von der Oesterreichischen Armee einzuholen. Er gieng nach Beneschau, und kam den 2ten December mit 75 Gefangenen zurück, durch die man erfuhr, daß der Großherzog wäre mit 17 Infanterie- 13 Cavallerie- 4 Dragoner- und 6 Husaren Regimentern den 19ten von Neuhaus aufgebrochen, und über Kardasch, Rzecsice nach Tabor gerückt. Den 25ten hätte er sich von da nach Miliczin bey Wotice begeben. Von da wäre er den 26ten aufgebrochen, und hätte 10,000 Mann vorausgeschickt, die sich unter dem Feldmarschall-Lieutenant Grafen von Kolowrath und dem General-Major von Festetitz hätten in Prag werfen sollen. Als sie aber unterwegs die Einnahme der Stadt vernommen hätten, wären sie wieder zum Großherzoge gestoßen, dessen Armee sich nach Wittingau zurückzöge.

Den 4ten Detember ward der Graf von Pollastron mit 15 Bataillons, 7 Schwadronen und einer Freycompagnie detaschirt, um nach Golz-Jenkau und Willimow zu marschiren, welches die Oesterreichischen Husaren bey seiner Annäherung verliessen. Zu gleicher Zeit rückten die Sachsen 19 Bataillons und 32 Escadrons stark, an die Zasawa, und von Katzow bis gegen Deutschbrod. Der Fürst Leopold von Anhalt-Dessau, brach mit 10 Bataillons und 15 Schwadronen Preussen auf, um die Grafschaft Glatz zu erobern.

Als das Dorf Nejepin zwischen Przibram und Chotinborz durch 140 Sächsische Grenadiers vom Prinz Xaverischen Regiment war eingenommen worden, griffen drey tausend Oesterreicher unter dem General von Dolone, und General-Major von Baronnay den 24ten December diesen Posten an, und steckten ihn in Brand. Der Hauptmann von Merlin commandirte dieses Detaschement Sachsen, er warf sich mit selbigen in ein Bauerngut, vertheidigte sich so heldenmüthig, und blieb im Besitz dieses Postens, bis der General von Birkholz ihm zu Hülfe kam.

Den 4ten December brach der Graf von Aubignee von Prag auf, um an der Mulde aufwärts an deren linken Ufer hinzuziehen. Er rückte nach Piseck, und legte seine Truppen an der Wultawa oder Mulde in die Erfrischungsquartiere. Er detaschirte den Grafen von Mortagne nach Frauenberg, einem Schloße an der Mulde, eine Meile unterhalb Budweis, welches er einnahm, und die Oesterreichische Besatzung zu Kriegsgefangenen machte.

Vor dem Grafen von Aubignee waren schon die Chur-Bayrischen Truppen unter dem Feldmarschall von Törring ausgezogen. Sie sollten Budweis

weis wieder einzunehmen suchen. Da aber ein Corps Oesterreicher diese Stadt und die Mulde vertheidigte, mußten die Bayern das Vorhaben aufgeben. Die Bayrischen Truppen setzten sich hierauf zwischen den Städten Wodnian und Pisek längst den Flüssen Blanitz und Ottawa, damit sie in der Nähe seyn möchten, nach Passau zurücken, wenn der General Graf von Khevenhüller, der ein Corps Truppen in Oesterreich zusammen zog, den Uebergang über die Ens würde versuchen wollen.

Den 7ten December ward der Churfürst von Bayern zum König in Böhmen ausgerufen, und Tages darauf sang man den Ambrosischen Lobgesang. Der Adel ward beym neuen Könige zum Handkuß gelassen. Nachdem er den 19ten December den Eyd der Treue von den Abgeordneten der Böhmischen Kreise angenommen hatte, brach er nach München auf, und nahm seinen Weg nach Dresden in Begleitung des Grafen von Sachsen und Grafen von Rutowsky.

Der Graf von Broglio hatte das Commando über die Armee übernommen, nachdem er in Pisek eingetroffen war, traf er die nöthigen Anstalten zur Vertheidigung dieser Stadt und der Wultawa wider die Armee des Großherzogs, welcher bey Teyn über die Mulde gegangen war. Die Oesterreichische Armee nahm ihr Lager auf den Anhöhen

höhen bey Piseck in drey Treffen. Ihr rechter Flügel erstreckte sich gegen das Vorwerk Melklova, ihr linker gegen die Landstraße nach Budweiß. Die Bayrischen und Französischen Truppen brachten verschiedene Nächte im Schnee auf der Wache zu, und litten ausserordentlich von der Kälte, weil es unmöglich war, Zelte aufzuschlagen. Die Stellung der Französischen und Bayrischen Truppen war folgende: die Infanterie-Regimenter Piemont, Anjou, Rochechouart und Penthievre stießen rechter Hand an St Wenzel. Sie hatten vor sich die Wultawa mit einer durch 100 Grenadiers besetzten Mühle. In der zweiten Linie standen die Infanterie-Regimenter Colonel General, Grammont und Egmont. Diese Infanterie hatte vor der linken Hand jenseits des Flusses die Stadt Piseck, die durch die Infanterie-Regimenter La Marine, der Königin, und Elsaß, besetzt war. Zur linken das Regiment Penthievre und zwar in gleicher Linie standen die Cavallerie-Regimenter Orleans, Asfeld, Chabriant, Levi, Brissac und des Königs. Den Beschluß an der linken Hand machten die fünf Schwadronen von dem Bayrischen Cavallerie-Regiment von Thöring, und drey Schwadronen Bayrischer Dragoner. Da der Fluß an dieser linken Seite einen einwärts gekehrten Winkel machte, so standen in der ersten Linie die Bayrische Infanterie-Regimenter von Morawitzky, Holstein, und Minnuzzi, die neun Bataillonen ausmachten, und 100 Grenadiers mit zwey Canonen in einer Mühle an der Wultawa hatten. Hinter diesem linken Flügel stand eine dritte Linie Cavallerie, die aus den Regimentern Mestre-de-Camp-General, Voguer, Clermont-Tonnere, und acht Bayrische Schwadronen bestand, darunter drey Schwadronen Dragoner waren, und die 5 übrigen zum Regiment von Raymont gehörten. Hinter dem rechten Flügel erster Linie standen 16 Canonen, und auf dem linken achte.

Vorwärts gegen Piseck rechter Hand an der Landstraße nach Budweis hatten die Franzosen eine starke Cavalleriewacht ausgestellt. Der Großherzog ließ das eine Thor von Piseck angreiffen, der Herzog von Luxemburg vertheidigte dasselbe aber so gut, daß er den Feind mit einigem Verlust, unter welchen sich ein Obrist-Lieutenant und Hauptmann befanden, wieder zurück trieb.

Nach diesem fehlgeschlagenen Angriff zog sich der Großherzog über die Mulde wieder zurück; hierauf legte der Graf von Broglio die Französische Infanterie längshin an der Wultawa in die Erfrischungsquartiere, und die Cavallerie in der zweyten Linie an diejenigen Oerter, die zu ihrem Unterhalt am bequemsten waren. Er verstärkte die

Bo-

Besatzung zu Frauenberg, und schickte 400 Füselie-re in das Schloß Winterberg *) um die Communication zwischen Böhmen und dem Bißthum Passau zu erhalten. Die Oesterreicher wandten vergebliche Mühe an, die Zufuhren abzuschneiden, die den ganzen Winter über dahin geschickt werden mußten; denn der General-Lieutenant Graf von Leuville, welcher mit dem Regiment Piemont in Strackonitz, und der Marschall de Camp Marquis von Ximenes, welcher mit der Königin Regiment in Wolin lagen, unterstützten die Cavallerie so gut, daß sie alle feindliche Angriffe vereitelten. Der Oesterreichische General-Major Freyherr von Bärenklau und der Obrist Menzel brachen mit einem fliegenden Corps von Tyrol und das Salzburgische in Bayern ein, setzten dieses Churfürstenthum in in Schrecken, nahmen es durch Contributionen stark mit, und verursachten durch ihre Gegenwart, daß der Churfürst oder vielmehr der neue König von Böhmen, von München die Flucht nach Mannheim zum Churfürsten von der Pfalz nehmen mußte.

*) Wimberg oder Winterberg ein in dem Praginer Kreis gelegenes kleines Städtchen mit einem Schloß, welches in Ansehung seiner Lage ein guter Paß gegen Bayern ist.

Anmerkung über den Feldzug von 1741.

So glänzend wie auch dieser Feldzug für den Churfürsten von Bayern war, so würde er doch weit glänzender und glücklicher gewesen seyn, wenn er seine Eroberungen in Oesterreich fortgesetzt hätte, und gerade nach Wien, von welchem er nur noch acht Meilen entfernt war, marschirt wäre. Denn er würde sicher diese Residenz, in welcher nur 6000 Mann Besatzung lag, erobert haben. Der Ruhm von dieser Eroberung nun, würde nicht nur unendlich größer gewesen seyn, als wie auch der Feldzug mit mehrerem Nutzen wäre geführt worden. Denn der Churfürst wäre hier recht in den innersten der Oesterreichischen Staaten gewesen, wer hätte ihm die Einnahme von Preßburg wehren können? Und hätte er sich nicht ebenfalls so gut zum Könige in Hungarn als wie in Böhmen können ausrufen lassen? wenn es ihm nur um den Königlichen Titel zu thun gewesen wäre? Durch den Rückmarsch aus Oesterreich nach Böhmen, giengen aber auf einmal alle Eroberungen verlohren, und Hindernisse über Hindernisse fanden sich überall. Wege, Zufuhren waren sehr mühsam, das Böhmische Clima war für den Franzosen unerträglich, tausend und tausend starben von dieser Nation vor Kälte und Mangel der Lebensmittel. Alle diese Ungemächlichkeiten hätte der Churfürst vermieden, wenn er in Oesterreich, wo nur eine Handvoll Feinde waren, geblieben wäre, und dort seine Eroberungen zu behaupten gesucht hätte, welches für ihn auch sehr leicht war, denn er war völlig Herr von der Donau, Ens, Traun, Ups u. s. w. wo er also die Zufuhre von allen Seiten konnte bequemer herbey schaffen lassen. Auch war das Clima von Oesterreich für den Franzosen zuträglicher als wie das Böhmische; wodurch das Leben vieler tausend Menschen also auch wäre erhalten worden.

Der Feldzug von 1742. wurde mit der Belagerung von Eger *) angefangen, diese solte erstlich der Französische General-Lieutenant Marquis von Leuville unternehmen, da dieser aber krank wurde und starb, so erhielt der Graf von Sachsen das Commando über die Belagerung. Er kam den 2ten April im Lager von Eger an. Nach Besichtigung der Wälle beschloß er den Ort an der

*) Eine der besten Städte in Böhmen, welche an der Eger liegt, und da sie wohl befestigt ist, so wird sie nicht nur für eine Grenzvestung, sondern für den Schlüßel von Böhmen, gehalten.

der Seite des Flußes anzugreifen, wiewohl dieser Theil des Walles durch eine doopelte Mauer und ein Ravelin, das die Brücke bedeckte, vertheidigt ward. Der Besatzung die Kenntniß seines Vorhabens zu entziehen, ließ der Graf von Sachsen den 4ten April eine Schanze an der entgegengesetzten Seite anlegen, und dort eine Freycompagnie des Galleau sich zeigen, um der Belagerten Aufmerksamkeit dahin zu lenken, damit sie nicht die Eröffnung des Laufgrabens inne würden. Diese geschah in der Nacht zwischen den 7. und 8. vor dem Ravelin bey der Brücke. Tages darauf legte man in dem schlangenförmigen Laufgraben rechter Hand ein Stückbette zu vier Canonen an, aus denen man die Stadt die folgende Nacht beschoß. Die Schanzarbeiten wurden in den 5. ersten Nächten bis an das Glacis fortgeführt. Man legte auch ein zweytes Stückbette zu 4. Canonen an, um die Stücken auf dem Ravelin zum Stillschweigen zu bringen. Da das in den Graben eintretende Wasser die Arbeit aufhielt, bekamen die Belagerten Zeit, einen Abschnitt am engen Eingange des Halbmondes zu machen. Den 12ten deckten sie ein Stückbette zu drey Canonen oberhalb des alten Schloßes auf.

Ihres starken Feuers ungeachtet grub man sich die Nacht hernach auf den vorstechenden Winkel

des

des bedeckten Weges ein. Gleich darauf arbeitete man an einem Stückbette zu sechs Canonen, um so wohl einen Wallbruch in der Hauptfestung zu öffnen, als die Stücken auf dem alten Schloße zum Stillschweigen zu bringen.

Den 13ten erhielten die Belagerer 800 Grenadiers von den Brigaden la Marine und Navarra. Diese Verstärkung führte ihnen der Prinz von Zweybrück und Marquis von Aubignee zu. Tages darauf warf man 2. Katzen auf, um die Truppen, die den bedeckten Weg besetzt hielten, zu deßen Verlassung zu nöthigen. Die Belagerten versuchten an diesem Tage einen Ausfall, wurden aber zurück getrieben. Die Nacht darauf erweiterte man die Eingrabung linker Hand, und machte einen Platz für drey Mörser zurechte, aus denen man das Ravelin beschießen wollte. Man öffnete einen Laufgraben rechter Hand, um eine kleine Schanze auf dem Berg wegzunehmen, deren Feuer den Belagerern beschwerlich fiel. Da der bedeckte Graben die folgende Nacht bis an die Pallisaden geführt wurde, ward der ganze bedeckte Weg eingeschloßen. Man legte drey Stückbetten jedes zu zwey vier und zwanzig pfündigen Canonen an, deren zwey bestimmt waren, beym halben Monde einen Wallbruch zu öffnen, das

britdritte aber, eine Oeffnung in einer der Basteyen zu machen.

Als nun die Contrescarpe überall durchlöchert war, so steckte der Commandant von Eger den 19ten April die weiße Fahne aus. Drey Tage darauf zog die Besatzung von 1072. Mann mit den kriegerischen Ehrenzeichen und zwey Canonen aus, und ward nach Passau abgeführt.

Die Einnahme von Eger machte den Grafen von Sachsen überaus grosse Ehre. Der Churfürst von Bayern welcher den 24ten Jenner dieses Jahres war zum Römischen Kaiser erwählt worden, schrieb ihm deshalben aus Frankfurt den 24ten April folgenden Brief.

„Erlauben Sie meiner Freundschaft, mein „lieber Graf von Sachsen, den Eifer auf Ihre „Rechnung zu schreiben, den Sie eigentlich blos „dem Ruhme des mächtigen Monarchen schuldig „sind, welchem Sie dienen, damit ich Gelegen„heit erhalte, Ihnen dafür zu danken, und Glück „zu der wichtigen Eroberung zu wünschen, die Sie „jetzt an dem festen Platze Eger gemacht haben. „Schon hatte ich Ihnen die von Prag zu dan„ken, und die war genug, um Sich meine ganz „besondre Hochachtung zu verdienen. Aber Sie „wollen mir noch überdieß Dankbarkeit abnöthigen.

Möch-

„Möchte ich Ihnen doch können eben so wesentliche „Dienste leisten, als Sie mir erweisen!“

„Bey Annäherung der französischen Armee „haben meine Feinde einige Oerter in meinen „Staaten geräumt. Allein die daselbst von ihnen „verübten Unordnungen sind unersetzlich. Möchten „Sie doch nur überall seyn können!“

„Uebrigens bitte ich Gott, er wolle Sie in „seinem heiligen Schutz nehmen.“

Nach der Einnahme von Eger gieng der Graf von Sachsen nach Dresden ab, woselbst er den 1ten May anlangte. Von hier gieng er in Familien-Angelegenheiten nach Petersburg, und kam er den 9ten August bey der Armee zu Niederaltaich zurück, über welcher er als ältester General-Lieutenant das Commando nahm. An dem nehmliche Tag ließ der Oesterreichische General Graf von Khevenhüller 400. Grenadiers und 400. Panduren ausrücken, um das Schloß Haus zwischen Deckendorf und Regen wegzunehmen. Fünf hundert französische Füselier, und die Schombergische Freycompagnie, hielten diesen Posten unter dem Herrn von Armeville, Commandanten eines Bataillons von Regiment Picardie, besetzt. Die Oesterreicher forderten sie vergebens zur Uebergabe auf. Da der Ort nicht ohne Geschütz weggenommen werden konnte, ließ der Graf von Sachsen

den

den Oesterreichern nicht Zeit, welches kennen zu lassen. Unter dem Vorwande einer Fütterung kam er in Person dahin. Zugleich schickte er auf zween verschiedenen Wegen zwey Detaschements Infanterie und Dragoner ab, um den 800. Oesterreichern den Rückzug abzuschneiden. Aber zu große Hitze sie anzugreiffen, war die Ursache ihrer Sicherheit. Man machte von ihnen nur 20 Mann Gefangnen.

Da die Französische Besatzung in Prag in einem sehr üblen Zustande war, erhielt der Marschall von Maillebois, welcher mit seiner Armee in Westphalen stand, den Befehl ihr zu Hülfe zu eilen. Indem diese Armee durch Franken nach Böhmen rückte, erhielt der Graf von Sachsen Befehl, sich an der Nabe mit ihr zu vereinigen. Diese Bewegung aber erforderte Behutsamkeit. Er beschloß also, sich nach Deckendorf zurück zu ziehen. Diese Veränderung gab nichts von seinem Vorhaben zu erkennen, und muste doch seiner Armee nützlich seyn. Da das Lager bey Niederalttaich sehr weit ausgebreitet war, und durch viele Truppen bewacht werden muste, entschloß sich der Graf von Sachsen gern, eine solche Stellung zu nehmen, wo wenig Volk zum Dienste erfordert wurde, und den Krankheiten vorzubauen, welche Folgen einer zu grossen Beschwerlichkeit sind. Da

end-

endlich die Absicht, welche der Herzog von Harcourt gehabt hatte, sich an die andre Seite der engen Wege zu legen, um bey erforderlichen Umständen vorzurücken, nicht mehr Statt hatte, so war es schicklich, daß der Graf von Sachsen wieder durch diese engen Wege gienge, damit sie zwischen dem Feinde und ihm seyn möchten.

Den 19ten August des Abends um sechs Uhr ließ der Graf von Sachsen die Bagage abgehen, und den folgenden Morgen mit Tages Anbruch den Generalmarsch schlagen. Eine Stunde darauf zogen sich alle Vorposten, die man verdoppelt hatte, mit den Truppen hinter den Fluß bey Niederaltaich, und stellten sich da in Schlachtordnung. Nach abgebrochnen Brücken rückten sie auf der einzigen Straße fort, die längshin an der Donau geht. Die Posten zu Gravenau, Bernstein, und Haus zogen sich durch Regen und Viechtach nach Straubingen, der Vicomte von Cayla schickte 4. Escadrons Reiter auf die Anhöhen bey Deckendorf nach Gravenau zu. Nach der Ankunft der Armee zogen sie sich nach Deckendorf zurück.

Unter Begünstigung der Gesträuche am rechten Ufer, thaten die Oesterreicher einige Falconetschüsse auf die Französischen Truppen, und tödteten und verwundeten einige Mann. Man führte jedoch einige Canonen herbey, die sie verhinderten, einen größeren Schaden anzurichten. Der Premier-Lieutenant von Ligny vom Regiment Agenois mit einem Seconde-Lieutenant und dreyßig Füseliers von des Königs Regiment, stand in einer Schanze am Ufer der Donau zwischen Deckendorf und Niederaltaich. Dieser sollte sich mit der Arriergarde zurückziehen. Da ihm aber der Befehl nicht überbracht worden war, wurde er mit 300. Husaren berennet. Dieses ließ er dem Graf von Sachsen melden, welcher seinen General-Adjudanten von Espagnac mit 100. Füseliers ihm zum Succurs schickte. Indem diese unten am Berge hinzogen, rückte der Graf von Sachsen mit 100. Reitern auf einer kleinen Ebene zwischen der Donau und dem Berge herbey. Nachdem diese beyde Trupps zusammen bis an die Schanze gekommen waren, zog sich der Lieutenant von Ligny mit seinen Leuten heraus, und längs am Ufer der Donau hin, unter Bedeckung der 100 Pferde, die der Graf von Sachsen anführte. Die Oesterreichische Husaren suchten einigemal, den Graf von Sachsen mit seinen Reitern anzugreiffen, allein es mißlang ihnen allemal, dieweil der Graf ihnen überall die Front bot.

Bey Deckendorf *) nahm der Graf von Sachsen sein Lager; als er selbiges genau recognoscirte, schien

*) Die Stadt Deckendorf liegt in einem Grunde. Die Berge um sie herum sind steil und schwer zu besteigen.

schien es ihm um so viel vortheilhafter, weil es durch einige ausgestellte Posten auf die Anhöhen, nur mit kleinen Feldwachen bewacht worden, auch der Feind nichts von seinen Unternehmungen sehen konnte, welches zu seinem Uebergange über die Donau nothwendig war. Der rechte Flügel seiner Infanterie stieß an einen steilen Berg, der bis zur Donau herunter gieng. Diese Infanterie hielt beständig die andre Seite des Bergs besetzt. Sein linker Flügel stieß an eine kleine Ebene, in welcher der kleine Fluß Pauny lief, der die beyden letztern Bataillionen absonderte. Die Dragoner wurden ein wenig über diesen linken Flügel hinaus nach der Donau zugestellt. Hart an derselben bekam das Geschütz und die von Niederaltaich gekommene Cavallerie ihren Platz. Ihr linker Flügel stieß an den engen Weg, der nach Straubingen geht; ihr rechter stand 20 Schritte weit von einer Brücke von Flößen, die zur zweyten Brücke über die Donau diente. Solchergestalt war die Stadt Deckendorf mit kleinen Lagern umge-

gen. Die Donau fließt an ihrer Mittagsseite. Die ganze Gegend jenseit des Flußes ist eine fast beständig bis Straubingen fortlaufende Ebene. Das linke Ufer ist ein beständiger enger Weg bis Oberaltaich unweit Straubingen.

ben, die wegen der Schanzen und Verhaue zu ihrer Bedeckung eben so viele Citadellen vorstellten.

Der Graf von Sachsen ließ ein Bataillon über die Donau gehen, das sich bey der Cavallerie unter dem Vicomte von Cayla lagerte. Es sollten davon 100 Mann zur Bewachung einer Insel ein wenig oberhalb der Mündung der Iser genommen werden. Den 21ten August wollten die Oesterreicher auf derselben eine Landung thun, wurden aber mit Verlust zurück getrieben. Sie liessen 7 bis 8 Saiken den Fluß hinauf schiffen, um die Donaubrücke von Wasserpfählen in Brand zu stecken. Doch einige Canonenschüße nöthigten sie, sich zu entfernen. Nachdem die Franzosen von Niederaltaich aufgebrochen waren, war der Freyherr von Bärenklau mit einem Corps Oesterreicher dahin gerückt, und stand solchergestalt in der Nähe zu Bedeckung der leichten Truppen, die er vorwärts ausschickte, um von den Bewegungen der Franzosen Kundschaft einzuziehen.

In der Nacht, zwischen dem 5ten und 6ten September giengen des Grafen von Sachsen Truppen über die Donau. Die Bagage gieng voraus. In dem Augenblick, da man Feuer an die Brücke von Wasserpfählen anlegte, ließen sich zwar feindliche Husaren sehen. Doch einige Lagen aus Canonen, die man am rechten Ufer des Flußes aufgegestellt hatte, zwangen sie zur Entfernung. Kaum waren die Franzosen hinüber, so zeigte sich der Oesterreichische General Graf von Khevenhüller mit einem Theile seiner Armee auf den Anhöhen von Methem. Indem die Franzosen über die untere Donau giengen, zogen sich die Kaiserlichen oder Bayrische Truppen von der Iser *) weg. Der Bayrische General Graf von Minuzi, ward bey seinem Aufbruche von Landau, durch die Oesterreicher, welche sich eine nicht recht abgebrochene Brükke benutzten, angegriffen. Es kam zwischen beiden Theile, zu einem Scharmützel, welcher unentschieden blieb, indem von beyden Seiten einige hundert Mann an Todten und Verwundeten blieben.

Der Graf von Sachsen marschirte mit der französischen Armee in 3 Colonnen. Die zur rechten Hand bestand aus den Infanterie-Regimentern Bretagne, Saintonge, la Marche, Brie und Normandie, aus den Cavallerie-Regimentern Rohan, Puisieux, Broglio, Chepy und Saint-Simon, und dem Dragoner-Regiment Harcourt. Die General-Lieutenants Marquis von Herouville, Vicomte von

*) Ein Hauptfluß in Bayern, entspringt in Tyrol, durchfließt einen großen Theil von Bayern und fällt unweit Isergmünd in die Donau. München, Mosburg, Landshut, Dingelfing und Landau sind die vornehmsten Städte, welche an diesem Fluß liegen.

Cayla und die Marechaux de Camp Marquis von Rambûres, von Clermont-d'Amboise und von Argouges führten diese Colonne.

In der mittelsten Colonne befand sich die Kriegscasse, vor der eine Compagnie Grenadiers marschirte. Auf sie folgte die Bagage und Artillerie unter Begleitung von 500 Füseliers. Die Colonne zur linken Hand bestand aus den Infanterie-Regimentern Royal, Boulonnois, Agenois, Enghien und Picardie, aus den Cavallerie-Regimentern Beaucaire, Noailles, Maugiron, Commissaire-General, und aus dem Dragoner-Regiment Languedoc. Die General-Lieutenants Graf von Buckley, Herzog von Bouteville, und die Marechaux de Camp Graf von Langeron, von Rieux und von Fontaine-Martel führten diese Colonne.

Das Infanterie-Regiment von Noailles, die Hälfte der alten Wachen und sechs Grenadiers-Compagnien machten ein Corps de Reserve hinter der Colonne rechter Hand aus, und die Infanterie-Regimenter Dúras und la Mark, die andere Hälfte der alten Wachen und sechs Grenadiers-Compagnien schlossen die Colonne linker Hand.

Hinter diesen drey Colonnen marschirten die Jacobischen und Schombergischen Freycompagnien. Die Arrieregarde führte der General-Lieutenant Herzog von Harcourt. Die Kaiserliche oder Bayrische

rische Truppen hatten zu ihrem Hauptheerführer den Feldmarschall Graf von Seckendorf. Sie lagerten sich den 6ten Abends an der rechten Seite der Französischen Truppen hinter dem Bache Aitrach. Der beyden Heerführern Quartier war zu Aiterhofen. Tages darauf rückten sie nach Schönaich am Fluße Groß-Laber. Der Marsch geschah in 3 Colonnen, die Franzosen formirten die rechter Hand, die Kaiserlichen die linker Hand, und die Bagage und die Artillerie formirten die mittelste. Diese Alliirte Armee langte den 10ten September bey der Donaustauferbrücke an, und nahm ihr Lager so, daß die Brücke hinter der Linie war. Die Bagage wurde unter Bedeckung drey Bataillons vom Regiment Noailles über die Donau geschickt. Das Hauptquartier war zu Donaustauf *).

Den 11ten gieng diese Armee über die Donau; die Cavallerie auf der Brücke von Wasserpfählen, die Infanterie auf einer fliegenden Brücke, die aus vier großen Fahrzeugen bestand. Der Marsch gieng nach Stadt-am-Hof **). Hier nahm die

*) Ein Marktflecken an der Donau in der freyen Reichsherrschaft gleiches Namens gelegen; Flecken und Herrschaft gehören dem Bischof von Regensburg.

**) Eine kleine bayrische Stadt an der Donau, im Rentamt Straubingen, Regensburg gegen über.

die Armee ihr Lager, der Berg wurde vor der Front und die Donau im Rücken gelassen.

Mittlerweile hatte der Graf von Khevenhüller Methen gegenüber eine Brücke über die Donau geschlagen, über welche der Oesterreichische General von Bärenklau mit 4000 Mann und einigen Canonen gieng, davon er welche an das rechte Ufer der Donau dem französischen Lager gegen über pflanzte. Da diese die französische Infanterie Brigade von Betragne beschossen, ließ der Graf von Sachsen ebenfalls Stücke am entgegengesetzten Ufer aufstellen, da denn die Oesterreicher die ihrigen wieder abführten.

Als der Graf von Sachsen hörete, daß die Trenkschen Panduren bis Rheinhausen, ein Dorf wo er ein Magazin welches mit 100 Mann besetzt war, hatte, streisten; schickte er den Herzog von Ayen mit 600 Mann dahin ab, um selbiges zu decken. Die Armee blieb zwey Tage zu Stadt am Hof, um das dasige Lazareth zu räumen, und die Kranken nach Amberg zu schaffen. Nachdem die Kayserliche Truppen die Brücke zu Donaustauf abgebrannt hatten, brachen sie den 14ten von Stadtam Hof nach Kehlheim *) auf. Der Graf von Sachsen ging hingegen bey Regenstauf über den Re-

*) Eine kleine Churbayrische Stadt auf einer Insel welche die Flüße Donau und Altmühl machen.

Regen, den 15ten marschirte er nach Bürklenfeld, den 16ten nach Schwanendorf, und vereinigte sich nachgehends mit dem Marschall von Maillebois zu Vohenstraus.

Böhmen wird von Bayern durch eine unermeßliche Waldung geschieden, die oberhalb Eger angeht, und sich bis herunter nach Teinitz erstreckt. In dieser Waldung warfen ehedem die Schweden die berufne Linie auf, welche die engen Wege bey Haid und Waldsaßen bedeckte. Des Marschalls von Maillebois Absicht war, durch diesen engen Paß einzudringen. Das hatte der Großherzog vermuthet. Der Marschall von Maillebois fand ihn also dort verschanzt. Da es nun nicht möglich war, ihn mit Gewalt zu vertreiben, erhielt der Graf von Sachsen Befehl, mit seinen Truppen von Vohenstraus aufzubrechen, über Floß und Tirschenreit zu ziehen, und sich des engen Zugangs bey Pramhof zu bemächtigen.

Den 20 September rückte der Herzog von Harcourt mit 800 Mann dahin. Tages darauf kam der Graf von Sachsen dort an. Die Absicht dieser Bewegung war, den Großherzog auf den Gedanken zu bringen, daß man suche sich um ihn herum zu ziehen, und ihn dadurch zu bewegen, den engen Zugang, den er besetzt hielt, zu verlassen. Die Brigade des Marquis von Montal rückte zu Unterstützung des Grafen von Sachsen aus; des Marquis von Lütteaux seine blieb im Lager bey Vohenstraus stehen.

Zu Pramhof traf der Graf von Sachsen des Herzogs von Harcourt Truppen und ein Detaschement von der Besatzung zu Eger an. Der Herzog von Harcourt war anfangs nach Heiligenkreuz an der andern Seite des engen Weges gerückt. Als er hörte, die Stadt Plan *) wäre nur mit 400 Oesterreichern besetzt, berennte er sie. Sobald die Besatzung Canonen zu Gesichte bekam, ergab sie sich zu Kriegsgefangenen. Da Plan nur mit einer alten Mauer umgeben ist, schien dem Grafen von Sachsen diese Stadt zu weit vom Pramhof zu liegen, als daß er sie besetzen sollte. Er ließ seine Truppen in drey Treffen lagern, das erste am Abhange des Bergs disseits eines Flusses, der an dessen Fuße lief, das zweyte und dritte, auf dem Berge selbst. Seine beyden Flügel stiessen an zwey Gehölze, in denen man Verhaue anlegte. Man warf vor dem rechten Flügel, dem Mittelpunkte und dem linken Flügel drey Schanzen auf, um sowohl die Vorderseite des Lagers zu bedecken, als auch um den Aufbruch zu erleichtern. Als

*) Ein kleines Städtchen in Böhmen im Pilsner Kreise.

Als der Großherzog hörte, die Franzosen stünden zu Pramhof, schickte er den Prinz Carl mit einem starken Corps ab, um sie zu verhindern, weiter vorzudringen. Der Graf von Sachsen war damals mit 20 Bataillons, die ihm der Marquis von Montal zugeführt hatte, verstärkt worden.

Den 23ten September kamen Prinz Carl und der Graf von Khevenhüller zu Plan an, schlugen ihr Lager an der rechten Hand dieser Stadt, und hatten Heiligenkreuz zu ihrer linken. Hier blieben sie bis den 25ten stehen, an diesem Tage machten sie aber Mine, als wenn sie sich längshin am Bache im Angesicht vom Pramhof lagern wollten. Dawider beschloß sich der Graf von Sachsen zu setzen. Er stellte die Infanterie vor seinem Lager her und hinter die Verhaue rechter und linker Hand in Schlachtordnung. Jedoch des Feindes Bewegung hatte keinen andern Endzweck gehabt, als seinen Truppen eine neue Stellung zu geben, und des Großherzogs seinen Plaz zu machen, welcher vernommen hatte, daß der Marschall von Maillebois die Hofnung aufgäbe, bey Waidhausen durchzudringen, und herbey zöge, um bey Pramhof zum Grafen von Sachsen zu stoßen. Er ließ nur ein Detaschement zu Besetzung der engen Wege zu Waidhausen zurück und rückte mit seiner Armee an, um den Prinz Carl zu unterstützen. Die Panduren beunruhigten die Franzosen sehr stark, und erlegten viele von ihnen, unter andern auch den Marschall de Camp Marquis von Saint Vallier.

Als der Marschall von Maillebois zu Pramhof angekommen war, stellte er den linken Flügel an das Dorf Neudorf; der rechte stieß noch immer an die Verhaue zur rechten Hand des engen Weges bey Pramhof. Da es diese Stellung den Franzosen leicht machte, aufzubrechen, und linker Hand fortzurücken, ließ der Großherzog seine Infanterie und einen Theil seiner Cavallerie über den Bach setzen, der seinen rechten Flügel deckte. Seine übrigen Truppen ließ er auf den Anhöhen bey Heiligenkreuz stehen. Der linke Flügel seines neuen Lagers stieß an Plan, der rechte stieß an ein Gehölz Neudorf gegenüber.

Als der Graf von Sachsen mit einem Corps vorgerückt war, um das Terrain und die Ausgänge des engen Weges an der linken Seite der Armee zu besichtigen, ward seine Avantgarde angegriffen, sie trieb aber dennoch mit Verlust den Feind zurück. Einige Tage darauf fiel ein Scharmützel zwischen beyden Theilen vor, in welchem der Graf von Sachsen leicht verwundet ward.

Da der Marschall von Maillebois zu Pramhof nicht ferner Unterhalt hatte, noch auch durch den von des Großherzogs Armee besetzten engen Zugang

gang dringen konnte, faßte er den Entschluß, nach Eger zu rücken, und über Ellenbogen den Durchzug bey Cadan zu versuchen. Man machte sich fertig, rückwärts aufzubrechen; man legte beym Ausgang des engen Weges Maring, Schanzen an, um den Feind aufzuhalten, wenn er die Arriergarde anfallen wollte. Den ersten Tag ward das Lager zu Albereit und den folgenden bey Eger genommen.

Dem Grafen von Sachsen ward die Anführung von dem Corps de Reserve aufgetragen, mit welchem er voran zog. Zu Falkenau *) standen zwar Oesterreichische Husaren, die sich aber bey seiner Annäherung zurückzogen. Das Schloß Ellenbogen **) war von 4640. Croaten und Husaren mit zwey Canonen besetzt, in der Absicht, die französische Armee in ihrem Marsch aufzuhalten. Da der Graf von Sachsen aber, der Garnison von diesem Schloß einen freyen Abzug mit allen Ehrenzeichen zustand; so ergab sich selbiges; und nach Abbrechung der Brücke bey Ellenbogen, marschirte der Graf von Sachsen nach Schlackenwert.

Bey

*) Eine kleine Böhmische Stadt im alt Saazer Kreise, an der Eger gelegen.

**) Loket oder Elnbogen, eine Böhmische Stadt mit einem Schlosse auf einem hohen Felsen, an dessen Fuß die Eger fließt.

Bey seiner dortigen Ankunft, schickte er ein Detaschement Grenadiers und Füseliers, unter dem Befehl des Brigadiers von Montclos und dem Obristen Herzog von Duras aus, um die Päße bey Klösterlein oder Klastenrez und Cadan zu besetzen. Der Graf von Sachsen zog selbst nach Klösterlein. Zwey Infanterie Brigaden, zwey Dragoner-Regimenter, und einige Canonen rückten in den engen Weg hinein, um die Truppen in Klösterlein zu unterstützen. Der Marschall von Maillebois lagerte sich mit einem Theil seiner Truppen bey Damitz, am Eingange des engen Weges. Die ganze Armee erwartete, man würde diesen Weg nehmen. Als aber der Marschall von Maillebois hörete, es wäre nicht möglich, die Kästen mit dem Mundvorrath da durch zu bringen, und besorgte, es möchte seiner Armee an Unterhalt in einem gebirgichten Lande fehlen, wo wenig zu haben, und es den Oesterreichern leicht war, den Marsch bey jedem Schritte aufzuhalten, da er auch wußte, daß des Großherzogs Armee im Saazer Kreise eine vortheilhafte Stellung genommen hätte, und alle Gemeinschaft mit den Truppen abgeschnitten war, die ihm sonst der Marschall von Broglio hätte entgegen schicken können, so sandte er dem Grafen von Sachsen Befehl zu, sich nach Damitz zurück zu ziehen. Die Oesterreicher hatten die in

Caban stehende 100 Franzosen, theils niedergehauen, theils gefangen genommen. Da nun ihre Brücke über die Eger, es ihnen leicht machte, den Grafen von Sachsen zu beunruhigen, ließ der Marschall von Maillebois zu Bedeckung seines Rückzugs den Marquis von Herouville mit zwey Infanterie-Brigaden in den engen Weg einrücken. In der Nacht zwischen dem 16ten und 17ten kam der Graf von Sachsen zurück, und nahm sein Lager bey Pumersdorf, unweit von Damitz. Die Armee zog sich nach Eger zurück. Der Graf von Sachsen marschirte mit seinem Corps de Reserve am linken Ufer der Donau über Kyrn und Oberaltaich. Die Oesterreicher hatten hier 3000 Dragoner und Husaren stehen. Sobald sie des Grafen von Sachsen Truppen die ungleich stärker wie sie waren, in Schlachtordnung sahen, zogen sie sich zurück. Zu Oberaltaich setzte sich der Graf von Sachsen mit seiner Infanterie zu Schiffe, um sich nach Deckendorf zu begeben. Seine Cavallerie rückte zu Lande längst der Donau dorthin. Die Oesterreicher hatten zu Deckendorf zwey Bataillons, und ein Detaschement Husaren. Ein wenig vor der Nacht schifte sich der Graf von Sachsen disseit der Stadt mit seiner Infanterie aus. Die Besatzung machte sich die Nacht zu Nutze, und zog ab; worauf der Graf von Sachsen die Vorstadt nach der

Donau

Donau zu, und die Stadt besetzte, hier fiel ihm einige feindliche Bagage in die Hände. Der Graf von Sachsen, blieb hier in Deckendorf mit seinem Corps, welches aus 11 Bataillons und fünf Escadrons bestand; den ganzen Winter über stehen.

Der Graf von Seckendorf nahm mit den Kaiserlichen oder Bayern sein Hauptquartier zu Braunau. Seine Truppen wurden theils von dieser Stadt an der Inn, und Salza hinauf, bis oberhalb Burghausen, theils an den obern Theil der Iser bis an Tyrol in die Winterquartiere verlegt. Die Französische Armee hingegen, bezog ihre Winterquartiere an der Inn, Rot, Vils, Iser, und Donau, welches ein ziemlich großer District war, das Hauptquartier war zu Straubingen. *)

Was den Graf von Sachsen, der Deckendorf besetzt hielt, anbelangt, so hatte er seine Infanterie in die Stadt und die Vorstädte gelegt, seine Cavallerie aber in die Abtey Mathem, nahe dabey. Er ließ eine Schiffbrücke über die Donau schla-

*) Diese genommene Winterquartiere hatten den Fehler, daß sie zu weitschichtig waren. Der Herzog Carl von Lothringen benutzte vortreflich diesen Fehler. Denn er hob den Kaiserlichen General von Minuzzi mit 9. Bataillons und 12 Schwadronen auf. Ein gleiches Schicksal hatte der französische Partheygänger de la Croix, mit seinem Freycorps.

schlagen, um mit den Truppen an der Iser und mit Straubingen Gemeinschaft zu haben. Denn obgleich in den Schlössern Mitterfels und Bogen am linken Ufer der Donau Franzosen standen, war doch diese Straße nicht sicher. Die zu Viechtach und Ruemensfelden stehenden leichten Truppen der Oesterreicher konnten sie beunruhigen. Deckendorf kann von den Bergen bestrichen werden. Der Graf von Sachsen legte daher auf dem höchsten eine Schanze an. Diese Linie der Vertheidigung ging von der Höhe herunter bis an die Stadt, vermittelst vier andrer Schanzen, deren zwey unterhalb der ersten, die beyden andern aber auf der andern Seite des Bergs über der Vorstadt Niederaltaich standen. Unten am Berge bey dieser Vorstadt, fing sich eine Verschanzung an, die bis an die Donau ging. Zwo Brücken über den Fluß Paung, und zwo Schanzen stellten die Gemeinschaft von Deckendorf mit der Donaubrücke sicher. Der Graf von Sachsen fand für gut, sein Hospital in Fischerdorf, an der andern Seite der Donau anzulegen. Uebrigens hielt der Graf die beste Ordnung, und hatte keinen Mangel an Lebensmittel, denn von allen Seiten wurden sie ihm zugeführt. Nachdem er in Regen, ein Detaschement Oesterreicher Husaren mit einem Obristlieutenant hatte aufheben lassen, gieng er im Februario 1743. nach Versailles, allwo er vom Könige die Erlaubnis erhielt, ein Regiment halb von Dragoner und halb von Ulanen aufzurichten; wozu ihm der Monarch 300,000 Livres schenkte. Den 23. April traf der Graf von Sachsen in Deckendorf wieder ein, und übernahm das Commando von dem Reservecorps wieder. Hier blieb er aber nicht lange, indem ihn det Marsall von Broglio nach Amberg schickte, um dort ein wachsames Auge auf die Nabe und obere Donau zu haben, und die Regimenter la Couronne und Düras von Deckendorf nach Pilsting an der Iser rücken zu lassen. Von hier traf der Marschall erst wieder zur Armee ein, als diese von Regenspurg aufbrach. Er machte aus seinem Geschütze ein starkes Feuer auf die Feinde, um den Rückzug der Truppen zu decken, die er jenseit der Donau hatte. Sobald sie herüber waren, steckte er seine Brücke in Brand. Da der Marschall von Broglio die Armee verlies, und voraus nach Straßburg abgieng, mußte der Graf von Sachsen selbige bis an den Rhein als Chef führen. Als der größte Theil der Truppen über diesen Fluß war, blieb der Graf von Sachsen mit den übrigen bis den 23. Julii oberhalb Speyerbach stehen. Von hier brach er mit 25 Bataillons, und 40 Schwadronen nach Schlettstadt auf, wo er den 1. August ankam.

Nach seiner Ankunft am Oberrheine, hatte der Graf von Sachsen seine Truppen längsthin an diesem Fluße an diejenigen Oerter verlegt, wo er glaubte, daß die Feinde einen Uebergang versuchen könnten. Er hatte sie mit Schanzen, Brustwehren und Stückbetten befestigt, und den Truppen Befehl ertheilt, einander zu Hülfe zu kommen. Die Zwischenräume von einem Orte zum andern waren mit Bauern besetzt, die bewafnet waren. Der Graf von Sachsen nahm sein Hauptquartier zu Markelsheim, hernach den 15. August zu Herdern, darauf zu Hautmersheim. Da er aber unter dem Marschall von Noailles commandiren sollte, brach er den 30ten auf, um bey diesem Feldherrn unterhalb Landau anzulangen. Als der Marschall von Noailles, der durch die nach dem Oberrheine, und in die Bisthümer abgeschickten Corps war geschwächt worden, der Holländer Ankunft im Lager der Alliirten unterhalb Worms vernommen hatte, versah er Landau mit Lebensmitteln, und legte eine starke Bsatzung unter dem Marquis von Lütteaux hinein. Er hatte die königliche Haustruppen und 18 Schwadronen Reuter nach Markelsheim geschickt, um einen Corps Truppen, welches Prinz Carl nach Sasbach hatte rücken lassen, die Spize zu bieten. Neun Bataillons ließ er nach Schillke bey Straßburg rücken, die sich im-

Nothfalle entweder in dem Ober-oder Nieder-Elsaß ziehen konnten. Seine übrigen Truppen theilte er in zwey Divisions, 25 Bataillons und 41 Schwadronen wurden zwischen dem 26. und 27. August an die Motter gestellt, über diese nahm er selbst das Commando; 20 Bataillons und 40 Schwadronen hatten eine Linie längst der Lauter oder Lotter gezogen, welche der Graf von Sachsen commandirte. Die Infanterie ließ er in Hütten campiren, die Cavallerie aber verlegte er in die nah, und zwar längst der Lauter gelegene Dörfer. Die Stellung dieser beyden Corps war so beschaffen, daß sie sich im Nothfalle sehr geschwind in 3 Colonnen unter den Canonen von Straßburg setzen konnten. Der Marschall von Noailles hatte ferner den Herzog von Boufflers gegen Bitsche, und den von Harcourt an die obere Saar geschickt. Der Graf von Laval führte das Obercommando in den Bisthümern, und der Marquis von Brezee zu Saarlouis. Diese kluge Anstalten waren nöthig, um diesen Theil der Gränze vor dem Oesterreichischen Obristen von Menzel zu beschützen. Der stand damals mit seinen leichten Truppen zu Trarbach, und hatte Befehle in einige Dörfer von Lothringen und den Bisthümern geschickt, daß man ihm Kriegssteuern und Lieferungen bringen sollte.

So-

Sobald sich der Marschall von Noailles von der Queich *) entfernte, hatte der König in Engelland sein Lager nach Germersheim **) verlegt. Er besichtigte die Linie an der Lauter, allein da er die gemachten gute Anstalten von dem Grafen von Sachsen sah, so fand er für unmöglich, sie anzugreifen. Hierauf brach der König von Engelland von Germersheim wieder auf, gieng über Heinhofen, Marientraut, Mutterstadt, Oggersheim, Frankenthal, Worms, Oppenheim, Mainz, und als die Brücke bey Bibrich wieder hergestellt war, dort über den Rhein, nach diesem gieng er nach Hannover, und die Truppen in ihre Heimath, worauf die Franzosen gleichfalls in ihre Winterquartiere giengen. Der Graf von Sachsen gieng im November nach Versailles, wo er vom Könige den Befehl erhielt nach Flandern und zwar nach Dünkürchen zu gehen, um dort ein Corps zu commandiren, welches, eine Landung zu Gunsten des Prätendenten in Engelland unternehmen sollte. Al-

 lein,

*) Ein kleiner Fluß, welcher in dem Kurpfälzischen Amt Germersheim im Gebirge entspringt, vor Anweiler und vor Landau vorbey fließt, und bey der Stadt Germersheim in den Rhein fällt.

**) Eine Kurpfälzische Stadt am Rhein, in welchem hier die Queich fällt, es ist hier ein Amt und eine Goldwäsche.

lein, die Erscheinung einer grossen Englischen Flotte vor Dünkirchen vereitelte die Ausführung, worauf die Truppen wieder auseinander giengen, und der Graf von Sachsen bey seiner Zurückkehr in Versailles den 26. März 1744 zum Marschalle von Frankreich ernannt wurde.

Da Ludewig XV. seine Hofnung zum Frieden vereitelt, und sich täglich in der Person seiner Unterthanen durch des Königs von England seine beleidigt sah, entschloss er sich endlich, den Krieg wider ihn den 15. März, und wider die Königinn von Ungarn, den 26. April zu erklären.

Diese beyden Mächte setzten sich gleich eifrig in Bereitschaft, ihn zu bekriegen. Sie schmeichelten sich, die aus Böhmen und Bayern in einem schrecklichen Verfalle zurückgekommenen Franzosen, würden ausser Stande seyn, zu Felde zu gehen. Wie gross aber war ihre, und des ganzen Europa Verwundrung, da sie Ludwigen den Fünfzehnten, an der Spize von 80,000 Mann nach Flandern rücken, den Marschall von Coigny mit 50,000 Mann an den Rhein, 10,000 unter dem Herzoge von Harcourt an die Mosel, und 20,000 Mann unter dem Prinzen von Conti, nach Piemont ziehen sahen!

Der Marschall von Sachsen war angewiesen, in Flandern zu dienen. Er kam den 20sten

zu

zu Valenciennes an. Er ließ die Truppen verschiedne Bewegungen machen, um sie sowohl den erstern Lagern zu nähern, worein sie zu stehen kommen sollten, als um den Alliirten Besorgniß wegen, ihrer Städte in Hennegau zu erwecken. Des Marschalls Armee bestand aus 32 Bataillons und 58 Schwadronen. Diese Truppen sollten zur Beobachtungsarmee dienen, mittlerweile daß die Armee des Königs von 68 Bataillons und 97 Schwadronen unter des Marschalls von Noailles Aufsicht, Belagerungen vornehmen sollte. Der Feldzug sollte nach königlichem Befehl mit der Belagerung von Menin angefangen werden. Die Armee versammelte sich zu Dornick, und den 17. May zogen die Truppen unter dem Marschall von Sachsen, nach Ottignies bey der Brücke über den Bach Espierre, Tages darauf nach Cortryk. Hier lagerte sich der Marschall von Sachsen in zwey Treffen. Der rechte Flügel stieß an die Stadt, der linke an den Flecken Haarlebeck, den er mit einer Infanterie-Brigade und einem Dragoner-Regimente bedeckte. Zwey andre Dragoner-Regimenter wurden an die rechte und linke Seite der Vorstadt von Cortryk, gegen Dornick zu, gestellt; während der König die Belagerung von Menin unternahm, blieb der Marschall von Sachsen, um selbige zu decken, bey Cortryk mit seinem Corps stehen.

Den 28. May recognoscirte der Marschall von Sachsen, mit 1200 Grenadiers, 1200 Füseliers, und 1000 Mann Cavallerie, die Gegend bis Oudenarde. Den Rückweg nahm er über Deynse längst der Leyhe. Er detaschirte ein Commando Husaren bis unter die Thore von Gent, welches zwischen der Schelde und der Leyhe Kriegssteuern eintreiben mußte. Damals fieng der Marschall von Sachsen an, sich mit Vortheile der ausgeschickten Partheyen von der Infanterie zu bedienen, und brachte diesen Geschmack den andern französischen Generals bey. Nach der Einnahme von Menin, ward dem Marschall von Sachsen befohlen, Ypern an der Seite von Zellebeck, zu berennen. Er detaschirte zu dem Ende den Marquis von Desgranges mit 2000 Mann Infanterie, 1000 Cavalleristen, und 300 Mann Husaren dahin, und unterstützte in eigener Person mit 200 Mann Cavalleristen dieses Detaschement. Da nun die Besazzung von Ypern einen Ausfall machte, grif er selbigen an, und unerachtet der Feind sich sehr tapfer hielt, ward er dennoch von dem Helden mit Verlust in die Stadt wieder zurück getrieben, und 4 Officiers, 2 Unterofficiers, und 64 Gemeine wurden von dem Feind noch obendrein zu Kriegsgefangenen gemacht. Hierauf unternahm der König die Belagerung von Ypern, und da der Commanmandant der Prinz von Hessen-Philippsthal, solches den 25. Junii mit Accord übergab, ließ der König die Armee des Marschalls von Sachsen, mit 16 Bataillons und einer starken Artillerie verstärken. Nach diesem nahm der Marschall sein Lager am linken Ufer der Leye, längsthin an dem Steinwege von Cortryk bis Menin zu. Er ließ Cortryk mit Pallisaden einfassen, die Festungswerke ausbessern, und neue hinzufügen. Mittlerweile hatten sich die Alliirten 80,000 Mann stark, zu Ninove an der Dender, zwischen Brüxelles und Oudenarde, versammelt. Die Oesterreicher standen unter dem Herzoge von Aremberg, die Engelländer unter dem General von Wade, und die Holländer unter dem Grafen von Nassau. Ihre Armee rückte bis an die Schelde, zwischen Oudenarde und Gent vor, und schlug zwey Brücken über diesen Fluß. Der Herzog von Aremberg nahm sein Quartier zu Gaveren, General Wade in der Abtey Ename, und der Graf von Nassau, bey Oudenarde.

Der Alliirten Nachbarschaft, hielt den Marschall von Sachsen nicht ab, seine Truppen zu verschiednen Malen in der Gegend zwischen der Schelde und Leye, bis an den Bach Espierre, fouragiren zu lassen. Die fünfzehn Fütterungen, die er hier im Lager bey Cortryk, und an der rechten Seite der Leye vornahm, waren mit so vieler Klugheit angestellt, daß ihm der Feind nichts anhaben konnte.

Da des Marschalls von Sachsen Armee weit schwächer, als der Alliirten ihre war, so fand er also für dienlich, eine vortheilhafte Stellung zu nehmen, damit er, ohne sich in Gefahr zu setzen, des Feindes Unternehmungen abwehren könnte.

Den 18ten July gieng er mit der Armee über die Leye, und lagerte sich an deren linkem Ufer. Mit dem rechten Flügel stieß sie an den Steinweg von Cortryk bis Menin, bey einem Bache, der oberhalb Bisseghen in die Leye fällt, mit dem linken an das Dorf Bavickhoven. Fünf Cavallerie Brigaden, deren drey in der ersten, und zwey in der zweyten Linie standen, machten den rechten Flügel aus; eben so viel standen auf dem linken Flügel, über dessen linke Seite hinaus die zehn Schwadronen Carabiniers standen. Acht Infanterie Brigaden machten die erste, und sieben Infanterie Brigaden machten die zweyte Linie von der Mitte aus.

Die Artillerie und die Truppen zu deren Bedienung hatten ihr Lager zwischen der Armee und der Leye, über die beyden Infanterie-Brigaden hinaus, die am rechten Flügel in der ersten Linie standen. Zur linken und rechten Hand der Artillerie, waren zwey Dragoner-Regimenter gelagert.

Drey andre Dragoner-Regimenter machten einen Winkel an der Seite des linken Flügels. Das Husaren-Regiment von Beausobre stand ebenfalls auf dem linken Flügel bey dem Dorfe Hulst. Das Frey-Regiment von Grassin stieß den vierten August zur Armee, und cantonnirte im Dorfe Ooghen hinter dem linken Flügel. Das Freyregiment von Sachsen, das in den ersten Tagen des Septembers ankam, ward in Moorseele hinter den rechten Flügel gelegt. Vier Bataillons legte der Marschall in die Verschanzungen von Cortryk, drey Bataillons zwischen dem Thore nach Haarlebecke, und dem nach Dornick, und ein Bataillon zwischen dem Thore nach Dornick und der untern Leye.

Das Lager war in der Mitte durch den Fluß Heule durchschnitten. Ueber diesen ließ der Marschall zwey Brücken schlagen, welche so breit waren, daß eine halbe Schwadron en front darüber marschiren konnte. Er ließ ferner Steinwege von gleicher Breite, um die Zugänge zu diesen Brücken bequemer zu machen, anlegen.

Der Marschall gab folgenden Befehl in Ansehung der Vertheidigung Cortryks, wofern die Alliirten solches angegriffen hätten.

Die Infanterie von der ersten Linie sollte alle Verschanzungen und Wälle von Cortryk besetzen. Rechter Hand stieß selbige an die obere Leye,

unter

unterhalb des Thors nach Ryssel, linker Hand an die untere Leye, oberhalb des Thors nach Oudenarde. Jeder Brigade war ihr Posten angewiesen, den sie zu Vermeidung der Verwirrung beziffert hatte. Die Infanterie sollte in vier Colonnen einrücken, die beyden Brigaden vom rechten Flügel durch das Thor von Menin, die dritte und vierte Brigade durch eine in die Stadtmauer angebrachte Oefnung, der Artillerie gegenüber, die fünfte und sechste Brigade durch das Thor von Brügge, die siebente und achte Brigade durch eine im Walle gemachte Oefnung zwischen dem Thore von Brügge und der Leye.

Das zweyte Treffen der Infanterie sollte dem ersten nachziehen, und sich hinter dasselbe formiren. Die Grenadiers und Pikets jeder Brigade hatten Befehl, ausserhalb des Thors oder der Oefnung, wodurch die Brigaden in Cortryk einmarschiren sollten, so lange zu warten, bis daß man sie abrufen, um sie auf den Markt und in die Gassen der Stadt stellen würde.

Tausend Dragoner und 500 Carabiniers zu Fuße, deren Sammelplaz beym Thore von Brüggen war, sollten sich, und zwar erstere an die Genter, leztere an die Ryssler Straße begeben. Zwölf Canonen mit der gehörigen Munition sollten auf dem Markt aufgeführt werden.

Der

Der Artillerie-Chef erhielt den Befehl, zwölf Kästen voll Kartetschen für die Infanterie, unweit den Thoren von Ryssel, Dornick, und Oudenarde, den Backöfen gegenüber herbey zu schaffen.

Nach einem grossen den 15ten August zu Brüssel gehaltenen Kriegsrathe, gieng die Alliirte Armee, die mit 6 Infanterie-Regimenter und 3 Cavallerie-Regimenter war verstärkt worden, den 31ten über die Schelde, um sich in die Ebene bey Oudenarde zu lagern. Einige Tage darauf rückte sie an die Brücke über den Bach Espierre.

Als der Marschall von Sachsen hörte, die Engelländer wären über dem Bach hinaus stehen geblieben, gieng er mit einem Theil seiner Truppen auf sie los, fand aber, daß sich die guten Engelländer anders besonnen hatten, und den Bach Espicere zu ihrer Bedeckung gebrauchten, dessen Ufer tief und nicht sehr zugänglich sind.

Da der Herzog von Harcourt bey seinem Abzug Hennegau ohne Bedeckung gelassen hatte, schickte der Marschall von Sachsen den Grafen von Estrees mit zwey Cavallerie Brigaden an die Scarpe.

Der Held, der zu Cortryk, Ruselaer und Hardoye, Stroh- Heu- und Hafer-Magazins anlegen wollte, detaschirte ferner den Marquis von Lüteaux mit 3000 Mann und einigen Canonen, um sowohl die Lieferungen zu beschleunigen, als um

Kriegs

Kriegssteuern einzutreiben. Lütteaux marschirte zu dem Ende nach Deynse, darauf nach Ghistel, auf der Landstrasse von Gent nach Brügge, und kam über Thorout und Rüselaer nach Cortryk zurück.

Der Marschall von Sachsen detaschirte nach dessen Zurückkunft zu gleichem Entzweck den Brigadier von Hauterive mit 400 Reiter nach Dixmuyden, Loo und Sonnebeck.

Da die Alliirten sich von der Brücke über den Espierre nach Dornick zurückgezogen, nahm der Marschall von Sachsen die vier Bataillons, welche in den Verschanzungen von Cortryk gelagert gewesen waren, und ließ die Besatzung von Ryssel damit verstärken. Zu gleicher Zeit postirte er ein Dragoner-Regiment und fünf Bataillons unter dem Commando des Marquis von Armentieres, zwischen Ryssel und Menin.

Die Alliirten rückten bis Anappes und Saighin vor und besetzten Lannoy, alle ihre Thaten, die sie nur unternahmen, waren in einem Theile des Gebiets von Ryssel zu fouragiren, und Kriegssteuern einzutreiben. Ihren Streifereien aber dennoch Einhalt zu thun, detaschirte der Marschall von Sachsen den Viconite von Cayla mit 23 Schwadronen an die obere Leye; der Graf von Estrees hatte ihrer 16 an der Scarpe, und längs der Leye und Schelde wurden Parteyen ausgeschickt, die den Feind

stets

stets in Athem halten mußten. Das Freyregiment von Grassin schickte gleichfalls beständige Partheyen auf den Weg von Brügge nach Gent, und schnitt den Alliirten alle Gemeinschaft mit lezterem Ort ab.

Nachdem der Mangel von der Fourage sich in der Armee einfand, detaschirte der Marschall von Sachsen den Prinz von Pons mit einem Corps nach Oudenarde, nach der Gegend von Gent, Brügge, Sluys, und Sas von Gent. Hierauf trugen die Alliirten Sorge wegen Gent, und ließen daher 10,000 Mann am rechten Ufer der Schelde dahin rücken; worauf der Prinz von Pons sich mit seinen Canonen nach Nevele zurück zog.

Den 29ten September brach die Alliirte Armee nach Dornick auf, und rückte den 1 October in die Ebene bey Helchin, darauf nach Oudenarde, und endlich nach St. Denys bey Gent. Nachdem die bey Nevele und Deinse gelagerten französischen Truppen die gelieferte Fütterung verbraucht, oder nach der Armee des Marschalls geschaft hatten, stießen sie wieder in den ersten Tagen des Octobers zu ihm. Einige Tage darauf schickte er den Vicomte von Cayla mit einer Infanterie Brigade und fast der ganzen Reiterey nach Ypern, um die Fourage aufzuzehren, die man dort aus der Gegend um Fürnes und Dixmunden zusammen gebracht hatte. Der Marschall von Sachsen behielt an Reiterey das Regiment Carabiniers, drey Dragonerregimenter und das Freyregiment von Sachsen bey sich. Im Anfang des Novembers brach er von Cortryk auf, und begab sich mit seinem Generalstabe nach Ryssel; und ließ den Truppen die Winterquartiere nicht eher beziehen, biß er vernahm, daß die Holländer in ihre Heimath zurückgekehrt wären, worauf er alsdenn auch nach Paris gieng.

Anmerkung über den Feldzug von 1744.

Dieser Feldzug macht allemal dem Marschall von Sachsen sehr viel Ehre, so sehr wie auch der Neid gesucht hat, ihm diesen seinen Ruhm zu verdunkeln; denn überall erblickt man den grossen Heerführer, der sich immer auf eine geschickte Art alle Hülfsmittel gegen einen Feind, der viel stärker als wie er war, mit Vortheil vortreflich zu bedienen wußte. Sein Lager bey Cortryk war immer ein Meisterstück der Lagerkunst, der Feind konnte ihn in selbigen nie ohne grossen Verlust angreiffen; durch diese seine Stellung hielt er die Alliirten immer im Respekt, und that ihnen dennoch

noch durch seine ausschickende Partheyen täglich Abbruch. Er schrieb Kriegssteuern bis unter die Thore von Gent und Brügge aus; er ließ überall aus des Feindes Land Fourage und Vieh zum Unterhalt seiner Armee eintreiben. Durch seine Wachsamkeit und gute Spions wußte er nicht nur alles, was sich in des Feindes Lager zutrug, sondern er wußte schon immer voraus, was derselbe unternehmen wollte, welchem er allemahl durch seine kluge Maaßregeln vorkam und vereitelte. Er sezte durch seine vortrefliche Stellung den Feind ganz in Unthätigkeit, und verhinderte selbigen, die Belagerung von Ryssel zu unternehmen; ja er zwang endlich die Alliirten, da er den Prinz von Pons mit einem fliegenden Corps nach Gent und dortiger Gegend streifen ließ, wieder zurück zu marschiren, und in die Winterquartiere zu gehen, ohne Thaten ausgeführet zu haben. Der Held blieb ferner nicht nur den ganzen Feldzug über in des Feinds Land stehen, sondern er lebte auch die ganze Zeit über auf dessen Kosten. Seiner Stellung hätte man es ferner zu danken, daß Menin, Ypern und Furnes erobert wurden. Dieses sind gewiß alles Thaten, die nur ein großer Heerführer, der seinen Gegner übersieht, mit Muth und Klugheit ausführen kann.

Ludwig XV. der viel gute Anlagen hatte, ein großer General zu werden, und der im Kriege mehr Muth und Standhaftigkeit als wie Ludwig XIV. zeigte, entschloß sich 1745, die Armee in Flandern selbst zu commandiren. Unter sich ernannte er aber dem Marschall von Sachsen zum Heerführer dieser Armee, welche aus 90 Feldbataillons, 4 königliche Grenadier-Regimenter, 4 Artillerie-Bataillons, 9 Bataillons Landmilitz, 130 Schwadronen Cavallerie, 25 Schwadronen Dragoner, 2 Husarenregimenter dem Freyregiment von Grassin, der Freycompagnie le Gaigneur, 3 Compagnien Handlanger, und aus 2 Compagnien Schanzgräber bestand. An Artillerie führte diese Armee bey sich 100 Feldstücke, 87 schwere Canonen, 45 Mörser und 14 Stück zum Steinwerffen.

Da der König beschloß, den Feldzug mit der Belagerung von Dornick zu eröfnen, gieng der Marschall von Sachsen zu dem Ende den 15ten April nach Valenciennes ab, um von dort die nöthigen Befehle zur Eröfnung des Feldzugs zu ertheilen Der Marschall hatte just damals so stark die Wassersucht, daß er sich heimlich den 18 früh um 5 Uhr das Wasser abzapfen ließ. Demungeachtet arbeitete er noch den nemlichen Vormittag fünf ganzer Stunden, und begab sich den 19ten April nach Maubeuge, recognoscirte die ganze selbige Gegend, um unterhalb dieser Stadt ein Lager für 37 Bataillons und 19 Schwadronen schlagen zu lassen. Er fand dieses nöthwendig, dem Feind nicht allein eine Masque zu drehen, und demselben wegen Mons und Charleroy eine Unruhe zu erwecken, als wie auch hierdurch sein eigentliches Vorhaben gegen Dornick zu verbergen. Den 2.ten April ließ er dieses Lager beziehen, auch mußten den nehmlichen Tag 6 Bataillons und 20 Schwadronen, unter dem Befehl des Vicomte von Cayla, unterhalb Valenciennes an der Seite des Bergs Anzin ein Lager nehmen, welche hier den 21ten stehen blieben, den 22ten lagerten sie sich bey Conde, wo sie durch 2 Bataillons und dem Freyregiment von Grassin verstärkt wurden. Den 21ten April ließ der Marschall von Sachsen, durch den Graf von Estrees mit 13 Schwadronen, den halben Weg von Maubeuge bis Mons besezen. Den 22 April rückten sie bis auf einen Canonenschuß von Mons vor, und blieben da den 23 stehen.

Den 22ten April zogen sich funfzehn Bataillons und 18 Schwadronen bey Warneton, unter dem General-Lieutenant Marquis von Brezee zusammen; zu diesen stießen noch ein irrländisches Regiment, und drey Bataillons, welche von Maubeuge kamen. Den 24ten giengen diese Truppen zwischen Ryssel und der Morque in die Erfrischungsquartiere. An dem nemlichen Tage brachen die bey Maubeuge stehende Truppen nach Tainieres auf. Den 23ten marschirten diese leztern nach Quievrain, den 24ten giengen sie über die Haine nach Perweys, wo sie den 24ten stehen blieben. Des Grafen von Etrees Truppen zogen sich den 24ten früh nach Pont-a-Haine zurück, und machten von den Truppen im Lager bey Quievrain, die Arriergarde. In der Nacht vom 24ten bis 25ten brachen verschiedene Infanterie und Cavallerie Detaschement unter dem Herzoge von Harcourt von Perweys auf. Mit Tages Anbruch kamen sie vor Dornick an, und berennten es am rechten Ufer der Schelde, welches der General-Lieutenant von Brezee am linken Ufer that.

Den 25ten April bezog der Vicomte von Cayla sein Lager auf den Anhöhen von Leuse, ein Theil seiner Truppen stieß am nehmlichen Tage zum Herzoge von Harcourt, auch rückte das Husarenregiment von Beausobre ins Lager und postirte sich auf dem Dreyeinigkeitsberge. An dessen Stelle bezog das Lindensche Husarenregiment ein Lager bey Leuse.

Den 26ten brach der Marschall von Sachsen von Perweys auf, und lagerte sich bey Dornick von Vaulx bis Constantin. Zu Antoing wurden diesen Tag sechszig Mann zu Gefangenen gemacht.

Den

Den 27ten ließ er bey Calonne über die obere Schelde Brücken schlagen; hierzu wurden die Schiffe, die er von Conde hatte herunter kommen lassen, gebraucht. Die Brücken über dem untern Theil der Schelde wurden bey Constantin mit den von Douay gekommenen Pontons geschlagen. Am linken Ufer der Schelde führte man keine Linien, sondern warf blos an den vornehmsten Zugängen einige Schanzen auf, und ließ es dabey bewenden, eine Linie vom Schloße de la Süz bis an den Fluß Morque zu führen, und in die Stadt Lannoy Besatzung zu legen, um den Weg der Armee nach Ryssel sicher zu stellen.

In der Nacht vom 30ten April zum 1ten May ward, ohne daß es die Belagerten gewahr wurden, der Laufgraben vor Dornick eröfnet. Es wurde nur ein einziger Angrif, und zwar auf die Vorderseite der beyden Hornwerke, die dem linken Ufer der untern Schelde am nächsten lagen, gemacht *). Damit die Alliirten während der Belagerung von Dornick, nicht etwa vor Maubeuge, Ryssel, Dünkirchen oder Fürnes giengen, ließ der Marschall von Sachsen ihre Besatzungen verstärken.

Ein General-Lieutenant, zwey Marechaux de Camp, acht Bataillons giengen täglich mit einer

 Reser-

*) Ohne Beobachtungsarmee war es nicht möglich zwei Angriffe zu behaupten.

Reserve von vier Grenadiers-Compagnien in die Laufgräben.

Den 5ten deckten die Franzosen acht Stückbetten mit Canonen und Mörsen auf. Der Marschall von Sachsen, hatte nicht eher wollen schiessen lassen, bis daß man ein recht starkes Feuer machen könnte, um das feindliche zum Schweigen zu bringen.

In der Nacht zwischen den 8ten und 9ten ereignete sich im Laufgraben ein Unglück. Da aus Unvorsichtigkeit eines Soldaten das Feuer zwo Pulvertonnen ergriffen hatte, wurde der Marquis von Talleyrand, Obrist vom Regiment Normandie, der Ingenieur du Mazis und 80 Soldaten in die Luft gesprengt. Als ihre Glieder zum Theil in den bedeckten Weg des Hornwerks wieder herunter fielen, hatten die Belagerten die Grausamkeit, sie mit spöttischen Reden hierüber in den Laufgraben zu werfen. Darüber konnten die Franzosen ihren Unwillen nicht zurück halten, sondern liessen sich von einer Hitze hinreissen, welche die Kriegszucht nicht entschuldigen kann, stiegen von sich selbst aus dem Laufgraben, sprangen in den bedeckten Weg, und behaupteten sich darinnen ungeachtet des Feuers von den Wällen. Der General-Lieutenant Herzog von Biron commandirte diesen Tag in den Laufgräben; er machte sich diese verwegene That zu Nutzen,

ließ

ließ sogleich Arbeiter nachrücken, und die Grenadiers gruben sich ein.

Die Alliirte Armee zog sich den 28ten April in der Ebene von Anderlecht unweit Brüxelles zusammen, und rückte den 30ten nach Lembeck, oder Lombeck. Der Herzog von Cumberland war darüber der Heerführer. Er musterte sie den 1 May, und den 2ten rückten sie nach Soignies, den 5ten nach Cambron, den 7 nach Mollay, wo sie sich am Bach Catoire lagerte. Den 8ten marschirte sie nach Elignies und Briseul; die Avantgarde aber bis Pippery. Den 9ten rückte sie weiter vor, und setzte sich mit dem linken Flügel an Mambray, und mit dem rechten auf die Anhöhen bey Vegon. Unterwegens war diese Armee durch einige Regimenter aus der benachbarten Garnison verstärkt, sie war nun 60,000 Mann stark.

Als der Marschall von Sachsen hörte, daß die Alliirten im Anmarsch wären, begab er sich nach Leuse, wo der Vicomte von Cayla mit 20 Schwadronen und dem Regiment von Grassin stand, diesem befahl er, sich bey Annäherung der Feinde zur Armee zurück zu ziehen. Nachdem er ihm eine Infanterie Brigade mit sechs Canonen, den 6ten May entgegen geschickt hatte, so gieng dieser Rückzug ungestört vor sich.

Des Marschalls von Sachsen Vorhaben war, mit den Alliirten zu schlagen, ohne die Belagerung von Dornick zu unterbrechen. Den 7ten erhielt die Infanterie Brigade von Dauphin Befehl, das Dorf Fontenoy zu besetzen und zu verschanzen. Denn der Marschall von Sachsen hielt diesen Posten von der grösten Wichtigkeit.

Antoing ist ein Flecken am Ufer der Schelde, ungefehr 800 Klafter weit von der rechten Seite des Dorfs Fontenoy. An dessen linker Seite ungefähr 400 Klafter weit fangen sich die Wälder von Barry an. An das Dorf Fontenoy sollte die linke Seite des rechten Flügels der französischen Armee und die rechte Seite ihrer Mitte stossen. Man befestigte die Gränze der Wälder von Barry mit Verhauen und zwo aufgeworfenen Schanzen, deren eine am äussersten Ende der rechten Seite des Waldes stand, die andere, 300 Klafter weit von der ersten, in jeder hatte ein Bataillon Plaz. Die Absicht der Schanzen war, die Mitte zu decken, deren linke Seite an die vordersten Häuser des Dorfs Ramecroix stieß.

Der Plaz vom Dorfe Bourquembray am Damme von Leuse bis an den Dreyeinigkeitsberg, sollte mit dem linken Flügel der Armee besezt werden. Wiewohl er sehr geräumlich war, wurden doch nur wenig Truppen dazu erfordert, weil er von Mo-

rä-

rästen, Gehölz und abschüssigen Gründen durchschnitten ward. Der Marschall von Sachsen hatte da die Schwierigkeiten durch alle die angebrachte Vorsicht vermehrt, die ihm seine Erfahrung eingegeben hatte, theils mit Schanzen, theils mit Verhauen.

Den 8. May begab sich der König auf das Schloß Chin, wo sein Hauptquartier bestimmt war. Der Marschall von Sachsen meldete ihm seine getrofenen Anstalten, die der Monarch guthieß.

Als der König den 9ten früh vernommen hatte, die Alliirten rückten vor, gab er Befehl, man sollte die Truppen, die noch am linken Ufer der Schelde standen, an deren rechtes übergehen lassen, und die schon übergegangen wären, sollten an die bestimmten Oerter rücken. Es blieben am linken Ufer der Schelde blos 27 Bataillons und 17 Schwadrons, unter dem General-Lieutenant Marquis von Brezee stehen, welcher die Marechaux de Camp, Marquis von Contades und Armentieres, Herzog von Fitzjames, und Grafen von Fitzjames, und die Brigadiers, Grafen von Herouville und Saint-Pern, unter seinem Commando hatte. Diese Truppen sollten den Laufgraben besetzen, und den Ausfällen abwehren, welche die Besatzung von Dornick am linken Ufer der Schelde machen könnte. Am nemlichen Tage des Abends besah der König die Stellung der Truppen, passirte die obere Schelde wieder, und nahm mit dem Dauphin sein Nachtquartier im Schlosse Calonne. Der Marschall von Sachsen nahm im Carthäuserkloster sein Nachtquartier. Als er dort ankam, hörte er, der Feind gienge auf Fontenoy und Antoing los. Hieraus schloß er, daß selbiger auf der linken Seite seinen Angrif machen würde. Es war kein Augenblick zu verlieren. Der König hatte ihm völlige Macht überlassen. Er stellte sogleich Befehl aus, daß bey Tages Anbruch die Truppen vom Mitteltreffen rechter Hand, und die vom linken Flügel an den Ort des Mitteltreffens rücken sollten, nur so viele ausgenommen, als er linker Hand für nöthig hielt, den Feind zu hindern, daß er nicht Hülfstruppen nach Dornick schickte. Der Held besaß eine völlige Kenntniß des Landes. Er wußte in wie viel Zeit der Feind an die untere Schelde kommen könnte. Da er auf diese Seite nach seinen genommenen Maaßregeln nichts weiter zu befürchten hatte, konnte der Feind blos rechter Hand und bey einem Theile des Mitteltreffens, an ihn kommen. Der Feind hatte da drey Wege vor sich; die Straße nach Mons, die nach Leuse, und die nach Ath. Da aber diese Strassen voneinander durch Gehölz und andre Hindernisse getrennt wurden, die nicht zuliessen, daß sie die bey einem Gefecht nöthige geschwinde Gemeinschaft untereinander hätten, so mußten die Alliirten den Angrif entweder auf dem Wege nach Mons oder nach Leuse thun.

Da man nun den Marschall von Sachsen versichert hatte, sie kämen auf dem Wege von Mons, welcher von den beyden andern durch die Wälder von Barry geschieden wird, so konnte er nicht mehr zweifeln, daß der schärfste Angrif zwischen diesen Wäldern und der Schelde vorfallen würde.

Die letzte Stellung des Marschalls war folgende:

Der rechte Flügel stieß an Antoing, dieser Flecken ward von der Brigade Piemont vertheidigt, die aus diesem Regimente und dem von Royal la=Marine bestand, und durch das Regiment von Biron verstärkt wurde. Der Marschall-de-Camp Graf von la Mark, unter welchem der Brigadier, Graf von Lorges stand, hatte das Commando in Antoing. Ueber Antoing hinaus, war ein Stückbette zu sechs Canonen, auf der Straße nach Condee zu, angelegt; und ein anderes von sechs zwölfpfündigen auf einer Anhöhe jenseit der Schelde. Das faßte alles im Rücken, was nur längst an diesem Flusse hin nach Antoing rücken konnte.

Von

Von Antoing nach Fontenoy, gieng ein ungefehr 40 Klafter langer hohler Weg. Der Marschall von Sachsen hatte ihn blos nahe bey Antoing besichtigt. Man hatte ihm gesagt, er wäre, so weit er nur reichte, unzugänglich, und seine erste Einrichtung war dem gemäß getroffen worden. Allein dieser bey Fontenoy und Antoing sehr tiefe Weg ward in der Mitte fast bis an Fontenoy sehr eben. Dieser in andern Fällen so kleine Umstand war von äusserster Wichtigkeit; denn der Feind konnte von dieser Seite in die Armee eindringen. Als nun der Marschall von Sachsen hiervon besser unterrichtet ward, ließ er eilig an diesem Wege hin drey Schanzen aufwerfen, die erste dem Ausgange des abschüßigen Grundes gegenüber, die zweyte 140 Klafter weit von der ersten, und die dritte nahe bey Fontenoy. Der Marschall von Noailles setzte noch zu diesen Schanzen eine Brustwehre mit ausspringenden Ecken, die er zwischen Fontenoy und der nächsten Schanze anlegen ließ.

Das Regiment von Crillon unter dem General-Lieutenant Grafen von Danois und dem Brigadier von la Mothe-d'Hugues ward so gestellt, daß sein linker Flügel hinter der nächsten Schanze bey Antoing, der rechte aber bey Antoing selbst stand. Die vier Dragoner-Regimenter Mestre-de-Camp-General, Royal, Egmont, und Beaufremont unter den Marechaux-de-Camp Herzoge von Chevreuse und Marquis von Beaufremont, standen dem Regiment von Crillon zur linken Seite. Die Brigade-Bettens, die aus diesem und dem Diesbachischen Schweizer-Regiment bestand, hatte in jeder der drey Schanzen ein Bataillon; den beyden andern Bataillonen standen Dragoner zur linken Seite. Sie bedeckten den Zwischenraum von der zweyten Schanze bis an die bey Fontenoy. In der nächsten Schanze bey Antoing waren acht Canonen, und in jeder der beyden andern vier.

Das Dorf Fontenoy war von der Brigade Dauphin, die aus diesem und dem Regiment Beauvoisis bestand, besetzt. Man hat bereits gesehen, daß diese beyden Regimenter, die unter dem Brigadier Grafen von Vauguyon standen, den Ort in Vertheidigungsstand gesetzt hatten. Fontenoy lag beynah im Winkel der Verschanzung. Acht Canonen waren auf zwey Stückbetten an den Seiten dieses Dorfs aufgeführt. Diesen Posten wählte der General-Lieutenant Graf von Lütteaux, als denjenigen, der zur rechten und linken Hand des zu erfolgenden Angrifs, die bequemste Lage hatte.

Die

Die Infanterie-Brigade von des Königs Regiment, unter dem General-Lieutenant Herzogen von Biron, und dem Brigadier Grafen von Serre, stand mit dem rechten Flügel hinter Fontenoy, daß sie unterstützen sollte. Ihr linker Flügel stieß an die Brigade von Aubeterre unter dem Marquis von Anlezy. Diese Brigade, die aus dem Regimente dieses Namens und dem Schweizer-Regimente Courten bestand, sollte acht Canonen bekommen. Da sie aber nicht zu rechter Zeit anlangten, konnten sie vor der Schlacht nicht aufgeführt werden. Die Brigade Aubeterre stand dißeit eines abschüssigen Grundes, der von Fontenoy bis an die Wälder bey Barry geht. Ihr linker Flügel stieß an die Garde-Brigade, welche von dem General-Lieutenant Herzog von Grammont, und den Brigadiers Grafen von Gravelle und Marquis von Apremont angeführt wurde. Das zweite Bataillon von der Schweizergarde, hatte vor sich die Schanze vorn am Walde bey Barry, die durch das erste Bataillon vom Regiment Eu vertheidigt ward, und mit vier Canonen besetzt waren. Der Brigadier Marquis von Chambonas war darüber Befehlshaber. Hinter der Infanterie-Brigade von des Königs Regiment, stand in der zweyten Linie die Brigade vom Regiment la Couronne, die aus diesem und dem Regiment

Soissonnois bestand. Diese Brigade unter dem Brigadier Herzoge von Havree, hatte an ihrer linken Seite die Infanterie-Brigade vom Regiment Royal. Das Regiment Haynault stand mit Royal in einer Brigade, unter dem General-Lieutenant Marquis von Croisy, und diente der Brigade Aubeterre zur zweyten Linie. Die Cavallerie-Brigade Cravattes, die aus diesem und dem Regiment Fiennes bestand, verlängerte diese zweyte Linie hinter dem französischen Garde-Regiment. Der General-Lieutenant Graf von Estrees, der Marschall-de-Camp Graf von la Süze, und der Brigadier Marquis von Cernay, commandirten diese Brigade.

Die Irrländische Brigade, die aus den Regimentern Bulkeley, Clare, Dillon, Rothe, Berwick und Lally bestand, ward von dem General-Lieutenant Lord Thomond *) und dem Brigadier Grafen von Rothe commandirt. Diese Brigade stieß mit dem rechten Flügel an den linken der Schweizergarde. Sie hatte vor sich, Verhaue, und vor denen eine Schanze, die durch das zweyte Bataillon vom Regiment Eu und vier Canonen vertheidigt ward.

Das

*) Er war aus der Familie Ó Brien, als ältester derselben ward er Lord, und starb als Marschall von Frankreich.

Das Regiment Royal Vaisseaux unter dem Brigadier Grafen von Guerchy stand in der zweyten Linie hinter den Irrländern. Das Regiment Traisnel, das mit demselben zu der nemlichen Brigade gehörte, besetzte zween Kalchöfen hinter dem Dorfe Ramecroix an der rechten Hand des Steinwegs von Leuse. Es standen bey diesem Regiment acht Canonen auf zwey Stückbetten.

Die Brigade Normandie unter dem General-Lieutenant Grafen von Berenger, stand ein wenig weiter hin, linker Hand hinter dem Dorfe Ramecroix, stieß mit dem rechten Flügel an den Steinweg von Leuse, und kehrte den linken gegen die Straße nach Ath. Das Regiment Angoumois besetzte das Schloß Bourquembray und Bauergut Desmarais, an der linken Seite des Steinwegs von Leuse.

Das Regiment Royal Corse stand Anfangs im Schlosse Elmont, ward aber an den äussersten Rand des Waldes bey Barry gestellt, um einen Weg zu bedecken, der da durchgieng, und sich zwischen der Schanze linker Hand, und dem Regiment Traisnel endigte.

Die Infanterie-Brigade Auvergne, die aus diesem und den Regimentern Nivernois und Touraine

raine bestand, besetzte das Schloß, die Schanze und das Dorf Rumegnies. Diese Brigade stand unter den General-Lieutenants Grafen von Chabannes und von Bayern, dem Marschall-de-Camp Marquis von Souvree, und dem Brigadier Herzoge von Duras. Der General Graf von Löwenthal stand völlig linker Hand mit den Cavallerie-Regimentern Orleans, Talleyrand, Egmont und den schweren Reutern. Diese beyden Cavallerie-Brigaden hielten den Plaz zwischen den Gehölzen bey Breuze und den Brücken über die untere Schelde besetzt. Der General-Lieutenant Graf von Langeron stand mit bey dieser Brigade. Die Marquis von Avrincourt und von Montauban waren die bey dieser Brigade angestellte Brigadiers. Das Husarenregiment von Beausobre besetzte den Dreyeinigkeitsberg. In dem dabey liegenden Schlosse Rougefort, standen 400 Füseliers.

Das Lindensche Husarenregiment ward in kleinen Trupps hinter die Armee gestellt, um sich von der obern Schelde an, bis an die Wälder bey Breuze denen zu widersetzen, die aus Dornyk ausrücken würden. Eben darauf hatten zwischen Rumegnies und den Brücken der untern Schelde die Partheyen von der Infanterie Achtung.

Hinter der Infanterie standen 68 Schwadronen Reuter, unter dem Grafen von Eu, in zwo

Linien in Schlachtordnung. Die erste aus den regimentern Colonel = General, Brancas, Clermont = Prince und Fitzjames bestehende Linie stand hinter den Brigaden Couronne, Royal, und Cravattes in Schlachtordnung. Ihr rechter Flügel stand in gleicher Höhe mit der Dragonerlinken, und machte einen Winkel mit der Landstraße nach Mons, zwischen der Schanze vorn am Walde bey Barry, und der Gerichtsstätte von Unsrer Frauen im Walde. Die Generals, die hier commandirten, waren die General-Lieutenants Herzoge von Harcourt und Penthievre, die Mareschaux-de-Camp Marquis von Beuvron, von Muy, von Mezieres, den Brigadiers von la Perouse und Ritter von Ailly.

Das Regiment Royal = Roussillon und das vom Prinzen Camille, verlängerten diese Linie jenseit der Straße nach Mons. Sie hatten vor sich, das Regiment Royal-Vaisseaux. Die Brigade Royal-Roussillon stand unter dem General = Lieutenant Prinz von Pons, dem Marschall-de-Camp Marquis von Sourches, und dem Brigadier Prinzen von Croi.

Die zweyte aus den Regimentern Royal-Etrangers, Chabrillant, Brionne, Pons, Berry, Noailles, Penthievre, Clermont = Tonnerre, und des Königs, bestehende Linie Reuter, stand hinter

ter der ersten; ihr rechter Flügel war hinter dem rechten des Regiments Crillon, und ihr linker kehrte sich gegen Unsre-Frauen im Walde. Diese Linie stand unter den General-Lieutenants Vicomte von Cayla, Ritter von Apcher, und Marquis von Clermont-Gallerande, den Mareschaux-de-Camp Marquis von Rübenpree, von Rosen, Chevalier von Aguesseau, Grafen von Noailles, und von Graville, und den Brigadiers von Tarnaud, von Pont, von Boyer, von Crenay, und von Autanne.

Die Königlichen Haustruppen unter dem General-Lieutenant Grafen von Montesson, und dem Brigadier Marquis von Auger, standen vor Unsre-Frau im Walde, und im Rückhalte mit den Carabiniers an ihrer linken Seite. Rechter Hand stiessen sie an die Landstrasse von Bergen.

Das Regiment Carabiniers stand zur linken Hand der Königlichen Haustruppen hinter der Brigade Royal-Roussillon. Zu seiner linken Hand hatte es die vom Regiment Traisnel besetzten beyde Kalchöfen. Die Mareschaux-de-Camp Grafen von Crequi und Montmorency-Logny und der Brigadier Graf von Guiry standen an der Spitze der Carabiniers. Das Freyregiment von Grassin lag versteckt in dem Wald von Barry, um an der Feinde Bewegungen Acht zu haben.

 Durch

Durch Bedeckung der Brücken an der obern und untern Schelde mit Verschanzungen und Geschütze hatte der König beydes für den Sieg und Rückzug gesorgt. Die bey Calonne, wo sich der König und der Dauphin würden im Nothfall zurückgezogen haben, ward durch drey Bataillons und ein zahlreiches Geschütze bedeckt. Da die Brücken über die untere Schelde den Truppen zum Rückzuge dienen sollte, hatte man in den Wäldern bey Bonsecours und Breuze für den Durchzug der Colonne Wege gehauen.

Den 10ten Vormittags besah der König mit dem Marschall von Sachsen die Armee, nach diesem recognoscirte er die Stellung des Feindes. Selbiger war auf den Anhöhen jenseit des Thals gelagert. Ein Bach trennte beyde Armeen. Die Alliirten hatten hinter das Gesträuch und die Hecken, vor ihrem rechten Flügel Husaren und Infanterie gestellt. Die vom Freyregiment Grassin giengen auf sie los, und sie schossen sich untereinander herum. Diese Scharmützel dauerten den ganzen Tag über. Diesen Tag rückten die Feinde mit ihrem rechten Flügel den Franzosen um zween Canonenschüsse näher. Während dieser ihrer Bewegung, sah man einige Häuser zwischen ihrer Armee, und Fontenoy im Brande stehen. Die dahin postirten Parteyen vom französischen Fuß-

volk

volk hatten Befehl gehabt, die Häuser anzustecken sobald ihnen die Feinde nahe kommen würden. Auf dieses Zeichen ließ der Köng die Armee unter das Gewehr treten, als er aber von verschiedenen Ueberläufern vernahm, daß das feindliche Geschütz noch nicht angekommen wäre, ließ er die Truppen wieder einrücken, gieng nach Calonne, wo er sein Hauptquartier hatte, zurück. Der Marschall von Sachsen blieb aber die Nacht über an die Tete der Armee.

Den 11ten des Morgens um 4. Uhr, stieg der Monarch mit dem Dauphin und seinem Gefolge zu Pferde, und begab sich an die Spitze seiner Armee. Nach diesem nahm der König mit dem Dauphin und Gefolge seinen Stand bey der Gerichtsstätte von Unsre = Frau = im Walde, von da aus er alles sehen, uud seine Befehle geben konnte.

Mittlerweile hatte der Marschall von Sachsen, indem er mit seinem Generalstabe und seinen Adjudanten, dem von Fitzgerald, Baron Espagnac, und von Sarsfield, die Posten besichtigte, zwischen Fontenoy und Antoing Halt gemacht. Die Holländer stellten sich gegenüber. Sie machten auf ihn und sein Gefolge ein scharfes Feuer aus Canonen nnd Mörsern. Meine Herren, sagte der Marschall zu den ihn begleitenden Officiers

Ihr Leben ist schätzbar, und ließ sie absitzen. Nachdem der Marschall von Sachsen hundert Stück Canonen hatte aufführen lassen, fiengen beyde Armeen des Morgens um 5. Uhr sich zu canoniren an. Der Marschall von Sachsen glaubte Anfangs, die Feinde würden es so machen, wie er es an ihrer Stelle gemacht haben würde; sie würden es dabey bewenden lassen, die französische Armee zu beschüssen, sie in ihrer Stellung erhalten, und dadurch die Einnahme von Dornick verzögern, oder vielleicht gar unmöglich machen. Sie hatten einen solchen Stand, daß sie die französische Armee beständig beunruhigen, und mit Vortheile bestreiten konnte, wofern sie den Angrif auf sie gethan hätte. Das war auch die Meynung des commandirenden Generals der Oesterreicher, Grafen von Königseck. Allein des Herzogs von Cumberlands Hitze und übermessener Muth, und der Engländer Stolz und Zuversicht, wollten keinen Rath annehmen.

Der Marschall von Noailles befand sich damals beym Marschall von Sachsen, und zeigte ihm die Verschanzung, die er bey Anbruche der Nacht hatte anlegen lassen, um die Gemeinschaft des Dorfs Fontenoy mit der nächsten dabey stehenden Schanze zu erhalten. Er war diesen Tag bey ihm erster Adjudant, opferte die Eifersucht wegen dem

Obercommando, dem Beßten des Staats auf, und vergaß um eines fremden und jüngern Feldherrn willen, sich selbst. *)

Nachdem die Alliirten alles zur Angreifung der Franzosen veranstalltet hatten, brachen die Engländer und Hannoveraner durch das Dorf Vezon, die Holländer durch das Dorf Maubray auf. Die Engländer und Hannoveraner stellten sich in zwo Treffen disseit eines kleinen Baches. Ihr rechter Flügel stieß an die Wälder bey Barry, ihr linker war zweyhundert Schritte weit hinter Fontenoy. Die Holländer schlossen mit dem rechten Flügel an die Hannoveraner an, und lehnten den linken an das Dorf Pieronne. Die Holländische Cavallerie stand am obern Theil der Ebene, den Schanzen von Bettens gegenüber, in Schlachtordnung. Diese Cavallerie hatte vor sich zwey Stückbetten zu Canonen, und eines zu Mörsern. In einem hohlen Wege, der die Ebene durchschnitt, stand Infanterie zwischen ihrer Cavallerie und den Schanzen von Bettens. Das Corps de Reserve

 von

*) O möchte doch dieses grose Beyspiel bis auf die spätesten Zeiten in allen Armeen recht viele Nachfolger nach sich ziehen! besonders in den Alliirten Armeen, wo oft ein General aus stolzer Eifersucht, das Wohl des Staates vernachläßigt.

von den Alliirten stand hinter ihrem rechten Flügel beym Dorfe Vezon.

Ein Nebel, welcher bis sechs Uhr des Morgens daurte, verhinderte, daß man auf beyden Seiten die Stellung der Armeen nicht recht erkennen konnte. Man schoß bloß aufeinander, ohne einander recht zu sehen.

Der General-Lieutenant, Herzog von Grammont, stand mit der Brigade-Leibgarde bey der ersten Schanze bey den Wäldern von Barry. Dem zerschmetterte eine Stückkugel den obern Theil des Schenkels, daß er in einer Stunde starb. Der Graf von Chabannes kam hierauf sogleich aus dem Dorfe Rumegnies, wo sein erster Posten war, und stellte sich an die Spitze dieser Brigade. Nachdem der Marschall von Sachsen des Königs Befehle eingeholt hatte, begab er sich zur ersten Schanze bey den Wäldern von Barry, um den rechten Flügel der Alliirten besser zu besichtigen. Sie fuhren noch immer fort, stark zu schiessen, schienen aber kein festgesetztes Vorhaben gefaßt zu haben. Darauf begab er sich zu Besichtigung ihres linken Flügels nach Antoing. Unterwegs begegnete ihm der Marschall-de-Camp und Artillerie-Chef Dü Brocard. Dem gab er zu bemerken, daß der Engländer Canonen den Infanterie-Brigaden, Royal und Couronne, und der hinter ihnen stehende Cavallerie

vallerie heftig zusetzten. Um diese Stücken zum Schweigen zu bringen, ließ der Artillerie-Chef sechs Canoneu vor dem Regiment Courten aufführen. Dieses Stückbette tödete den Feinden vieles Volk, zog aber auf sich ein scharfes Feuer von demjenigen, das die Schanze beschoß, und das nunmehro die Alliirten anders richteten. Der Marschall de Camp du Brocard, ward hier mit einer Canonenkugel erschossen. Er war ein würdiger Officier von großem Verdienste. Er hatte eigentlich seinen Posten in dem Laufgraben, und war nur weggegangen um zu sehen, ob die Canonen von dem Regiment von Courten recht aufgepflanzt waren. Der Marschall von Sachsen befand sich damals eben an der Spitze der Dragoner. Er sah eine Holländische Infanterie-Colonne nach den abgebrandten Häusern, Fontenoy gegen über ziehen. Eine andre Holländische Infanterie-Colonne marschirte hingegen auf der Landstraße von Conde nach Antoing hinter einer Bedeckung von aufgeworfener Erde längsthin am Bache Bezon. Sobald diese zum Vorscheine kam, machten das Stückbett der ersten Schanze bey Antoing, die Canonen von Antoing und die jenseit der Schelde, daß sie sich in Unordnung zurückziehen mußte.

Mittlerweile waren zwo englische und Hanöverische Infanterie-Colonnen, und eine Holländische Infanterie-Colonne zugleich auf Fontenoy losgegangen. Vormitags um neun Uhr ward dieses Dorf angegriffen. Die an dessen Seiten aufgeführten, mit Kartetschen geladenen Canonen thaten eine wunderbare Würkung. Die Brigade Dauphin, welche von der des Königs Regiment unterstützt wurde, focht mit dem größten Heldenmuth, und trieb die Alliirte bey ihren widerholten Anfällen mit großem Verlust zurück.

Den Angrif auf Fontenoy zu unterstützen, hatte der Holländische commandirendes General, Fürst von Waldeck, seine Cavallerie ein wenig vorrücken lassen. Da aber der Graf von Eu, die Herzoge von Harcourt und Penthievre und der Vicomte von Cayla sich fertig machten, sie mit den Cavallerie-Brigaden vom rechten Flügel anzugreifen, hielten ihr muthiges Anrücken und das beständige Feuer aus den Canonen zu Antoing, und in den Schanzen, die feindliche Cavallerie zurück. Eine feindliche Schwardon ward durch die Canonen von Antoing ganz niedergeschossen.

Mittlerweile hatte sich die bey der Schelde befindliche Holländische Infanterie-Brigade von neuem gesetzt, und rückte wieder auf der Landstraße nach Condee an. Allein das Feuer vom Stückbette jenseit des Flußes faßte sie in der Flanque, und nöthigte sie abermals, mit Unordnung

zu

zu fliehen, und hinter der aufgeworfenen Erde an ihrer rechten Hand Sicherheit und Bedeckung zu suchen.

Ludwig XV. beobachtete alles mit Aufmerksamkeit. Er bemerkte, daß die Alliirten Bemühungen lediglich auf Antoing und Fontenoy gerichtet waren, und hatte dem Grafen von Löwenthal Befehl zugeschickt, mit einer Infanterie und Cavallerie Brigaden auf den rechten Flügel vorzurücken.

Zu der Zeit, da die Holländer zum zweyten male auf Antoing marschirten, begab sich der König ebenfalls dahin. Hier fielen die Canonenkugel um ihn und den Dauphin in Menge hernieder. Der Monarch ließ die Kugeln aufheben, und sagte lachend zum Artillerie-Major von Chabrier, wir wollen sie den Feinden zurück schicken; er möchte nichts von den ihrigen behalten. Nachdem die holländische Infanterie Colonne, die auf Antoing angerückt war, sich zurück gezogen hatte, nahm der König wider seinen ersten Stand bey der Gerichtsstätte von Unsre-Frau-im Walde.

Gegen zehn Uhr, als der Herzog von Cumberland seinen Anschlag auf Fontenoy vereitelt sahe, faßte er den Entschluß, zwischen Fontenoy und den Wäldern bey Barry durchzubrechen. Er mußte zu dem Ende durch einen tiefen Grund setzen, das Canonenfeuer von Fontenoy und der Schanze aus-

hal-

halten, und jenseit des Grundes mit der französischen Armee fechten. Dieser Schwirigkeiten ungeachtet, trennte sich die englische und hannöversche Infanterie von der holländischen, ließ selbige bey den abgebrannten Häusern Fontenoy gegenüber stehen, theilte sich in drey Colonnen, und rückte nach der Gegend zwischen Fontenoy und den Wäldern bey Barry. Ihre Cavallerie zog mit ihnen in gleicher Linie rechter Hand zwischen der Landstraße nach Mons und den Wäldern bey Barri. Allein die Canonen in der Schanze zwangen diese Cavallerie, sich zurück zu ziehen, und sie kam nicht eher wider zum Vorschein, als am Ende der Schlacht. Ihrem General Campbel, ward an des Herzogs von Cumberland Seite, der Schenkel von einer Canonenkugel zerschmettert.

Die Infanterie Colonne rechter Hand von vier Regimenter Engländer gieng auf die erste Schanze bey dem Wäldern von Barry los, welche der von Chambonas mit vieler Tapferkeit vertheidigte. Doch das Feuer aus derselben hielt sie zurück; sie schwenkte sich rechter Hand, um die andre Schanze wegzunehmen, die mit dem zweyten Bataillon von Eu besetzt war. Allein das Feuer aus derselben, und der Anblick der Irrländischen Brigade, die bereit stand, um die Schanze zu behaupten, hielt sie zurück.

Mittlerweile breiteten die beyden andern Colonnen, die jener zur linken marschirten, sich immer weiter aus, je näher sie dem tiefen Grund kamen, damit sie den Plaz ausfüllen möchten, ohne jedoch zu nahe an Fontenoy und die erste Schanze zu kommen, deren Feuer sie in der Flanke faßte, und ihnen vieles Volk tödtete. Sie rückten gleichwohl durch den tiefen Grund, und zogen ihre Canonen mit den Händen fort.

Vier Bataillons französischer Garde standen ihnen gegen über. Das Terrain gieng an dem Ort, wo sie standen, bergan, bis an den Plaz, hinter welchem die Engländer und Hannoveraner, mit ihren Canonen vor sich her, vorrückten. Die Commandeurs der Grenadiers von der französischen Garde rückten mit einiger Mannschaft vor, um diese Canonen wegzunehmen; als sie aber hinter denselben zwo Infanterie Linien erblickten, zogen sie sich mit einem Verlust von 60 Mann wieder zurück.

Die Engländer avancirten bis auf 50 Schritt weit von den Franzosen. Ein Regiment engländischer Garde, das Regiment Campbel, und das Regiment der königlichen Schotten, welche an ihrer Spitze den Grafen von Albemarle und dem von Churchill hatten, zogen voran. Die englische Officiers begrüßten die französischen mit abgezogenen Hut, und die Franzosen erwiderten ihre Begrüssung

sung. Als der Lord Carl Hay, Hauptmann der englischen Garde, aus dem Glied trat, gieng der Graf von Anteroche, Lieutenant der französischen Grenadiergarde, der nicht wußte was er wollte, auf ihn zu: **Mein Herr sagte der Engländer, lassen sie ihre Leute Feuer geben! Nein mein Herr, erwiderte der Graf von Anteroche, wir geben niemals zuerst Feuer.** Die Franzosen hielten ihr Wort, denn, die stolzen Engländer machten gleich ein so scharfes einige Minuten fortdaurendes Lauffeuer, daß von der französischen Garde und einem Bataillon Schweizergarde viele Officiers, und über 600 Gemeine ausser Stand zu fechten gesetzt wurden, auch erlitt das Schweizer-Regiment von Courten einen sehr starken Verlust. Da nun die französische Infanterie diesem heftigen Feuer ausgesetzt war, daß sie es nicht aushalten vermochte, war sie gezwungen, sich zurück zu ziehen; das geschah vom linken Flügel hinter die erste Schanze der Wälder bey Barry, vom rechten hinter der Cavallerie-Brigade von Cravattes. Diese Brigade rückte zwar sogleich auf die Engländer vor, da aber ihre Pferde nicht das Feuer und den Rauch vertragen konnten, der sie blendete, mußte sie sich an der hinter ihr stehenden Cavallerie-Linie ziehen, und sich anschliessen.

Der

Der brave General-Lieutenant Marquis von Lütteaux, eilte nun ungeachtet er verwundet war, von Fontenoy herbey, und that den Angriff mit dem Marschall-de-Camp, Marquis von Anlezy und dem Regiment Aubeterre. Er bekam aber zween tödtliche Schüsse, an welchen er starb, und das Regiment Aubeterre verlohr die Hälfte von seinen Leuten. Nach diesem rückte der Herzog von Biron, dem drey Pferde unter dem Leibe erschossen und zwey verwundet wurden, mit des Königs Regiment vor, die Engländer gaben diesem Regimente aber eine solche heftige Lage, daß von demselben an Officiers und Gemeinen 460 Mann, Theils nidergeschossen theils verwundet wurden. Hierauf gieng die Brigade la Conronne auf die Engländer los. Der Brigadier und Obrist dieses Regiments, Herzog von Havree, welcher schwer verwundet ward, der Obrist-Lieutenant, 37 Officiers und 260 Gemeine wurden ausser Stand zu fechten gesezt. Das Regiment Soissonnis, das mit zu dieser Brigade gehörte, litt gleichfalls einen starken Verlust. Die Regiminter Royal und Heinault thaten unter dem Marquis von Croisy zugleich mit der Brigade la Couronne den Angriff, und wurden sehr übel behandelt. Der Obrist Marquis von Craon vom Regiment Henault blieb bey dieser Attaque, und der Obrist-Lieutenant von diesem Regiment ward verwundet.

Nun war es aber Zeit, den Feind zu hindern, um Fontenoy hinum zu ziehen. Zu dem Ende stellte der Herzog von Biron Grenadiers in den dahingehenden hohlen Weg, und nahe bey ihnen zu ihrer Unsterstützung des Königs Regiment. Die Brigaden Royal, la Couronne, und Aubeterre, standen hinter ihren todten und verwundeten Cameraden verschanzt. Die beyden englischen Infanterie Treffen, fuhren noch immer fort, vorzurücken. Der Marschall von Sachsen stand 100 Schritt von ihnen, und untersuchte die Mittel, sich ihren Wendungen zu widersetzen. Indeßen fingen die englischen Treffen, ungeachtet ihrer erhaltenen Vortheile, nun an stark zu leiden. Ihre Flanken waren dem Canonen und Gewehrfeuer, sowohl von der Schanze vorn an den Wäldern von Barry, als von den bey Fontenoy stehenden französischen Truppen ausgesetzt. Der Herzog von Cumberland glaubte nun, er müßte seine beyden Treffen enger an einander schliessen lassen, um sie von dem Feuer, das ihnen zusetzte, zu retten. Zugleich ließ er die vier Regimenter, die an seinem rechten Flügel und längshin an der Gränze des Waldes standen, herbey rücken, und bediente sich ihrer, den leeren Zwischenraum zwischen seinen beyden Treffen auszufüllen. Er nahm hierauf den Kern der Englischen und Hannöverischer Infanterie, 15,000 Mann stark, und formirte ein Bataillon Quarree.

Die ihm zunächst stehende Cavallerie-Regimenter vom französischen linken Flügel erhielten vom Marschall Befehl, es anzugreiffen. Die Regimenter Cravattes und Fiennes machten unter den Grafen von Estrees und de la Süze und dem Marquis von Cernay, den ersten Angriff auf das Quarree, konnten aber sein heftiges Feuer nicht aushalten. Darauf griffen es die Marquis von Muy und von Meziers mit den Regimentern Clermont-Prince und Fitzjames an; richteten aber gleichfalls nichts aus. Hierauf attaquirten der Chevalier von Aguesseau und Marquis Boyer, mit dem Regiment Berry dieses Quarree, welche Attaque auch fruchtloß war. Nun griff es der General-Lieutenant Chevalier von Apcher, der Graf von Rosen, Marquis von Pons und Graf Brionne mit den Regimentern von Brionne und Pons an. Der General von Apcher ward aber schwer verwundet, und die Regimenter konnten unerachtet aller ihrer Tapferkeit dennoch nicht einbrechen. Nunmehr stießen die Regimenter Penthievre und Noailles unter dem Grafen von Noailles und Marquis von Crenay auf die Englische Colonne. Der Marquis von Vignacourt, Hauptmann vom Regiment Noailles, fiel mit seiner Schwadron auf die linke Flanke ein. Diese Schwadron ward in der Engländer erstem Gliede bis auf 14 Reiter zu Grunde gerichtet, die mit dem braven Marquis von Vignacourt durchbrachen. Ein englischer Soldat aber versezte ihm einen so heftigen Stoß mit dem Bajonette, daß er kurz darauf starb. Von den vierzehn Reitern blieben blos zehn übrig, die von den Engländern zu Gefangenen gemacht, aber Tages darauf, in Betrachtung ihrer großen Tapferkeit zurück geschickt wurden.

Alle diese Cavallerie=Regimenter sezten sich wieder, und rückten von neuem zum Angriffe an. Kaum aber waren sie an die Colonne hinan gekommen, so drang ein solches fortdaurendes Feuer heraus, daß die Pferde scheu wurden, und mit ihren Reitern durchgiengen. Die Garde zu Pferde, die Gendarmen, die leichten Reiter, die Musquetairs und Grenadiers zu Pferde giengen nun von selbsten auf das feindliche Quarree los, allein ihre Pferde wurden durch Feuer und Rauch erschreckt, die Escadrons geriethen in Unordnung, und da sie nicht geschlossen blieben, fielen ihre Angriffe fruchtlos aus.

Man hat nach dem Treffen darüber gestritten, welchen Nutzen wohl diese verschiedene Angriffe der Cavallerie auf eine furchtbare Colonne gehabt haben, die nothwendig alles über den Haufen werffen mußte. Es ist daher nöthig, zu zeigen, wel=

ches

ches die Absicht davon war. So lange der Feind nicht Fontenoy oder die Schanze weggenommen hatte, so war ihm sein guter Erfolg im Mittelpunkte nachtheilig, weil er einen Ort der Unterstützung hatte. Je weiter er vorrückte, desto stärker setzte er seine Truppen der Gefahr aus, von den Franzosen, die er hinter sich ließ in der Flanke angegriffen zu werden.. Es war daher nothwendig, ihn durch wiederhohlte Angriffe zurückzuhalten, die zwar freylich zu schwach waren, als daß man sich von ihnen Erfolg hätte versprechen können. doch aber machten, daß man Zeit gewann, den allgemeinen Angriff zu veranstalten, der den Feind von vorn und in der Flanke fassen. und den Streit entscheiden mußte. Zudem ward er durch die anlockenden wiederholten Vortheile in die Schlinge geführt, daß er nicht überlegte, daß er, da er kein anders Mittel zu siegen hatte, als Fontenoy oder die Schanze wegzunehmen, die Tete seines Quarrees in der Mitte zu öffnen, und seine Cavallerie in die Ebene herausrücken lassen mußte, da indessen hinter diese Cavallerie, und unter ihrer Unterstützung, die zwo Treffen seiner Infanterie sich rechter und linker Hand schlagen mußten, um Fontenoy und die Schanze einzuschließen.

Der Marschall von Sachsen beschloß nunmehro eine lezte Bemühung anzuwenden. Er ließ den

Grafen von la Mark befehlen, Antoing mit den darinnen befindlichen Truppen und Canonen zu räumen. Er sah wohl, daß entweder Sieg oder Niederlage von dem Angriffe abhieng, den er thun wollte; und dachte als ein großer General auf die Sicherstellung des Rückzugs zu einer Zeit, da er alles Mögliche that, um zu siegen. Er bestimmte dahero die Brigade Piemont mit den Truppen, die noch nicht gefochten hatten, zu Bedeckung des Rückzugs von der Armee, wenn sie dazu genöthigt würde.

Kaum war der Graf von la Mark mit der Brigade Piemont und dem Geschütz von Antoing marschirt, als der General-Lieutenant Herzog von Biron *) sah, daß die Holländer Mine machten,

An-

*) Ludwig Anton von Gontaut Herzog von Biron, ward gebohren den 2 Februar 1700. Den 22 July 1729 wurde er zweyter Obrist vom Infanterie Regiment Roußillon, 1734 den 20 Februar Brigadier, und den 18 October nehmlichen Jahres Marschall = de = Camp, 1735 den 15 Jannuary erkannte ihn der König zum Obristen seines Infanterie = Regiments; den 1 Jenner 1744 erhielt er die königlichen Ordens, und den 20 des nehmlichen Monats wurde er General Lieutenant. In der Schlacht von Fontenoy, nachdem der General Lieutenant Herzog von Gramont erschoßen ward, machte ihn der König zum Chef der französischen Garde zu Fuß die er noch bis jezt mit Ruhm commandirt. Den 24 February

1757

Antoing zu besetzen, schickte er in aller Eil einen Cavallerie-Officier vom Regiment Brancas mit dem Befehl nach, den Grafen von la Mark mit den Truppen und Geschütz wieder nach Antoing zurück zukehren, und solches von neuem zu besetzen, durch diese kluge Vorsicht des Herzogs von Biron ward das Vorhaben der Holländer vereitelt.

Nachdem nunmehro der General-Lieutenant Herzog von Richelieu mit der Infanterie vom linken Flügel, und dem Französischen und Schweizer-Garde Regiment das feindliche Quarree fruchtlos attaquirt hatte, gab der Marschall von Sachsen den Befehl, das feindliche Quarre mit Macht anzugreiffen, welches folgendermaßen geschah *). Er befahl drey Angriffe, welche alle zugleich unternommen wurden; nemlich der General-Lieutenant Herzog von Richelien und der Marquis von Montes-

 son

1757 erhob ihn der Monarch zum Marschall von Frankreich, und machte ihn im Juli 1775 zum Stadthalter von ganz Languedoc. Er trug durch sein ausserordentliches Wohlverhalten sehr viel bey, daß die Franzosen die Schlacht bey Fontenoy gewannen.

*) Wenn gleich der Baron von Espagnac ein ganz vortreflicher Schriftsteller ist, so muß ich dennoch von seiner Beschreibung abgehen, weil er ein wenig zu partheyisch ist, und niemals den fremden Regimentern genug Gerechtigkeit wiederfahren läßt.

son setzten sich an der Spitze der königlichen Haustruppen, von welchen der Prinz von Soubise die Gendarmen, der Herzog von Chaulnes die leichten Reiter, der Marquis von Jumilhac und Montboißier die Mousquetairs, der Graf von Blet die Garde du Corps, und der Chevalier von Grille die Grenadiers zu Pferde anführte. Dieses königliche Haus (mit welchem der Dauphin mit aller Gewalt anrücken wollte, und den man nur mit Mühe zurück hielt,) mußte die Tete des Quarrees angreiffen.

Die rechte Flanke des Quarrees, wurde von der Irrländischen Brigade und den National Regimentern Royal-Vaisseaux und Normandie, zu welchen der General Graf von Löwenthal mit einer Brigade schwerer Reiter stieß, angreiffen. Dieser Angriff geschah unter dem Befehl des General-Lieutenants Lord Thomond, Lord Clare, und den Marquis von Chabannes, von Berenger und von Querchy *). Die linke Flancke des Quarrees wurde

*) Die französische und Schweizergarde, welche, wie schon gemeldet, einen sehr starken Verlust gleich im Anfang der Schlacht gelitten hatten, befanden sich nicht bey diesem Angriff, zumal sie kurz vor diesem Angriff, unter Anführung des Herzogs von Richelieu fruchtloß das Quarree attaquirt hatten; sondern sie hatten sich vielmehr nach der Schanze am Winkel der Wälder von Barry zurückgezogen.

de von des Königs Regiment, (Regiment du Roi welches das 23ste in der Armee ist, und den Infanterie Regimentern Aubeterre, Royal, und la Couronne unter Anführung des General-Lieutenants Herzogs von Biron, und den Marechaux-de Camp Marquis von Croisy und von Anlezy angegriffen.

Diese drey Angriffe hatten folgende Würkung. Die königliche Haustruppen attaquirten mit ihrer gewöhnlichen Tapferkeit, mit welcher sie schon manchen Sieg erfochten hatten, die Tete des Quarrees. Die erhitzten Engländer fochten aber wie ergrimmte Löwen; so wie ein Franzose mit seinem Pferd in ihre Glieder setzte, wurde er gleich von ihnen niedergestossen. Ihr Feuer war so würkend und tödtend, daß es ganze Glieder von dem königlichen Hause niederlegte, die meisten Pferde wurden so scheu, daß viele mit ihren Reitern durchgiengen, andre wurden stättig, blieben auf der Stelle stehen, oder giengen rückwärts. Die Escadrons bekamen grosse Oeffnungen, geriethen in Unordnung, und mußten mit starkem Verlust abziehen.

Erst nach dieser fruchtlosen Attaque schlug der Herzog von Richelieu dem König vor, einige Canonen gegen die Tete des feindlichen Quarrees pflanzen zu lassen. Es fanden sich sogleich vier Canonen, welche der Artillerie-Lieutenant von Saisseval gegen den Feind richten, und zweymal abbrennen ließ.

Als Richelieu gewahr wurde, daß dieses Canonenfeuer die Tete des Quarrees in Unordnung brachte, rückte er von neuem mit den königlichen Haustruppen gegen den Feind; die Carabiniers ganz blind von Wuth, sahen die guten französischen Irrländer *) für Engländer an, und hieben einige nieder. Diese Niederlage würde größer gewesen seyn, wenn die Irrländer nicht gerufen hätten: es lebe Frankreich. Uebrigens war auch dieser zweyte Angriff von den königlichen Haustruppen, von keiner sonderlichen Würkung.

Der Herzog von Biron, mit den Regimentern des Königs, Aubeterre, Royal und la Couronne, focht gegen der linken Flanke des Quarrees mit einem ausgezeichneten Heldenmuth, diese tapfere Regimenter blieben den Engländern kein Feuer schuldig, und versuchten etliche mal mit dem Bajonet in den Feind zu brechen; nachdem aber die braven Engländer gleich einer Mauer unbeweglich blieben, so mußte Biron fruchtlos sich zurück ziehen. Hierauf rückte der General Graf von Estrees mit der nehmlichen Cavallerie, die schon attaquirt hatte, vor, und griff zum zweytenmal das Quarree an. Allein ihr Angriff war fruchtlos.

Die

*) Ihre Uniform ist gleich den Engländern roth, und bis 1779 trugen sie gleich denen, schwarze Cocarden an ihren Hüten.

Die Irrländische Brigade und die Regimenter Royal-Vaisseaux und Normandie, stritten mit einem ausserordentlichen Muth, der in eine Art von Wuth fiel, gegen der rechten feindlichen Flanque; die Engländer, die sich mit so vieler Heftigkeit von einer Nation angegriffen sahen, gegen welcher sie einen natürlichen Haß tragen *), verdoppelten nunmehro ihren Muth, fochten mit der grösten Verzweiflung, und schlugen die Irrländer mit den zwey National-Regimentern, nach zweyen sehr blutigen Angriffen jedesmal zurück. Bey diesen Angriffen blieben auf französischer Seite der Obrist Chevalier von Dillon und der Obrist-Lieutenant O Neill von dem Regiment Clare; verwundet wurden der Obrist-Lieutenant du Breuil vom Regiment Royal-Vaisseaux, und die Obrist-Lieutenants von den Regimentern Lally und Dillon. Diese Zurückgeschlagene wurden immer mehr erbittert, Officiers und Gemeine vom Regiment Royal-Vaisseaux **)

 schrien

*) Es ist zu bekannt, daß die Engländer und Irrländer eine natürliche Abneigung gegen einander hegen.

**) Dieses Regiment und die Irrländische Brigade unterhalten eine solche Freundschaft, daß wo sie sich nur antreffen und zusammen kommen, nichts als Freundesbezeugungen und Gastmäler anstellen von ihren mit einander ausgeübten Thaten reden, und sich als Brüder schrien nunmehro den Irrländern zu: Camераden, wir wagen den dritten Angriff, und wollen heute noch den Feind so besiegen, wie unsere Regimenter Anno 1702. in Cremona gethan haben. Hierauf formirten sie ihre Züge und avancirten unter einem Jubelrufen es lebe Frankreich, zum drittenmal. Nach einem einzigen gegebenen Bataillonfeuer, fällten sie das Gewähr, und brachen mit der grösten Wuth gleich erzürnten Tygern in die Engländer, die nunmehro theils ermüdet, theils muthlos waren, ein. Der Obrist von Lally *) war der erste, der mit seinem Re-

der jedesmal von neuem auf ewig einander die Freundschaft versichern. Wenn alle Regimenter in dieser Armee, auf gleichen freundschaftlichen Fuß mit einander lebten, so würde das Duelliren nicht mehr statt haben, und der König würde manchen braven Officier und rechtschaffnen Soldaten in seinen Truppen mehr zählen können.

*) Der Monarch sprach mit ihm nicht nur nach der Schlacht, sondern lobte in sehr gnädigen Ausdrücken sein Wohlverhalten, ernannte ihn zum Brigadier, und schenkte ihm von diesem Augenblick an sein Zutrauen. Dieses war die Ursache, warum ihn der König in den 50ger Jahren vielen andern vorzog, und ihn zum commandirenden General in Ostindien machte. Seine grosse Tapferkeit, und sein zu stark zeigender Eifer, der oft mit einer

Regiment eine Oeffnung von einem starken Zug breit machte, eindrang, und die Engländer in Unordnung brachte. Royal-Vaisseaux hatte gleiches Glück. Nun fiel diese Brigade und beyde National-Regimenter wüthend über den Feind her, stiessen und hieben alles nieder, was sie von demselben vor sich fanden. Der Feind floh nun mit der grösten Bestürzung.

Der Artillerie-Lieutenant von Saisseval hatte mit seinen vier Canonen, in der feindlichen Tete solche Oeffnung gemacht, daß die königlichen Haustruppen nunmehr mit Vortheil agiren konnten; nachdem nun die Irrländische Brigade in der rechten Flanke eingebrochen war, gelang es dem General Lieutenant Herzog von Biron, mit seinen Truppen in der linken Flanke einzubrechen, den Feind zu werffen und zu zerstreuen. Der Riß hinten zeiget mehrere Deutlichkeit von dieser Schlacht. Der Marschall von Sachsen befand sich überall, besonders wo die Gefahr am grösten war: durch seine Gegenwart beseelte er den Muth der Truppen. Nachdem er von dem Sieg völlig überzeugt

war,

einer unüberlegten Hitze begleitet wurde, für das Interesse und den Dienst des Königs, zogen ihm aber solche Neider und Feinde zu, daß er bey seiner Zurückkunft aus Indien in die Bastille gesezt, und nachgehends öffentlich enthauptet wurde.

war, ließ er durch den Grafen von Castellanne dem König solches melden. Der Monarch begab sich hierauf auf die Wahlstatt, und befahl, für die feindlichen Verwundeten eben so große Sorgfalt zu tragen, als für die von seinen eignen Truppen. Er hatte nachher die Gnade, sie zu besuchen, und sich täglich Bericht erstatten zu lassen, wie weit es mit ihrer Besserung gekommen wäre. Der Monarch erwieß dem Marschalle von Sachsen die Ehre, ihn zu küssen, und hatte die Güte zu befehlen, er möchte nun hingehen und ausruhen. Diese Erquickung war ihm bey seinem schrecklichen Zustande, und nach den Ermüdungen eines solchen Tages nothwendig. Der Held hielt das ganze Treffen über eine Bleykugel im Munde, um die Hitze des Durstś zu mäßigen, den er wegen der Umstände und seiner damals eben auf das höchste gestiegenen Wassersucht nicht stillen konnte.

Der König begab sich an die Spitze aller Regimenter, welche gefochten hatten, und bezeugte ihnen seine Zufriedenheit mit ihren Diensten. Das Lob der Monarchen vermehrt den Muth der Truppen.

Die Alliirten ließen ein starkes Corps Infanterie in den Hecken bey Vezon, und ihre Cavallerie vor dem Dorf in Schlachtordnung stehen. Diese Vorsicht, und die eintretende Nacht begünstigte ihre Flucht.

Herr

Hr. von Grassin hatte sich während des Treffens mit seinem Freyregiment in den Wäldern bey Barry aufgehalten. Nach der Schlacht fiel er aber der vor Vezon stehende feindlichen Cavallerie in die Flanque, und zwang sie durch sein Feuer, das Dorf zu räumen, das man voll von Verwundeten fand.

Der Verlust der Alliirten belief sich an Todten und Verwundeten auf 15,000 Mann. Die Franzosen machten viele Gefangene, worunter sich viele vornehme Officiers befanden, eroberten 40 Canonen, und 150 mit Kriegsvorrath beladene Wägen.

Die Franzosen hingegen verlohren 4 bis 5000 Mann an Todten und Verwundeten. Unter den erstern befanden sich die General-Lieutenants Herzog von Grammont, der Marquis von Lütteaux, die Marecheaux-de-Camp, du Brocard und Chevalier von Saumery, der Brigadier Marquis von Langey, nebst andern Stabs- und Subaltern Officiers. Unter den Verwundeten befanden sich der General-Lieutenant Chevalier von Apcher, die Marechaux-de-Camp Marquis von Anlezy, von Gault und von Descajeul, und die Brigadiers Herzog von Havree, von Nesúvielle, von la Serre, von la Payre, von la Peyrouze Marquis von Crenay, und Chevalier von Ailly nebst andern Stabs- und Subaltern Officiers.

Die Franzosen brachten als Sieger die Nacht auf der Wahlstatt zu.

Anmer-

Anmerkung
über die
Schlacht bey Fontenoy.

Kein andrer General, als der Herzog von Cumberland, und Carl XII. wenn er noch gelebt hätte, konnte den Marschall von Sachsen, dessen Stellung nicht nur meisterhaft, sondern wahrhaftig vollkommen war, angreifen. Wäre Cumberland dieser Königliche Prinz mehr Taktiker gewesen, so würde er der Meinung des Oesterreichischen Heerführers, Grafen von Königseck, befolgt haben. Nemlich, er würde die französische Armee nur canonirt, und seine Stellung, vermög welcher er den Franzosen stets beünruhigen konnte, erhalten haben, hierdurch würde die Eroberung von Dornyk verzögert, oder gar unmöglich gemacht worden seyn. Zu hitzig und zu halsstarrig unternahm der Herzog die Schlacht. Denn nachdem er seinen ersten Angrif auf Fontenoy vereitelt sah, bestand er darauf, zwischen Fontenoy und den Wäldern bey Barry durchzubrechen. Dieses auszuführen, mußte er durch einen tiefen Grund marschiren, jenseit desselben konnte er erst die Franzosen angreifen. Da dieses aber eine ziemliche Distance war, und ehe er dahin kam, mußte er das ganze Canonenfeuer von Fontenoy und der Schanze aushalten, so hieß dieses wohl recht muthwillig und ohne Nutzen, viele tausend brave Engländer und Hannoveraner zur Schlachtbank führen. Diese seine sonderbare und verwegene Attaque durzuchsetzen, trennte er sich fehlerhaft und wider alle gesunde Kriegsregeln mit den Engländern und Hannoveraner von den Holländern, überlies diese ihrem Schicksale, und opferte zugleich seine eigne Truppen auf. Den Holländern konnte dieses Betragen vom Herzoge unmöglich gleichgültig seyn, sie gaben sich dahero auch eben keine sonderliche Mühe, die Engländer zu unterstützen: als sie diese von den Franzosen mit aller Macht angreifen sahen, machten sie zwar Mine, als wenn sie zu Hülfe eilen wollten, es war denen guten Holländer aber nicht ernst. Denn kaum erblickten sie einige franzäsische Infanterie und Dragoner, als sie gleich wieder rechts umkehrt machten, und ihre Verwundeten und zwanzig Canonen im Stiche liessen. Wäre es ihnen hingegen ernst gewesen, die nothleidende Engländer zu unterstützen; so würden sie Blut und Leben angewandt haben, um durchzudringen, und sich nicht beym ersten Anblick der Franzosen haben abschrecken lassen. Alle andre Truppen besonders Deutsche, würden das äusserste versucht haben, um ihre Cammeraden thätig zu unterstützen.

stützten. Auf diese Art müssen aber Schlachten in den Alliirten Armeen verloren gehen wenn jeder General nach seinem Sinn verfährt.

Den Tag nach der Schlacht detaschirte der Marschall von Sachsen den General-Lieutenant Grafen von Estrees, mit 1000 Pferde, acht Grenadiers-Compagnien, und 600 Füselier nach Leuse, von wo er Gefangene einbrachte. An dem nemlichen Tag nahmen die französischen Truppen wieder ihren Platz in den Verschanzungslinien vor Dornik ein; und die Alliirten hatten sich unter den Canonen von Ath gezogen. Es währte einige Tage, ehe sich etwas von ihnen blicken ließ. Den 20. May rückte ein feindliches Corps bis Leuse vor; als das der Marschall hörte, ließ er gleichfalls ein Corps dahin aufbrechen. Auf dessen Annäherung zogen sich die Feinde nach ihrer Armee zurück.

Den 18. May wurde das Hornwerk von Dornick bestürmt, den 22ten steckte der Commandant der Stadt Dornick die weisse Fahne aus, und zog den 24ten mit seiner Besatzung in die Citadelle; welche ohngeachtet sie von den Franzosen stark beschossen wurde, sich erst den 19. Junii ergab. Der König hielt hierauf mit dem Dauphin den 24. Junii seinen Einzug in Dornick. Den 7. 11. und 22. Junii fouragierte die französische Armee zwischen der Schelde und Leye glücklich.

Den

Den 1. Julii brach der Marschall mit der Armee in 5 Colonnen auf, der König und Dauphin waren an der Spitze der mittelsten Colonne, der Marschall nahm sein Lager bey Leuse, wo er den 2. und 3ten mit der Armee bestehen blieb. Die Alliirten wollten kein zweytes Treffen wagen. Sie giengen den 2ten Nachmittags um 4. Uhr oberhalb und unterhalb Geertsberge über die Dender. Den 4ten zog die französische Armee in sechs Colonnen nach Rebair. Ein Detaschement vom Frey-Regiment Grassin vertrieb 400 feindliche Husaren aus Lessines. Die Alliirten kamen hierauf mit 2000 Mann und griffen diesen Posten von neuem an, da aber das Regiment Grassin Unterstützung erhalten hatte, so wurde Lessines von demselben behauptet. Den 5ten lagerte sich die Armee bey Wambec unweit von Lessines. Die Avantgarde führte der Marquis von Armentieres, er nöthigte mit selbiger 400 feindliche Husaren, welche mit 3000 Mann unterstützt wurden, über die Dender zurück zu gehen. Er rückte ungeachtet des starken feindlichen Canonenfeuers bis an den Schlagbaum von Geertsberghe vor, stellte sich da in Schlachtordnung, und blieb dort bis auf den Abend stehen. Da die Alliirten einen Angrif befürchteten, stellten sie sich in Schlachtordnung, brachen ihre Brücken ab, und arbeiteten an Batterien. Das Freyregiment Grassin kam so nah an ihre Schanzarbeiter, daß es einige davon erlegte. Der Marsch der französischen Armee zwischen der Dender und Schelde wies auf die Belagerung von Oudenarde, und verbarg das Unternehmen des Grafen von Löwenthal, welcher Gent wegnehmen sollte. Die Armee nahm den 8ten ihr Lager bey Bost.

Den 10. Julii Abends kam der Graf von Löwenthal bey Gent an. Die folgende Nacht erstieg er die Stadt zwischen dem Petersthore und der Schelde, ohne weitern Verlust, als daß ein Lieutenant erlegt ward, und zwey Dragoner im Wasser umkamen.

Als der Marschall von Sachsen durch einen Abgefertigten die Einnahme von Gent vernommen hatte, trug er seinem Adjudanten dem Marquis von Sourdis auf, dem Könige einen versiegelten Korb zu überbringen, darinnen ein Kälberstoß war. Der Marschall von Sachsen hatte es so mit dem Könige verabredet, daß dessen Uebersendung die Einnahme der Stadt bedeuten sollte, weil Gent wegen der guten Kälber im Rufe steht. Nachdem der König den Korb geöfnet hatte, kündigte er diese eben so angenehme als unerwartete Zeitung an. Als die Allirten die Einnahme von Gent hörten, wandten sie sich von den Ufern der Dender weg, um sich nach Afflingen und darauf unter Brüssel zu ziehen. Ihr Schrecken war so groß, daß sie den 18. Julii über den Kanal und die Senne gieng. Die französische Armee rückte bis Alost vor, wo sie den 3. August anlangte, und ihr Lager nahm, dessen rechte Seite sich gegen Altern, die linke gegen Hoftade kehrte. Den 7. August berennete die französische Armee, die über die Dender gegangen war, Dendermonde zum Theil. Ihr linker Flügel kehrte sich gegen Baserode, ihre Mitte gegen Lebbeke, wo der Herzog von Harcourt sein Quartier hatte, dem die Belagerung von Dendermonde aufgetragen war, der rechte Flügel stand zwischen Alost und Wiese schräge hin.

Den 17. August lagerte sich die französische Armee bey Lippelo, hatte den Bach Eyke vor dem Lager, und den rechten Flügel gegen Stenuffel gekehrt. Der König nahm sein Quartier im Schlosse Melis. Da die Nachbarschaft der französischen Armee den Alliirten Besorgniß erweckte, schickten sie ihre Bagage und ihre Kranken nach Antwerpen, legten Schanzen zwischen Vilvorden und Willebroek an, und gebrauchten alle ersinnliche Vorsicht zur Vertheidigung des Kanals. Sie besetzten an seinem linken Ufer die Schlösser bey Grimberge. Nachdem der Graf von Löwenthal Ostende erobert hatte, überließ der König dem Marschalle von Sachsen die Aufsicht über die Kriegsverrichtungen, die den

Feldzug beschliessen sollten, und gieng den 1. September mit dem Dauphin nach Paris zurück.

Nachdem die französische Armee die Fütterung zwischen der Dender und dem Kanal von Brüssel aufgezehrt hatte, gieng sie den 7. September über die Dender zurück. Ihr rechter Flügel stieß an Ninove, ihr linker an Alost. Sechzehn Schwadronen Reuter lagerten sich unter dem Herzoge von Harcourt unterhalb Dendermonde. Mittlerweile traf der Marschall von Sachsen alle Anstalten zur Belagerung von Ath. Das war der einzige Ort, der noch den Alliirten zwischen der Dender und der See übrig blieb. Die Belagerung ward dem Marquis von Clermont-Gallerande aufgetragen. Der Graf von Estrees deckte selbige mit einem Cavalleriecorps. Den 26. September ward Ath berennt, in der Nacht vom 1ten zum 2. October wurden die Laufgräben eröfnet, und den 8ten ergab sich der Commandant, er erhielt mit seiner Besatzung den mit allen kriegerischen Ehrenzeichen gewöhnlichen Abzug.

Nachdem die bey Alost, und in der Gegend stehenden Truppen die von den Dörfern zwischen der Schelde und Senne an der Dender zusammen getragene Vorräthe von Fütterung aufgezehrt hatten, gieng die französische Armee in die Winterquartiere. Die Schelde und der Kanal von Gent

nach

nach Ostende, bedeckten der ersten Linie ihre. Der Marschall von Sachsen stand mit seinem Generalstaab, zwey und zwanzig Bataillons, und sechs und zwanzig Escadrons in Gent. Diese kleine Armee war bestimmt, im Nothfall denjenigen Quartieren, die der Feind angreifen könnte, zu unterstützen. Der Marschall blieb immer in Gent, und sann auf Mittel, Brüssel wegzunehmen. Der Erfolg davon war von größter Wichtigkeit. Diese Eroberung sollte ihm zur Unterstützung dienen, um die ganzen Oesterreichischen Niederlande wegzunehmen, und in Holland einzubrechen. Es fanden sich jedoch bey diesem Unternehmen große Schwierigkeiten. Da Brüssel in der Mitte der Winterquartiere der Feinde lag, konnten sie sich zusammenziehen, und es entsetzen. Es ward durch siebenzehn Bataillons, fünf Escadrons Cavallerie, sechs hundert Husaren, siebenzehn Generals, zwanzig schwere Canonen, zehn Mörser und die säutlichen Feldstücken der Holländer vertheidigt. Es fanden sich darinnen Magazins von aller Art. Es bedurfte vieler Truppen, um den Ort zu berennen. Der Frost konnte diese Unternehmung, die schleunig betrieben werden mußte, aufhalten, und der Regen sie rückgängig machen, aus Mangel an Kriegsbedürfnissen und Mundvorrath, welches alles man nur auf der Achse konnte kommen lassen. Ueber alle diese Schwierigkeiten erhob sich sein groser Geist, und sein Genie ordnete alle diejenigen Mittel zusammen, welche den Erfolg sicher stellten. Er bestimmte die im französischen Flandern und in den eroberten Ländern stehenden Truppen dazu, auf Brüssel loszugehen. Die Besatzungen von Ath, und dem französischen Hennegau sollten auf St. Guilain marschiren, es zu überfallen suchen, darauf nach Binche gehen, um während der Belagerung von Brüssel die Besatzungen von Mons, Namúr und Charleroy zurück zu halten.

Der 28. December ward zu dieser Unternehmung angesetzt. Da die Belagerung von Brüssel nicht anders Statt haben konnte, als so lange sich der Frost hielt, so verzögerte deren Ausführung das zu Ausgange des Decembers eingefallne Regenwetter. Als aber in der Mitte des Jenners wieder Frost eingefallen war, ergiengen die Befehle zum Aufbruche der Truppen. Der Marschall nahm nur solche Leute, die im Stande waren, Kriegsdienste zu thun. Von jedem Bataillon nahm man blos 400 Füseliere und die Grenadiercompagnie, und von jeder Escadron 100 Reuter. Die Truppen führten blos ihre Tornister, Brod auf vier, Fütterung auf zwey und Sold auf vierzehn Tage mit sich. Sie mußten sich den 27. Jenner nach Dendermonde, Gent, Oudenarde, Ath, Dornick und

Mau

Maubeuge begeben, und den 28ten von da aufbrechen. Diese verschiedene Sammelplätze der Truppen, benahmen ihnen und den Feinden die Kenntniß des vorhabenden Unternehmens. Die dabey angestellte Generals erfuhren vom Marschall das Geheimniß nur den Abend vor dem Aufbruche. Der Marschall schickte an den Brigade-Generals den ausdrücklichen Befehl, den Marsch mit den Truppen fortzusetzen, und selbigen nicht zu unterbrechen, wenn Thauwetter etwa einfallen sollte.

Den 28. Jenner brach der Marschall von Sachsen mit vier und zwanzig Escadrons, ein und zwanzig Bataillons, und fünf und zwanzig Canonen, von Gent auf. Das Freyregiment Sachsen machte die Avantgarde. Als dessen Vortrab beym Auszug aus Alost fünfzig feindliche Husaren von Brüssel angetroffen hatten, setzte er ihnen bis an das Thor dieser Stadt nach, und machte vier und zwanzig von ihnen zu Gefangenen. Zwölf Grenadiers-Compagnien ließ der Held bis an die Abtey Afflingen vorrücken, um das Regiment Sachsen zu unterstützen, das diese Abtey besetzte. Nachdem die Infanterie zu Alost zwo Stunden Halt gemacht hatte, rückte sie unter dem Marquis von Contades nach Asche, und die Cavallerie gieng in dortiger Gegend in die Erfrischungsquartiere, der Marschall blieb diese Nacht in Alost.

Den 29sten früh um fünf Uhr brach der Marschall mit der Cavallerie auf, als er unterweges sein Regiment Freiwillige angetroffen hatte, setzte er sich mit selbigem an die Spitze der Infanterie. Die Brigade la Couronne blieb in Asche. Der Marschall gieng mit den Truppen bey Strombeck von der Brüßler Landstraße ab, und schlug sich linker Hand, um zum Grafen von Vaux zu stossen, welcher den 28sten mit 2 Canonen, einem Cavallerie-Regiment, vier Bataillons und zwölf Grenadiers Compagnien von Dendermonde aufgebrochen war. Er sollte sich in der folgenden Nacht eines Uebergangs über den Kanal versichern. Da ihn aber seine Wegweiser fehlgeführt hatten, konnte er nur erst den 29sten am Tage die Schanze bey Sas von drey Brunnen angreifen. Er eroberte sie, und machte darinne acht Mann zu Gefangenen. Ein Grenadier-Hauptmann vom Regiment Piemont blieb dabey.

Nachdem der Marschall von Sachsen zum Grafen von Vaux gestossen war, ließ er unter Bedeckung der beym Schlosse Mariansart in Schlachtordnung stehenden Infanterie, und der in zwo Linien hinter dem Fußvolk aufgestellten Cavallerie, eine Brücke über den Kanal und eine über die Senne schlagen.

In der Ebene Evre liessen sich feindliche Reuter sehen, mit welchen der Gouverneur von Brüssel Graf von Lanoy, die Franzosen zu recognosciren ausgerückt war. Der Graf von Sachsen hielt sie vor französische Husaren.

Den 29sten Abends gieng die Brigade Normandie über den Kanal und die Senne, um die Schanzarbeit an den Brücken, welche erst den andern Tag fertig wurden, zu decken. Die Oesterreicher verliessen Vilvoorden *) und das Schloß Grimberg, beyde wurden aber von ihnen wieder besetzt.

Den 30. Jenner 1746. Vormittags um 10 Uhr, giengen zwölf Grenadiers-Compagnien und die Brigade Piemont über den Kanal und die Senne, und besetzten das Dorf Haeren. Der Infanterie kam das Freyregiment von Sachsen, und die Cavallerie nach. Indem sich dieselbe in der Ebene Evre stellte, schloß sich der Marquis von Clermont-Gallerande mit dem rechten Flügel an den linken dieser Cavallerie an. Er hatte nicht eher kommen können **), weil er die Brücke bey Ruisbroek abgeworfen gefunden hatte, und genöthigt gewesen

 war,

*) Eine Stadt im Oesterreichischen Brabant, beym Zusammenfluß der Senne und Woluwe, und am Brüsselschen Kanal, mit einem alten Schloß.

**) Er kam von Oudenarde.

war, bey Halle *) über die Senne zu gehen. Die zwölf Grenadiers-Compagnien giengen über die Senne wieder zurück, und bemächtigten sich der Brücke bey Lacken. Die Brigade Piemont nahm ihr Quartier zu Scharebeck. Der Marschall befahl dem General-Lieutenant Marquis von Contades, er sollte die Brücke wegziehen, und mit der Brigade Royal-Vaisseaux und dem Cavallerie-Regiment Cravattes am Kanal hinauf rücken. Da nun die Feinde Truppen in der Schanze Trois Trous hatten, unter deren Feuer er vorbey mußte, forderte er diesen Posten auf. Hundert und sechzig Mann, die darinne standen, ergaben sich zu Kriegsgefangenen. Funfzehn Mann nahm man bey der Brücke bey Lacken gefangen. Man schlug unterhalb dieser zwo Brücken, eine über den Kanal, die andre über die Senne.

Den 31. Jenner früh rückte die Cavallerie in die Erfrischungsquartiere. Die Infanterie besetzte die Vorstädte von Brüssel. Der Marschall von Sachsen nahm sein Hauptquartier mit der Artillerie in Lacken. Die Brigade la Couronne, die in Asche stehen geblieben war, zog mit Anbruch der Nacht in die Vorstadt Flandern. Hier nahm sie ein Detaschement von der Brüßler Garnison,

*) Eine kleine Stadt im Oesterreichischen Hennegau, an der Senne gelegen.

nison, mit der Besatzung von dem Schloße Kokelberg, welche 150 Mann stark war, zu Gefangenen.

Da der Marschall von Sachsen die schöne Vorstädte von Brüssel kannte, so schrieb er bey seinem Aufbruch von Alost an den Gouverneur von Brüssel, er möchte die schönen Vorstädte schonen und nicht verbrennen lassen, wenn er etwa hören würde, daß er mit seinen Truppen einige Bewegungen in seiner Nachbarschaft machen würde. Anno 1744 hätte er ein gleiches gethan, mit den Vorstädten von Ryssel, als sich die Alliirten nahe dabey gelagert hätten.

Während der Gouverneur mit den andern Generals wegen diesen Brief Kriegsrath hielt, kam der Marschall und setzte sich mit der Infanterie in den Vorstädten fest. Blos die Vorstadt am Thore nach Löwen konnte man nicht besetzen, weil sie unter dem Feuer des Walls, und zu unerheblich war, als daß man ein sich selbst überlassenes Detaschement Truppen darein hätte legen sollen. Der Marschall ließ es also dabey bewenden, 100 Füseliers in ein steinernes Haus zu legen, das zum Blockhause gemacht wurde. Zugleich warf man eine Schanze auf der Anhöhe ausserhalb dieser Vorstadt auf. Einen dritten Posten legte man in eine andre Schanze, dem Thore nach Halle gegenüber. Kaum hatten sich die Franzosen in den Vorstädten

gefrt, als man aus der Stadt auf sie schoß. Da ließ der Marschall von Sachsen dem Gouverneur andeuten, er würde eben so viele glüende Kugeln in die Stadt schicken, als man aus der Stadt in die Vorstädte schiessen würde. Diese Drohung hielt das Feuer der Stadt zurück, und die französische Infanterie blieb in seinen Quartieren ruhig.

Die Stellung der französischen Truppen in die Vorstädte von Brüssel und in dortiger Gegend war folgende: Die Infanterie-Regimenter Traisnel, Diesbach, das Bataillon Fontenoy, von Royal Artillerie, die Compagnie Thomasin Schanzarbeiter. Die Grenadiers-Compagnien von den Landmiliz-Bataillons Vernon, Montargis, dem dritten von Paris, Saint Maixant, Mantes, die Cavallerie-Regimenter Fiennes und Sachsen, besetzten das Dorf Lacken und die benachbarten Vorwerke unter dem General-Lieutenant Marquis von Contades.

Die Infanterie-Regimenter Eu, la Couronne, Monin und die Cavallerie-Regimenter Egmont, und Rohan lagen unter Anführung des Marschall de-Camp Marquis von Armentieres, in die Vorstadt Flandern. Ihnen war die Erhaltung der Gemeinschaft dieser Vorstadt mit Alost aufgegeben.

Die Infanterie-Regimenter Languedoc und Witmer, die Cavallerie-Regimenter Colonel-Gene-

ral

ral und Harcourt, die Dragoner-Regimenter Mestre-de-Camp-General und Asfeld standen unter dem Marschall-de-Camp Marquis von Beaufremont in der Vorstadt Anderlecht und den nächsten Dörfern.

Der General-Lieutenant Marquis von Clermont-Gallerande nahm sein Quartier in der Abtey la Cambre bey der Vorstadt nach Namur. Er hatte unter seinem Befehl die Infanterie-Regimenter Limosin, Royal-Vaisseaux, Chartres, Angoumois, Bettens, die Cavallerie-Regimenter Royal, Prinz Camill, Penthievre, Noailles, Bourbon-Büsset und das Dragoner-Regiment Beaufremont. Die Infanterie-Regimenter Piemont, Normandie, Dauphin, Royal la Marine, die Cavallerie-Regimenter du Roi, Royal-Roussillon, Cuirassiers, Cravattes, und Berry und das Dragoner-Regiment Royal lagen in der Vorstadt Scharebeek und der benachbarten Gegend bis an St. Stevens-Woluve an der Landstraße nach Löwen. Sie wurden commandirt von dem General-Lieutenant Marquis von Brezee, welcher die Aufsicht über die Belagerung führte, und den Marschall-de-Camp Graf von la Süze.

Das Regiment Carabiniers besetzt Ter Vueren unter dem Marquis von Montmorency-Logny. Das Husaren-Regiment Beausobre, lag in Steinnokeziel

gegen

gegen Mecheln zu. Das Freyregiment Grassin besetzte die Häuser über den Bach Woluwe hinaus am Wege nach Löwen.

Den 4. Hornung mußte der General-Lieutenant Marquis von Contades, Vilvorden besetzen, im Schlosse fand er neun metallne Canonen, und 256 Mann Besatzung die sich zu Kriegsgefangenen ergeben mußten. Die Einnahme dieses Schlosses war von großer Wichtigkeit. Man konnte das Geschütz nicht an der Vorderseite des Angrifs aufführen, ohne unter dem Feuer dieses Schlosses vorbey zu kommen. Denn das Terrain zwischen Lacken, und Scharbeck ist morastig und zu grundlos, als daß es große Lasten tragen könnte; so viele Vorsicht man auch gebraucht hatte, um es dicht und fest zu machen. Das Regiment Royal la Marine und fünf Grenadiercompagnien Landmiliz besetzten Vilvorden.

Den 7ten gab der Marschall von Sachsen dem Marschall-de-Camp Marquis von Relingue den Befehl, das Infanterie-Regiment du Roi, und die vier Grenadiercompagnien Landmiliz zur Belagerung zu schicken. In der Nacht vom 7ten zum 8ten ward der Laufgraben vor Brüssel durch 1600 Schanzarbeiter unter Bedeckung von 10 Grenadiercompagnien, 400 Dragonern zu Fuß, und zehn Bataillons unter dem Marquis von Montmorency-

Logny,

Logny, eröfnet. Da die Erde gefroren war, waren die Truppen nur erst um Mitternacht eingegraben. Noch dazu konnte man die erste Parallellinie nicht zu Stande bringen. Der Angrif ward wider das Hornwerk am Thore nach Scharebeck gerichtet.

Die Einrichtung wegen der Bewachung des Laufgrabens war auf solche Art getroffen, daß allezeit Truppen genug in den Vorstädten waren, die Ausfälle der Belagerten zurück zu treiben.

Der Fürst von Waldeck, Holländischer commandirender General stand zu Antwerpen. Es gieng das Gerüchte, er wolle Brüssel entsetzen. Der Marschall von Sachsen sah nicht ein, daß das möglich wäre. Da er aber zu geübt in den Grundsätzen der Kriegskunst war, daß er nicht für alle Vorfälle hätte sorgen sollen, hatte er ein Schlachtfeld am Bache Woluve besichtigt, und seine Anstalten getroffen, um den Feind zu empfangen, ohne dar, um die Belagerung zu unterbrechen.

Da sich die Belagerung in die Länge verziehen, und eine Verstärkung von Truppen nothwendig machen konnte, auch die Städte Nieport, Ostende, Brügge und Gent, wo die Magazine von Lebensmitteln angelegt waren, nur schwache Besatzungen hatten, schickte der Marschall von Sachsen den zu Dünkirchen und in der Gegend stehenden Regimentern Crillon, Royal, Orleans, Beauvoisis und Rochefort Befehl zu, daß die drey ersten nach Gent, das vierte nach Brügge, das fünfte nach Nieport und Ostende rücken sollten.

Nachdem der Marschall von Sachsen verschiedene Tage an Oeffnung eines Wallbruchs hatte arbeiten lassen, beschloß er, einen Versuch auf das Hornwerk zu thun. Ein Unterofficier und zehn Grenadiers sollten jeden der beyden Wallbrüche besteigen, und sich, wenn sie der Feind nicht hinderte, dort eingraben.

Den 20. Hornung Nachmittags um drey Uhr stiegen die beyden Unterofficiers mit ihren Grenadiers, denen die Schanzarbeiter nachfolgten, in jedem der beyden Wallbrüche der halben Basteyen des Hornwerks. Sobald sie sich oben auf den Wallbrüchen sehen liessen, giengen die Belagerten auf sie los. Die Unterofficiers, anstatt sich, ihrer Anweisung nach, zurück zu ziehen, sprangen in das Hornwerk, und ruften aus: es lebe der König! Vier Grenadiercompagnien und die Dragoner zu Fuß, die vorn am Läufgraben standen, stiegen zu ihrer Unterstützung nach, und griffen die Belagerten sogar im bedeckten Wege an. Da die zu dessen Vertheidigung angestellten Truppen von der Besatzung Beystand erhielten, griffen sie die Grenadiers

nadiers und Dragoner an, trieben sie zurücke und nöthigten sie, sich wieder in den Laufgraben zu ziehen.

Die Franzosen verloren dabey viele Grenadiers und Dragoner. Der Grenadier-Hauptmann Feron vom Regiment Normandie, ward tödtlich verwundet. Da jedoch die Belagerten besorgten, dieser Angriff möchte das Vorspiel eines Generalsturms gewesen seyn, steckten sie eine Stunde darauf die weisse Fahne aus, und schickten die Obristen Prinz von Stollberg und von Planta ab, den Vergleich wegen der Uebergabe zu schliessen. Nachdem man über die Bedingungen einig geworden war, wurden sie vom Grafen von Kaunitz Rittberg im Namen der Oesterreicher, und von Freyherrn Vanderduyn im Namen der Holländer unterzeichnet. Die Besatzung ergab sich zu Kriegsgefangenen, jedoch mit dem Vorbehalte, daß der Soldaten Gewehr zu Brüssel verwahrlich niedergelegt, und den Truppen bey ihrer Auswechslung oder beym Frieden widergegeben werden sollten. Des Herzogs von Cumberland und Prinzen Carls Bagage befand sich zu Brüssel. Aus Achtung für diese Herrn gab der Marschall von Sachsen Befehl, daß es ihnen zurückgeschickt wurde. Der Graf von Kaunitz nunmehriger Fürst, und alle civile Beamte der Kaiserin Königin erhielten die Freyheit, sich zu begeben wohin sie wollten.

Die Franzosen verloren bey dieser Belagerung an Todten und Verwundeten 1908 Mann, unter den erstern befand sich der Marquis von Aubeterre, Obrister des Regiments Royal Vaisseaux. Durch die weise Vorsicht des Marschalls, litten die Truppen während der Belagerung keinen Mangel, der Mann erhielt täglich ein halb Pfund Fleisch, Gemüse und Brod, Fleisch und Fütterung mußten die Mayerhöfe von Brabant liefern.

Die Besatzung von Brüssel zog in drey Abtheilungen, einen Tag um den andern aus, um sich nach Franckreich zu begeben. Sie ward durch die Cavallerie-Regimenter begleitet, die nach dem französischen Flandern und Artois zurück giengen.

Die feindliche Generals, die man zu Brüssel fand, erhielten auf ihr Ehrenwort Erlaubniß, sich zu begeben, wohin sie wollten. Der Marschall von Sachsen hielt unter Begleitung sämtlicher Generals und vieler Staabs-Officiers seinen Einzug in Brüssel, wo er den Grafen von Löwenthal zum Gouverneur, den Marquis von Avarey zum Commandanten und den von la Graulet zum Königs Lieutenant machte. Die Infanterie-Regimenter Piemont, Dauphin, Royal Vaisseaux, Diesbach Schweizer, 100 Canoniers, das Dragoner-Regiment Mestre-de-Camp General, und 200 Mann vom Freyregiment von Grassin rückten in Brüssel zur Besatzung ein. Das Infanterie-Regiment Chartres ward auf einstweilen nach Vilvorden geschickt. Detaschements von der Brüßler Besatzung lösten es daselbst den 5. März ab, und es rückte in Brüssel ein. Nach Alost schickte der Marschall von Sachsen ein Detaschement von der Besatzung von Gent. Dieser Posten war nothwendig zu Bedeckung der Gemeinschaft dieser Stadt mit Brüssel. Die Truppen die zur Belagerung gebraucht waren worden, schickte der Marschall nach Löwen, Oudenarde, Dendermonde, Ath, Dornick, Ryssel und dortiger Gegend in die Winterquartiere. Nachdem der Marschall von Sachsen nach Gent zurückgegangen war, traf er die nöthigen Anstalten zu Erhaltung seiner neuen Eroberung. Er konnte in weniger als sechs Tagen 50 Bataillons, und 125 Escadrons zusammen ziehen.

Nach diesem gieng er nach Versailles ab. An allen Oertern, wo er durchkam, überreichten ihm weißgekleidete Schönen, Lorbeerzweige. Jede Station bot ihm ein neues Siegeszeichen dar. Der König und dessen Haus empfiengen ihn mit den vorzüglichsten Merkmalen der Gnade. Paris beeiferte sich nicht weniger, als der Hof, dem Helden seine Zufridenheit zu bezeigen. Wenn er in den

Schauspielen erschien, wurden sie alle Augennblicke durch Zurufungen und Händeklatschen unterbrochen. Das erste mal als er in die Oper kam, überreichte ihm diejenige Schauspielerinn, die im Vorspiele die Siegsgöttin Vorstellte, einen Lorbeerkranz. Diese Anspielung, auf die von ihm gemachten wichtigen Eroberung, fand bey dem Volke ungemeinen Beyfall.

Der König, der den Helden schon im Monat Junii das Schloß Chambord mit 40,000 französischen Pfunden jährlicher Einkünfte geschenkt hatte, ließ ihm eine Urkunde ausfertigen, vermög welcher er naturalisirt wurde, und alle Vorrechte eines gebohrnen Franzosens genoß.

Anmerkung über den Feldzug von 1745.

Dieser Feldzug war um so glorreicher für den Marschall von Sachsen, als er nicht nur unter dem Oberbefehl seines Monarchen, der ein Augenzeuge von seinen schönen Dispositionen war, die Armee anführte. Als er überdas die ganze Campagne über sehr krank war, und dennoch eine

schöne

schöne That nach der andern ausführte. Durch die Schlacht von Fontenoy sezte er den Feind in solchen Schrecken und Bestürzung, daß derselbe den ganzen Feldzug über in Furcht und Unthätigkeit verblieb. Der Sieg von dieser Schlacht hatte die glücklichsten Folgen. Dornick und dessen Cittadelle ergaben sich. Die Alliirten die von ihrer Furcht sich noch nicht wider erholet hatten, bezeugten bey Leuse den 2ten und den 3ten July keine weitere Lust zu einer zwooten Schlacht, die ihnen der Marschall von Sachsen anbot. Den Alliirten ihre Schuldigkeit wäre es gewesen, nach der Schlacht von Fontenoy, zu trachten Meister von der untern Schelde und Leye zu bleiben, um hierdurch in Gent ihre Magazine, zurückgelassene Bagage, und die aus England gekommene Artillerie zu decken. Dieses vernachläßigten sie auf eine ganz unverzeihliche Art, indem sie nicht einmal eine Holländische Besatzung in Gent hatten. Sie hatten Nachricht von dem Marsch zwischen der Schelde und Dender des General Grafen von Löwenthals, zu leichtgläubig glaubten sie anfangs aber, sein Unternehmen seye nur auf Oudenarde gerichtet; zu spät fiel es ihnen nachgehends ein, die Besatzung von Gent sey zu schwach, sie schickten dahero 6000 Mann Verstärkung dahin ab, welche dennoch eher als wie der Graf von Löwenthal hätten nach Gent kommen können, allein sie mar-

marschirten zu langsam, fielen denen Franzosen in die Hände, welche von ihnen zwey drittel aufrieben, und den dritten so in die Flucht jagten, daß er mit vieler Mühe zur Alliirten Armee zurück kam. Gent und die darinn befindliche Magazine, Oudenarde, Ostende, Dendermonde, Nieport und Ath verloren, die Alliirten Theils aus Nachläsigkeit, theils aus einem panischen Schrecken, indem sie immer zurück giengen. Die Nachbarschaft der französischen Armee, verursachte ihnen ein solches Schrecken, daß sie ihre Kranken sammt Bagage nach Antwerpen mit dem festen Entschluß schickten, dahin mit der ganzen Armee nachzufolgen. Die Geschichte zeigt wenig Beyspiele eines geschicktern und besser ausgeführten Vorhabens, als die Belagerung von Brüssel war. Es war darinnen alles vereinigt, was nur einen grossen Heerführer bezeichnet. Scharfsicht und Geschäftigkeit, sich die üble Stellung seines Feindes zu Nutze zu machen, ein um so viel besser abgelegtes Geheimniß, da es durch die Bewegung der Truppen nicht entdeckt ward; eine gewisse Zusammenordnung der Kriegsanstalten, die deren Ruhe sicher stellt, eine Voraussehung, die allen Bedürfnissen abhilft, und sich über alle Hindernisse hinweg setzt: eine fast unglaubliche, aber bey der Unternehmung mit Urtheilskraft begleitete Kühnheit; eine sonderbahre Schonung der Leute, die in der guten Verpflegung, die man ihnen verschafft ein Gegenmittel wider die Strenge des Winters und schlechte Witterung finden; endlich was kaum wahrscheinlich herauskömmt, eine Armee von 28,000 Mann, die ihrer 12,000 belagert, und zwingt sich zu Kriegsgefangenen zu ergeben. Ohngeachtet die Generals und andere, den Helden täglich vorstellten, er würde wegen der üblen Witterung und seinen kränklichen Umständen besser thun, die Belagerung aufzuheben, so beharrte er dennoch auf seinem einmal gefaßten Entschluß Brüssel zu erobern. Seine Herzhaftigkeit verließ ihn nie. So groß wie nun der Marschall von Sachsen bey der Belagerung von Brüssel war, so viel Fehler hingegen begieng der General Graf von Lanoy in der Vertheidigung dieser Stadt. Denn

1. Hätte er den Brief, welchen er vom Marschall von Sachsen wegen der Verschonung der Vorstädte erhielt, besser überlegen, und durch Verbrennung derselben, sich gleich in Sicherheit setzen sollen.
2. Freilich wurde der Inhalt dieses Briefes im Kriegsrath untersucht, allein der Graf von Lanoy hätte nicht so sicher seyn sollen, und allen Gliedern des Kriegsraths, die Gefahr mit welcher Brüssel bedroht wurde, lebhafter vorstellen sollen.

3. Hatte er noch Zeit, sich in gehörige Vertheidigung zu setzen; als er die Franzosen recognoscirte und sah, daß sie über den Canal gegangen waren.

4. Hätte er, als die Franzosen die Vorstädte besetzt hatten, mit den Schiesen ernstlich fortfahren sollen, und sich hiervon durch das Compliment welches ihm der Marschall sagen ließ, nicht sollen abschrecken lassen. Ein Gouverneur und Commandant, muß anstatt die Häuser der Einwohner zu schonen, zuerst seine Schuldigkeit nachleben.

5. Mit 12,000 Mann ohne die Einwohner, die bey einer Belagerung die Hand mit anlegen müssen, konnte sich der Graf von Lanoy länger halten, den Franzosen durch Ausfälle beunruhigen und Schaden zufügen. Er hätte sollen eher Brüssel so lange vertheidigen, bis dasselbe gänzlich in einen Steinhaufen wäre verwandelt gewesen, als aus einem panischen Schrecken, solches wegen einem Sturm gleich zu übergeben.

Da der König erklärt hatte, der Marschall von Sachsen sollte den Feldzug von 1746 noch ferner unter ihm den Oberbefehl über die Armee führen, gieng derselbe den 25sten April von Paris ab, und beschäftigte sich, nach seiner Ankunft zu Gent, mit den nöthigen Anstalten zur Eröffnung des Feldzugs

Die

Die Armee zog sich den 3ten May oberhalb Brüssel zusammen. Den nehmlichen Tag lagerten sich 80 Schwadronen und 20 Bataillons bey Dendermonde unter dem Vicomte von Cayla. Die Cavallerie und Dragoner standen an der rechten Seite des Lagers bey Brüssel, das an Ter Vueren anstieß. Das Regiment Carabiniers stand linker Hand bey Haeren. Das Geschütz stand vor diesem linken Flügel. Zwey Drittheile der Vorderseite des Lagers waren durch die Bäche Woluwe und Wesenbeck bedeckt. Vier Husaren Regimenter standen rechts bey Ophem. Das Husarenregiment Beausobre hielt Laken besezt. In Vielvorden ließ man die Regimenter Graßin und la Morliere. In Anderghem und Flegat standen zwey Infanterie Brigaden und ein Dragoner Regiment zu Bedeckung der Gemeinschaft des Lagers zu Brüssel.

Den 3ten May waren 1500 Mann von den Alliirten vorgerückt, das Lager bey Brüssel zu recognosciren. Als man aber auf sie losgieng, zogen sie sich nach Löwen zurück. Den 4ten May kam der König zu Brüssel an. Tages darauf besah er denjenigen Theil des Walls, wo der Angrif geschehen war. Die Alliirte Armee hatte ihr Lager hinter der Dyle. Ihr rechter Flügel stieß an Mecheln, der linke an die Abtey Wierbeck bey Löwen. Den 6ten May recognoscirte der Graf von Löwenthal mit einem Corps die Gegend, und als er vernahm die Alliirten hätten Löwen verlassen, besetzte er diese Stadt, wo er über Nacht blieb.

Den 7ten gieng der Alliirten linker Flügel über die Demer, stellte sich zu seiner Bedeckung hinter diesen Fluß, und stieß an Diest an. Den 9ten brach die französische Arme in sieben Colonnen auf, und lagerte sich in ebenderselben Ordnung, wie sie bey Brüssel gestanden hatte. Ihr rechter Flügel stieß an Velthem, ihr linker an Steen an der Senne. Die Infanterie-Brigade Royal-Vaisseaux und die Cavallerie Brigade Royal-Pologne rückten in Löwen ein, wo die Dragoner und Husaren ihren rechten Flügel unterstüzten. Die Regimenter Grassin und la Morliere besetzten Elweir an der linken Seite der Armee. Das Regiment Beausobre blieb bey Vielvorden. Der König nahm sein Quartier zu Perk. Das Hauptquartier war zu Melsbroek.

Der Marschall von Sachsen war noch vor seinen Nebenlagern aufgebrocheu, und hatte sich am rechten Ufer der Senne nach Mecheln begeben, da indessen der Marquis von Clermont-Gallerande am linken Ufer der Dyle, bis hinauf nach Rotselaer zog. Des Marschalls von Sachsen Absicht war zu untersuchen, ob es möglich wäre, sich Mecheln gegen über zu lagern. Den 11ten zog die Armee in sechs Colonnen aus, rückte mit dem rechten

Flü-

Flügel auf die Höhe bey Rotselaer, und stieß mit dem linken Flügel an die Senne, ein wenig dis-seit von Semps. Die sämtliche Cavallerie lagerte sich in der zweyten Linie. Der König nahm sein Quartier auf dem Schloße Steen, der Marschall von Sachsen zu Eppeghen.

Ein Detaschement von den Alliirten stand in Rotselaer. Der Marquis von Bercheny ward detaschirt, um solches anzugreiffen. Er gieng in der Nacht von 10 zum 11ten bey Löwen über die Dyle, und fand die Brücke bey Rotselaer und das Dorf selbst, durch das französische Freyregiment Grassin besezt, das am linken Ufer der Dyle dahin gerückt war. Bercheny rückte bis Arrschot vor *).

Den 12ten bey Tages Anbruch zeigten sich die Alliirten bey Rotselaer. Dieses thaten sie nur um ihren Rückzug zu decken. Auf die Nachricht, sie zögen sich nach Mecheln, rückte der Chevaliier von Belle-Jsle und Prinz Soubise mit den drey Infanterie-Brigaden du Roi, Piemont, und Auvergne dahin. Als die Einwohner die Thore geöffnet hatten, machte man darinnen einige Verspätete zu Gefangenen.

Es

*) Eine kleine Stadt im Oesterreichischen Brabant an der Demer, dem herzoglichen Hause Aremberg gehörig.

Es schien wahrscheinlich, daß die Bundsgenossen die Dyle vertheidigen würden. Die Ufer derselben sind morastig; zudem ergiest sich die Demer in dieselbe, daraus erwuchs eine fortlaufende Linie, die schwer zu überwältigen war. Die Alliirten hatten die Festungswerke von Mecheln und Arschot ausgebessert. Sie hatten längshin an der Dyle Brustwehren aufgeworfen, und Comunications-Gräben zu Vertheidigung dieses Flusses geführt. Vermög dieser Anstalten hatte der Marschall von Sachsen geurtheilt, so lange man nicht stärker wäre, würde man schwerlich die Alliirten nöthigen können, die Dyle zu verlassen. Er hatte dem König vorgeschlagen, man wollte alle Truppen an der Rüpel, Dyle und Demer versammlen; das war das Mittel, den Feind in Verlegenheit zu setzen, und aller Orten zu schwächen. Der König hatte auch den Entwurf gutgeheissen. Der Vicomte von Cayla hatte Befehl erhalten, nach Groswillebroeck zu rücken, und der Graf von Estrees nach Tirlemont zu ziehen. Da diese Bewegungen den Alliirten Besorgniß erweckten, man möchte um sie hinum ziehen, giengen sie von der Dyle weg, und zogen sich hinter die Nethe. Die Französische Armee gieng in sieben Colonnen über die Dyle, zog sich mit dem rechten Flügel gegen die Anhöhen bey Beersele, mit dem linken nach der untern Dyle. Die

Caval-

Cavallerie lagerte sich abermals in der zweyten Linie. Die Dragoner und Husaren standen an der rechten Seite der Infanterie. Die Frey-Regimenter Grassin und la Morliere besetzten Yteghem und Gheestel an der grossen Nethe. Dieses Lager, dessen Plaz der Marschall von Sachsen vorher besichtiget hatte, ward unter Bedeckung eines Detaschements unter dem Herzog von Richelien abgestochen. Dieser General nahm seinen Posten den ganzen Tag Lier und Düssel gegenüber, wo die Feinde zwo Brücken hatten. Der König nahm sein Quartier in Mecheln; und der Marschall das seinige in der dasigen Vörstadt an der Seite nach Lier. Der Vicomte von Cayla hatte nach seiner Ankunft zu Willebroek über den Canal von Brüssel eine Brücke schlagen lassen; legte Truppen in Heffene, und ließ eine Infanterie- und eine Cavallerie-Brigade nach Blaesvelt vorrücken, Gegen die feindliche Husaren, die bis an die Thore von Brüxelles streiften, wurde das Frey-Regiment von Sachsen detaschirt.

Des Königs Absicht war, die Alliirten immer weiter zu treiben. Er gab dahero dem Marschalle von Sachsen auf, die Ufer der grossen Nethe, um Brücken darüber zu schlagen, zu besichtigen. Als derselbe unterweges vernahm, die Alliirten hätten Lier und Grobbendonk geräumt, befahl er dem Marquis von Bercheney, mit den Dragonern und Husaren

saren an die andre Seite der Nethe zu rücken. In Lier wurden die Infanterie Brigaden Picardie und Crillon nebst dem Frey-Regiment la Morliere gelegt, und Grobbendonk wurde von dem Regiment Grassin besezt. Den 17ten May gieng die Armee in fünf Colonnen über die Nethe, und lagerte sich in zwey Treffen. Die Cavallerie stand auf beyden Flügeln, deren rechter sich gegen Lier, der linke gegen Antwerpen kehrte. Der König hatte sein Quartier in Lier, die Häuser vor dem Thor von Lieur dienten zum Hauptquartier. Die Alliirten hatten ihr Lager zwischen Antwerpen und Ekeren. Darauf zogen sie sich durch die Haiden bey Braschotten nach Breda zurück. Der Marquis von Bercheny, der ihnen in die Arrrieregarde fallen sollte, konnte sie nicht einholen. Er mußte Broechen besetzen, um von hier aus durch abgeschickte Detaschement die Gemeinschaft mit dem Grafen von Estrees der in Herenthals stand zu unterhalten.

Beym Aufbruche der Armee war eine Infanterie Brigade von des Vicomte von Cayla Truppen in Mecheln eingerückt. Dieser General nahm das Fort St. Marguerite ein, und lagerte sich mit der Cavallerie im Grund von Mecheln. Die Infanterie ließ er hinter sich zu Bedeckung der Zufuhren.

Den 19ten May verlegte der König sein Quartier nach Bouchout zwischen den beyden Steinwegen von Lier und Mecheln nach Antwerpen. Die Brigade von der Garde bedeckte das königliche Quartier. Den nehmlichen Tag erhielt der General-Lieutenant Marquis von Brezee den Befehl, mit einem Corps Truppen Antwerpen, welches sich den 31ten May ergab, zu berennen. Er besezte die Forts Austervel und St. Philippe wie auch die Schanze jenseit der Schelde, die der Kopf von Flandern heißt. Die Alliirte Armee stand unter den Canonen von Breda: ihre leichte Truppen besezten Hoogstraten. Die Alliirten hatten sich weiter zurück gezogen. Ihr rechter Flügel stand zu Ter Heyde, ihr linker gegen Gertruydenberg. Der Herzog von Chevreuse war mit einem Corps Truppen vorn an die Wäldern bey Hoyendonk gerückt. In der Ebene bey Ostmael stieß er auf feindliche Husaren und Croaten, die gegen ihn aber nichts unternahmen. Der König hielt einen Kriegsrath, um zu wissen, ob man den Feind vor seiner Verstärkung angreiffen sollte. Man hielt dieses den Feind anzugreifen, gar nicht für rathsam, weil sein Lager durch Verschanzungen, die schwer einzunehmen waren, bedeckt war. Eben so schwer war es ihn auszuhungern, da derselbe die Maas hinter sich, und die Gemeinschaft mit Holland frey hatte.

Den

1 7 Den 27ten nahm der Marschall von Sachsen sein Quartier im Schloße Sevenbergen bey Rants. Das Regiment la Morliere rückte in die Gegend von Sandhoven vor. Eine Infanterie Brigade deckte das Hauptquartier, das Freyregiment Sachsen besezte Wineghem und Emmerseel.

Den 4ten Juuius hielt der König seinen Einzug in Antwerpen, und nahm sein Quartier in der Abtey St. Michael Den 7 brach die französische Armee in 6 Colonnen auf, rückte mit dem rechten Flügel bis oberhalb Oleghem, mit dem linken nach Emmersel. Man schickte zwo Bataillons nach Lier. Das Regiment la Morliere stand in Grevenwesel. Das Regiment Sachsen ward mit vier Grenadiers-compagnien nach Merxem verlegt. Der Marquis von Beaufremont, rückte mit einem Corps bis an das Dorf Halle vor, um die Bewegung der Armee zu decken. Den 10ten verließ der König die Armee und gieng nach Versailles. Der Marschall von Sachsen sah zum voraus, die Ankunft der Hülfsvölker der Alliirten, würde ihn in kurzem nöthigen, aus dem Grunde bey Antwerpen aufzubrechen. Er suchte dahero eilig den dasigen Unterhalt aufzuzehren. Der General Vicomte von Cayla, ward mit einem Theil der Cavallerie an den Ufern der Rupel und Schelde detaschirt, um dort die Fütterung aufzuzehren. Den 14 Junius steckte

nun

die Armee eine allgemeine Fütterung an: da sie nun ganz nahe beym Feinde vorgenommen werden sollte, so wurde die gehörige Vorsicht gebraucht. Ihre Vertheidigungslinie stieß linker Hand an Braxschotten, das mit 200 Carabiniers besezt war, gieng durch St. Jobintgor, wo 400 Füseliers vom Regiment la Morliere, und 700 Reiter von diesem Regiment, und von dem Regiment Sachsen standen 400 Reiter in der Ebene bey der Heidemühle in Schlachtordnung, und hatten hinter sich in den Gesträuchen 600 Grenadiers. Sechzehnhundert Grenadiers und Füseliers vertheidigten die Spitze der Wälder bey Hoyendonk und Zoerzel; 700 Dragoner und Husaren standen rechter Hand bey Wechselersande. Der Herzog von Harcourt commandirte alle diese Truppen. Die besondere Kette bey der Fütterung errichteten 20 Grenadierscompagnien und 100 Füseliers. Sie erstreckte sich von Schilde bis Grävenwesel, und gieng längsthin an der kleine Schyne bis an die hölzernen Brücken bey Wyneghem fort. Der Graf von Sachsen begab sich nach der Heidenmühle. Seine Leibwache von Uhlanen jagten einige Husaren fort, die man in der Ebene sah. Er wollte ihnen einen Hinterhalt legen, allein ein Uhlahne gieng zum Feind über und verrieth des Marschalls Vorhaben.

Den 12. Junius stellte die Armee abermal eine Fütterung an, und zwar zwischen der großen und kleinen Schyne, welche ruhig von statten gieng. Die Alliirte Armee litt Mangel an Unterhalte. Da zudem ihre Armee durch ein Corps Hannoveraner verstärkt, die französische dagegen geschwächt worden war, so glaubte man, sie würden die Franzosen angreifen. Das konnten sie aber mit keinem guten Erfolg thun. Denn die Ufer des Bachs, der die französische Armee bedeckte, waren morastig, und konnten durch Oefnung von Wasserbehältern noch schlimmer gemacht werden. Die Zugänge dazu waren durch starke Posten besetzt, deren man sich zuerst bemächtigen mußte. Das einzige befürchtete der Marschall von Sachsen, daß ihm die Alliirten einen Marsch abgewinnen möchten, so daß es ihnen glückte, sich zwischen ihn und die zur Belagerung von Mons bestimmten Truppen zu stellen. Der Graf von Estrees und Herzog von Bouflers, hatten Mons berennt, der Prinz von Conti stieß aber zu ihnen, und unternahm die Belagerung.

Den 30. Junii stellte die Armee des Marschalls von Sachsen, unter dem Commando des Marschall-de-Camp Marquis von Montmorin wieder eine Fütterung an, die rechter Hand an der kleinen Schyne bey Grävenwesel anfieng, von da an den Heiden hin bis Braxschoten, von da am Steinwege

wege nach Breda hin gieng, und sich beym Ferdinandsdamme unterhalb Antwerpen endigte. Der Marquis von Clermont-Tonnere zog mit Geschütz und einem starken Corps Truppen zu Bedeckung dieser Fütterung aus. Die Feinde getrauten sich nicht, sie anzugreifen.

Den 8. Julius gieng des Königs Armee, vor der ihre Bagage herzog, in vier Colonnen über die Nethe zurück. Die erste Colonne rechter Hand bestand aus den Truppen des Vicomte von Cayla, dem Geschütz, welchen die Garde-Brigade nachzog, dem Regiment Sachsen, und der Compagnie Croaten. Die Cavallerie-Brigade von des Königs Regiment, das Regiment Carabiniers und drey Bataillons machten die zwote Colonne aus. Die dritte Colonne bestand aus der ganzen Infanterie beyder Treffen, vor welcher zehn Canonen fuhren. Die vierte Colonne bestand aus der ganzen Cavallerie, vom rechten Flügel und drey Bataillons. Jede Colonne hatte eine Arriergarde. Die vierte hatte aber die stärkste, welche aus 40 Grenadierscompagnien, 14 Canonen, 300 Reuter, den alten Wachen und Posten der Armee und dem Regiment la Morliere bestand, sie wurde von dem General-Lieutenant Lord Clare, und dem Marschall-de-Camp von Autanne commandirt. Die Armee lagerte sich in zwo Linien hinter der großen Nethe; der rechte Flügel

 stieß

stieß an Ytteghem, der linke an Lier, wo das Hauptquartier war. Die ganze Cavallerie machte die zweyte Linie aus. Das Geschütz ward nach Rosendael, und Tages darauf nach Putten gebracht. Die vierzehn Stücken, die mit der Armee fortgerückt waren, blieben zwischen den beyden Linien. Die Garde-Brigade lagerte sich zu St. Catharine-Wawer. Das Regiment Carabiniers bedeckte Anderstadt. Dem Regiment Sachsen ward aufgegeben, Düssel am linken Ufer der Nethe zu bewachen. Die Compagnie Croaten stand zu Waelhem; und dreyhundert Mann von der Besatzung von Lier besetzten die Abtey Nazareth. Das Corps unter dem Grafen von Clermont-Prince gieng zu gleicher Zeit mit der Armee über die Nethe, und lagerte sich so, daß er am rechten Flügel der Armee einen Winkel machte. Sein linker Flügel stieß an Heyst, sein rechter kehrte sich gegen Osterwyk. Das Regiment Graßin besetzte Arschot. Zur Bedeckung von Antwerpen und den benachbarten Forts, ließ der Marschall von Sachsen daselbst zwey Infanterie-Brigaden und ein Cavallerie-Regiment unter dem Marschall-de-Camp Grafen von Herouville. Seiner Gemeinschaft mit Antwerpen am linken Ufer der Schelde versicherte sich der Marschall von Sachsen vermittelst einer Brücke über die Durme bey Hamme, die er mit einer Verschanzung deckte.

Als

Als die Alliirten hörten, die aus Deutschland zu ihnen kommenden Truppen wären an der Maas angelangt, brachen sie von Ter Heyde auf, und liessen ihr Fußvolk bis vorn an die Heiden rücken. Ihre leichten Truppen besetzten Beringen und Tournhout.

Als der Marschall von Sachsen Nachricht erhielt, daß die Alliirte Armee ihren Marsch nach Eindhoven richtete, gieng der Marschall mit seiner Armee, nachdem er die Bagage vorausgeschickt hatte, den 19. Julius auf vier Brücken über die Dyle, und lagerte sich hinter diesem Fluß. Sein rechter Flügel stieß an die Brücke bey Rotselaer, sein linker an Hever. Die Truppen standen in zwo Linien; die Cavallerie ward auf die Flügel gestellt. Die Garde-Brigade und das Carabiniers-Regiment standen zum Rückhalte am linken Flügel. Man stellte auch das Geschütz hinter diesen linken Flügel, der den Steinweg von Mecheln nach Löwen vor sich hatte. Der Marschall von Sachsen nahm sein Quartier im Schloße Wespelaer. Der Marschall ließ zwischen Löwen und Wichmale zwo Brücken über die Dyle schlagen. Vermög dieser Vorsicht konnte er an die Gheeten rücken, ohne sich zu weit von Antwerpen, daß er bedecken sollte, zu entfernen. Um bey seinem zweyten Uebergange über die Dyle weniger beschwert zu seyn, schickte er die schwere

Bagage der Armee nach Löwen. Da die Alliirten ihren Marsch gegen die Quellen der Demer richteten, stieß der Herzog von Boufflers mit seinem Corps zur Armee, die in fünf Colonnen über die Dyle gieng. Sie lagerten sich in zwo Linien an der andern Seite von Löwen. Ihr rechter Flügel stand vor dem Grunde bey Meerdael, ihr linker an die Abtey Vlierbeck. Die Abtey Park diente zum Hauptquartier. Das Geschütz ward auf die Glacis von Löwen aufgeführt. Die Carabiniers und das Dragoner-Regiment Septimanie besetzten die obere Dyle. Die Compagnie Croaten und die Husaren von Beausobre deckten den rechten Flügel der Armee. Das Regiment Sachsen besetzte Vertryst. Drey Bataillons lagerten sich an den äussern Seiten der beyden Cavallerie-Flügel. Das war ein vortrefliches Mittel, um sie vor allem Angriffe sicher zu stellen. Der Graf von Löwendahl gieng mit seinem Corps nach Tirlemont, an das sein rechter Flügel anschloß, sein linker besetzte die Abtey Op-Linthere. Die königlichen Haustruppen mußten bis an die Abtey Corterberg vorrücken, um die Gemeinschaft zwischen Brüssel und Löwen zu decken. Hier recocognoscirte der Marschall von Sachsen das Land bis oberhalb Judoigne und die Ufer der großen Gheete bis an Tirlemont. Des Helden Absicht war, die Stellungen zu besichtigen, die e nehmen wollte, wenn sich der Feind an die Gheeten zöge.

Der Graf von Clermont-Prince war nach Diest gerückt, und stellte das Regiment Grassin zwischen sich und den Grafen von Löwenthal. Da seine Bewegung den Feind in Freyheit ließ bey Arschot über die Demer zu gehen, brach man alle Brücken über die Dyle bis an Mecheln ab, und schickte Partheyen in die Wälder zwischen Arschot und Löwen. Vierhundert Freywillige zu Fuß wurden in den Wald Sogne geschickt. Der Marschall berief in diesem Lager alle Generals und bat sie, sorgfältiger als jemals auf die Mannszucht zu halten, denn Unordnung und Marodieren war sehr stark in der Armee eingerissen. Um die Truppen nun zu beschäftigen, ließ der Marschall vier Schanzen, welche man die Busschanzen nannte, anlegen.

Die Alliirte Armee hatte ihre Verstärkung in den Heiden bey Donderslach zwischen Brey und Hasselt an sich gezogen. Prinz Carl von Lothringen, der über dieselbe den Oberbefehl übernommen hatte, war an die Demer gerückt, und hatte darüber verschiedene Brücken schlagen lassen. Er hielt schwer gewisse Nachricht von seinen Bewegungen zu haben, indem sich seine leichte Truppen längsthin an der kleinen Gheete ausgebreitet hatten, und niemanden vorbey liessen. Nur erst den

31sten früh vernahm der Marschall von Sachsen, daß die Alliirten linker Hand der Demer wären, und ihr Lager an der Seite von Hannuye gegen die Quellen der Jaar geschlagen hatten. Sogleich schrieb er dem Grafen von Clermont-Prince, der bis Op-Linthere vorgerückt war, er sollte um Mitternacht nach Naumirois aufbrechen. Der Graf von Löwendahl war an der großen Gheete bis Dongelberg hinauf gerückt. Um Mitternacht brach die Armee auf, und rückte auf die Anhöhen von Corroy, und lagerte sich darauf bey Walhain. Der Marschall selbst machte diesen Tag mit den Dragoner-Regiment Septimanie, dem Husaren-Regiment Beausobre und 1000 Mann Infanterie, die Avantgarde. Der Marschall besichtigte mit dem Grafen von Estrees den tiefen Grund bey Fünfsterne, wo er 1000 Mann Infanterie postirte. Darauf lies er das Lager abstechen, dessen rechter Flügel an die Ornau oberhalb Sauvenier, der linke an Nielle Saint-Vincent stieß. Die Armee lagerte sich in zwo Linien. Die Cavallerie stand auf den Flügeln. Die königlichen Haustruppen, die Garde und Carabiniers lagerten sich in der dritten Linie, und des Grafen von Löwenthal Truppen in die vierte. Des Grafen von Clermont-Prince seine, standen über den linken Flügel hinaus zwischen dem Dorf Saint Paul und Tourineles-Ordons,

dons, wo das Regiment Grassin stand. Das Regiment la Morliere besetzte Sart-a-Walhain, und einen Wald über der Mitte hinaus. Die Regimenter Beausobre und Septimanie deckten den rechten Flügel. Die Infanterie-Brigade von Seedorf lagerte sich an die rechte Seite der Armee, und kehrte das Gesicht gegen die Ornau. Das Regiment Sachsen blieb zu Court-St.-Etienne, nach den Quellen der Dyle zu. Die Landmiliz-Brigade Micaut stand in Waver. Diese Truppen deckten die Gemeinschaft der Armee mit Löwen am linken Ufer der Dyle. Der Posten Fünfstern war für beyde Armeen von größter Wichtigkeit. Den 1. August griff ihn General von Trips mit Infanterie und Husaren an. Ungeachtet der schwachen Anzahl Truppen, die ihn vertheidigten, mußte er sich gleichwohl mit Verlust zurückziehen. Der Marschall von Sachsen hatte sich eine halbe Stunde vorher dahin begeben, und befahl dem Grafen von Löwenthal sich dort zu lagern. Darauf war der Marschall von Sachsen bis über Orbais hinaus vorgerückt. Als er aber Flintenschüsse hörte, kam er zurück, und verstärkte mittlerweile den Posten Fünfsterne mit den Truppen, die er zur Bedeckung bey sich hatte. Der Graf von Löwendahl lagerte sich hinter den Wald bey Fünfsterne. Er lies vor den beyden Gründen Schanzen aufwerfen.

Indem der General von Trips auf Fünfsterne losgieng, war er bey Perwais vier Stunden lang durch ein Detaschement vom Regiment la Couronne unter Commando des Hauptmanns von Crüssol, aufgehalten worden. Der brave Crüssol wehrte sich mit solcher ausserordentlichen Tapferkeit, daß die Alliirte Armee genöthigt ward, ihre Piquets gegen ihn marschiren zu lassen, um ihn aufzuheben.

Den 1. August lagerten sich die Alliirten mit ihrem rechten Flügel gegen den Andreasberg, und mit den linken an die Mehaigne. Zwischen den leichten Truppen beyder Armeen fielen einige Scharmützel vor. Bey Strohfels siegten die Franzosen, bey dem Walde von Fünfkirchen, richteten die Alliirten hingegen die französische Croaten-Compagnie ganz zu Grunde, ihr Hauptmann l'Etaing, verlor selbst sein Leben dabey. Die Bewegungen der Alliirten Armee verursachte auch einige bey des Marschalls seiner. Sie rückte mit dem rechten Flügel bis an Gemblours, mit dem linken bis Fünfsterne, und hatte die Ornau vor sich. Die Seedorfische Brigade deckte das Hauptquartier, das nicht verändert ward. Nach der Eroberung von Charleroy gieng der Prinz von Conti nach Versailles und sein ganzes Corps stieß den 16. August zur Armee des Marschalls.

Den 15ten brach der Marschall mit seiner Armee in sechs Colonnen von Walhain auf, zog mit dem rechten Flügel an den Wald Sart, mit dem linken an den Andreasberg. Der Prinz von Pons mußte diese Bewegung decken, er besetzte den Grund bey Lerine, und die Wälder an der rechten Seite von Sart bis Walhain. Als die Alliirten hörten, die Armee bräche bey Walhain auf, liessen sie ihre leichten Truppen über die Ornau gehen, die mit der französischen Arriergarde scharmuzirten. Die Feinde machten nach diesem einen vergeblichen Angrif bey Perweis auf die Franzosen, diese waren aber nachgehends glücklicher, indem sie einige feindliche Truppen in Ramillies einschlossen, und zu Gefangenen machten.

Den 17ten gieng die Armee um den Alliirten eine Schlacht zu liefern, in acht Colonnen über den Bach bey Perweis. Der Graf von Estrees zog mit 12000 Mann ihr vorher. Der Bach von Perweis verschafte dem Feinde eine vortheilhafte Stellung. Da nun der Uebergang darüber nicht streitig gemacht wurde, rückte die französische Avantgarde bis an den Grund bey Asche *) vor, und setzte sich in Asch, und längsthin am linken Ufer der

*) Dieses Asche liegt in der Grafschaft Namur, und darf nicht mit Asche im Oesterreichischen Brabant unwei

der Mehaigne. Das Dorf Neuville besetzte der Graf von Estrees nicht, weil es nicht möglich war, unter dem Feuer eines festen Schlosses darein zu rücken, das die Feinde besetzt hatten, und das ihre Armee unterstützen konnte. Die französische Armee lagerte sich in vier Treffen. Ihr rechter Flügel stieß an den Wald bey Strohfels, ihr linker an das Grab bey Branchon. Das Hauptquartier ward im Dorfe Rosier aufgeschlagen. Das Corps de Reserve nahm sein Lager zwischen Jandrain und Orp-le-Petit. Die Alliirte lagerte sich in zwey Treffen der Französischen gegenüber. Die Mehaigne lief zwischen beyden Armeen. Ihr linker Flügel gieng hinter Asche weg, ihr rechter stieß an die Gräber bey Seron.

Den 19ten rückte die französische Armee mit den rechten Flügel an Sonnengrab, und mit dem linken an das Dorf Latine. Die Armee marschirte in sechs Colonnen. Das Corps de Reserve rückte nach Warem an der Jaar.

Den 20ten nahm die Alliirte Armee ihr Lager in die Ebene bey Bourdines, ihr rechter Flügel stieß an Falais, welches von ihren leichten Truppen besetzt wurde, und ihr linker stieß an die Abtey

unweit Brüssel verwechselt werden. Zwischen Mastricht und Maseyk liegt auch noch ein kleiner Ort, der Asch heißt.

ten Bonef. Da sich so wenig Möglichkeit fand, die Alliirten anzugreifen, so lange sie hinter der Mehaigne bleiben würden, so war, um sie wegzubringen, kein andrer Rath übrig, als ihre Zufuhren aufzufangen. Da der Marschall von Sachsen wußte, sie bekämen einen Theil ihrer Lebensmittel auf der untern Maas, machte er den Entwurf, ihnen dieses Hülfsmittel zu benehmen. Er detaschirte zu dem Ende den 20sten den Graf von Löwenthal mit einem Corps nach Huy, welcher dort 80 Kästen, und 4000 Rationen Brod wegnahm. *) Der Marschall von Sachsen lies dieses Corps durch die Reserve unterstützen. Der Marquis von Bercheny ward mit 2 Bataillons und 3 Husaren-Regimenter nach der Abtey Heylissen an der kleinen Gheete detaschiert, um über beyde Gheeten zu wachen, und die Gemeinschaft mit Tirlemont zu decken, wodurch die Zufuhren kommen sollten. Den 21sten hatte der Marschall sein Hauptquartier in Villers genommen. Da der Marschall von Sachsen beständig mit dem Anschlage umgieng, die Alliirten von der Mehaigne wegzubringen, und an die andre Seite der Maas zu treiben, einer unfruchtbaren Gegend, wo sie der Mangel an Le-

bens-

*) Dieses war für den Franzosen ein mehr als glücklicher Coup, welchen die Allirten vermög ihrer Menge leichter Truppen sehr leicht hätten verhüten können.

bensmitteln von Namur entfernen mußte, schickte er dem von Beausobre mit ein Detaschement Truppen in die Aegidienvorstadt zu Lüttich. Der Graf von Segür der zwischen der Sambre und Maas war stehen geblieben, der erhielt Befehl, nach Dinant, zu ziehen, und Partheyen in das Land Condroz zu schicken. Die Freyregimenter Grassin und la Morliere mußten die Gegend um Limburg beunruhigen. Alle Mühlen an der Sambre, Ornau und Mehaigne wurden zerstört, um den Feinden die Leichtigkeit zu benehmen, hinlängliches Getraide für ihre Armee zu mahlen. Diese kluge Anstalten brachten in kurzem die Alliirten in Mangel. Bald blieb ihnen keine weitere Hülfe übrig, als die Stadt Namur, worinne jedoch wenig Lebensmittel waren. Ehe sie aber diese Stadt ihren eignen Kräften überliessen, wollten sie die französische Armee von der Mehaigne wegnöthigen, indem sie sich einer starken Zufuhre, die sie erwartete, bemächtigen und die Backöfen und Magazine zu Löwen zu Grunde richten wollten.

Den 25sten des Nachts erhielt der Marschall von Sachsen Nachricht, die Alliirten hätten 10,000 Mann mit Geschütz an die Dyle rücken lassen. Da der Held nun in der nemlichen Nacht zwey große Detaschements von 6000 Mann abgeschickt hatte, um die leichten feindlichen Truppen, welche über die Mehaigne

haigne gegangen wären aufzuheben, so erhielten beyde Anführer Befehl nach Waver, und Judoigne zu rücken, um den Feind den Rückzug abzuschneiden. Dieses erfuhren die Feinde aber bey Zeiten, und zogen sich dahero nach Gemblours zurück. Der General von Trips wurde von dem französischen General-Lieutenant Chevalier von St. Andree bis nach Ramillies getrieben, und verlor zwey Canonen. Da der General von Trips aber dort geschwind Fußvolk in die Zäune stellte, so zwang er durch sein gutes und heftiges Feuer, daß die Franzosen sich wieder zurück ziehen mußten. In der Nacht zwischen den 29sten und 30sten, erfuhr der Marschall von Sachsen, daß die Feinde, nachdem sie vorher ihre Bagage rechter Hand der Maas geschickt hatten, aufbrächen, und bey Andenne, Seille und Namur über die Maas gehen würden. Er befahl die Marquis von Clermont Gallerande und Bercheny über die Mehaigne zu gehen, um nach Bourdine zu rücken, während daß der Graf von Estrees durch Falais in die rechte Flanque der Alliirten Lager eindringen sollte. Zugleich mußte der Marquis von Contades am linken Ufer der Mehaigne marschiren, um zum Grafen von Löwenthal zu stossen.

Zwo Treffen der Armee giengen in zwölf Colonnen über die Mehaigne. Die beyden andern

Tref-

Treffen blieben vorn am Lager in Schlachtordnung stehen. Die beyden, welche über die Mehaigne gegangen waren, rückten bis nach Bourdine, und machten dort Halt, weil die Gegend dort voll enger Wege und Waldungen ist. Die den Feinden nachgeschickten Truppen trafen sie jenseit der Maas an, und ihre Brücken waren abgeschlagen. Sie erhielten Befehl, allen denen aufzulauern, die aus Namur herauskommen würden. Die französische Armee lagerte sich an diesem Tage so, daß die Mehaigne zwischen zwey Linien hin gieng. Der Marschall nahm sein Quartier im Schlosse Bref. Der Graf von Löwenthal stand auf der Anhöhe Sart oberhalb Huy. Diese Stellung war vortheilhaft, und zu Behauptung dieses Postens nothwendig. Da der Marschall von Sachsen, diesen General gern vor allen Angriffen decken, und die Schanzen der Brücken, die er oberhalb Huy über die Maas schlagen lies, sicher stellen wollte, schickte er ihm zwölf Bataillons zur Verstärkung.

Wofern die Armee der Alliirten wäre unter den Canonen von Namur bestehen geblieben, so hatte der Marschall beschlossen, alsdann über die Maas zu gehen, und gegen Modau zu rücken, um sie entweder anzugreifen, oder aus Mangel des Unterhalts zum Rückzuge zu nöthigen. Denn ohne ihre Entfernung konnte er Namur nicht wegnehmen.

men. Die Alliirten entfernten sich aber von Namur, und marschirten durch Durbuy, Auvaille und Verviers nach Dalen. Auf diese Nachricht detaschirte der Marschall den Marquis von Clermont-Gallerande nach dem Karthäuserkloster zu Lüttich, rechter Hand der Maas, um sich dort zu postiren. Da die Feinde aber sehr viel Truppen in die Nachbarschaft rücken liessen, so war dieser Posten nicht mehr haltbar, dahero sich der Marquis von Clermont-Gallerande, auf den Anhöhen bey Lüttich, gleich neben der Walburgisvorstadt lagerte, und seine leichten Truppen postirte er längst der Maas. Der Vicomte von Cayla mußte diesen General unterstützen, und mit der vierten Linie bis Ance vorrücken.

Der Marschall von Sachsen, ließ hierauf Namur durch den General-Lieutenant Graf von Clermont-Prince belagern, welcher diese Stadt den 19ten eroberte.

Den 5. September war die französische Armee in acht Colonnen aufgebrochen, und hatte sich hinter einen Bach gelagert, der die Ebene von Warem durchschneidet. Ihr linker Flügel stieß an die Jaar, zu Warem war das Hauptquartier. Tages darauf war sie über die Jaar gegangen, um mit dem linken Flügel an Tongern zu stossen. Ihr rechter stieß an den Steinweg von Brüssel nach Lüttich rich. Sie lagerte sich bey Tongern in zwo Treffen, und hatte die Jaar vor sich. Der Marschall hatte sein Quartier im Schlosse Beton. Die Brigade Navarra, und das Husarenregiment Beausobre deckten selbiges. Die Infanterie-Brigade Mailly war über Tongern hinaus gelagert. Die bey Huy unter dem Marquis von Contades gebliebene Truppen, stiessen den 7. September zur Armee.

Die Alliirten standen zwischen Viset und Mastricht. Da es ungewiß war, ob sie in dieser Stellung bleiben, oder über die Maas gehen würden, lies der Marschall von Sachsen Brücken über die Jaar schlagen, um sie anzugreifen, wenn sie zwischen Lüttich und Mastricht über die Maas gehen wollte. Zugleich setzte er sich hinter dem linken Flügel der Armee in Bewegung, um sich längsthin an der Demer zu lagern, wenn sie zwischen Mastricht und Maseyk über die Maas gehen wollte. Den 11. September vernahm er, daß ein Corps Alliirten von dem Petersberg Posto gefaßt hätte. Er marschirte die folgende Nacht mit vier Cavallerie- und drey Infanterie-Brigaden dahin, und gab dem Vicomte von Cayla und dem Marquis von Clermont-Gallerande den Befehl mit ihren Truppen noch zu ihm zu stossen, und der Graf von Mortagne mußte mit den königlichen Freywilligen

gen am linken Ufer der Jaar bis auf eine Meile weit von Tongern, vorrücken. Doch der Marschall von Sachsen muste sein Vorhaben aufgeben, die Feinde auf dem Petersberge anzugreifen, so wohl weil ihre daselbst befindlichen Truppen das unbezwingliche Lager der Römer inne hatten, als auch weil er Nachricht erhielt, ihre Armee wäre unterhalb Mästricht über die Maas gegangen. Der Marschall lies es also dabey bewenden, daß er die leichten Truppen, die noch linker Hand der Maas waren, hinüber trieb, und die bey Viset gelagerte Truppen canonirte.

Da nun die Alliirten über die Maas gegangen waren, hielt der Marschall für dienlich, seiner Armee eine andre Stellung zu geben. Er rückte mit dem rechten Flügel an die Jaar, ein wenig über Tongern hinaus, mit dem linken Flügel an Bilsen, worein er 1200 Mann legte. Der General von Trips war mit einem Corps leichter Truppen bey der Comthurey Alten-Binsen (oder Alten-Bilsen) gelagert, und hatte auch eine Brücke über die Demer bey Hoesselt besezt. Diese lies der Marschall von Sachsen angreifen und wegnehmen. Die franzosische Armee veränderte noch ferner ihre Stellung. Sie lagerte sich in zwo Linien, und die Cavallerie kam auf die Flügel zu stehen. Den nemlichen Tag, da die Armee ihre zweyte

Bewegung vornahm, lagerten sich des Vicomte von Cayla Truppen hinter die Jaar; ihr linker Flügel stieß an Tongern. Der Graf von Estrees zog sich disseit des Bachs Frere zurück. Solchergestalt deckte die französische Armee Brabant, und hinderte zugleich die Alliirten, zur Beruhigung der Belagerung von Namur zwischen die Maas und Jaar zu rücken. Ihre Armee rückte rechter Hand an das Dorf Groß-Spaven vor. Ihr linker Flügel stieß zwischen Glaen und Emael an die Jaar. Der General von Trips blieb aber bey Alten-Binsen stehen. Da der Marschall einen Angrif befürchtete, liis er das kleine Dorf und Kirchhof beym Tongersberg befestigen, und lies vor diesem Posten eine Batterie und zwo Schanzen aufwerfen. Auf die Wälle von Tongern lies er Canonen anführen, welches bey einem Angrif der Alliirten durch den Herzog von Biron sollte vertheidigt werden. Um die leichten feindlichen Truppen abzuhalten, wurden auf eine Gerichtsstätte beym Tongersberg vier Canonen gestellt; und in einem kleinen Walde zur linken Hand dieser Gerichtsstätte wurden Freywillige von der Infanterie in den Hinterhalt gelegt. Der Marschall veränderte noch sein Lager. Er zog seine ganze Infanterie näher an die Demer, und legte sie in der ersten Linie von Tongern bis Hoesselt. Die beyden Cavallerielinien vom rechten

Flü-

Flügel lagerten sich in der zweyten Linie hinter der Infanterie. Der Marschall hatte geurtheilt, die Alliirte Armee könnte kommen, und einen Theil des Terrains einnehmen, auf dem sie stand. Er hatte also den 10. September unter dem Marquis von Fenelon eine allgemeine Fütterung anstellen lassen. Einige nichtsbedeutende Scharmützel fielen zwischen den leichten Truppen beyder Armeen vor. Der Marschall lies durch den Marquis von Rouget mit 1000 Mann bey Hasselt die Demer besetzen. Zwischen Diepenbeck und Bilsen stellte er leichte Truppen, und die königlichen Freywilligen mußten Partheyen nach Herch *) und Tirlemont **) schicken.

Den 23. September früh begab sich der Marschall von Sachsen nach dem abschüssigen Grunde bey Slings. Die Bundsgenossen besetzten Glaen mit Wachen, die bis auf die Anhöhen über dieses Dorf hinaus vorrückten. Hierauf schickte der Marschall den Grafen von Segür mit Truppen nach diesem Grund, denn er glaubte die Alliirten würden über die Jaar gehen. Der Graf von Segür blieb mit seinem Detaschement aber nur linker Hand des Bachs Frere, bestehen.

*) Herch eine kleine Lüttichsche Stadt an der Demer auf der Brabantschen Gränze.

**) Eine kleine Stadt im Oesterreichischen Brabant, an der großen Gheete.

Den 25. September nahm der Marschall einen Theil der Armee, und wollte mit demselben denjenigen feindlichen Trupp der sich jenseit dem Grunde von Sling gelagert hatte, angreifen; er fand ihn aber zu zahlreich, und die Zugänge zum Lager zu schwer, als daß er seinen Angrif durchsetzen konnte. Die Alliirten paßirten die Jaar und brachen auf, als der Marschall von Sachsen den 7. October mit angehenden Tag ihren Aufbruch vernahm, gab er sogleich der Armee Befehl, sich zum Ausrücken fertig zu halten. Er lies an der linken und rechten Seite der Jaar ihre Arriergarde beschiessen, welche er bis an das Dorf Sling verfolgen lies. Dieses Dorf wurde aber nicht angegriffen, weil der Marschall gesehen hatte, daß die ganze feindliche Infanterie hinter diesem Dorfe stand.

Den 8. October früh nahm die französische Armee wieder ihre erste Stellung längsthin an der Jaar. Ihr rechter Flügel stieß an Horrille, ihr linker an Tongern. Das Corps des Grafen von Clermont-Prince stieß den nehmlichen Tag zur Armee, und lagerte sich an der rechten Seite. Der Marschall von Sachsen erhielt Nachricht, die Alliirten hätten sich so gelagert, daß ihr rechter Flügel an Hautain, der linke an Grace, oberhalb Lüttich, stiesse. Man sagte ihm, ihr Lager wäre nicht sehr tief, es würde in der Mitte durch zween

Grün-

Gründe durchschnitten, deren einer an die Jaar, der andere an die Maas gienge, und die zur Gemeinschaft der einen Hälfte der Armee mit der andern nur einen engen hohlen Weg bey Melmont zuliessen.

Den 10. October zog die französische Armee, vor der ihre Nebenlager her marschirten, in eben der Ordnung, wie sie fechten sollte, über die Jaar. Das Haupttreffen und zwey größre Corps de Reserve unter dem Vicomte von Cayla und Marquis von Contades lagerten sich in 4 Linien zwischen den Steinwegen nach Tongern und Saint Tron. Ihr rechter Flügel stieß an Hognoul, ihr linker an Neudorp. Der Marschall von Sachsen hatte sein Lager bey Houten. Die beyden abgesonderten Corps unter den Grafen von Estrees und Clermont-Prince stellten sich auf den rechten Flügel der Armee über Biersee hinaus. Die zwey andre abgesonderte Corps linker Hand unter dem Marquis von Clermont-Gallerande und Graf von Mortagne, standen vor dem Grunde bey Slings von der Höhe dieses Dorfs an bis an die Jaar. Der Graf von Estrees führte die Avantgarde. Er rückte nicht eher an den für ihn bestimmten Ort, der ganz rechter Hand lag, als nachdem die Armee auf dem Platz ihres Lagers angekommen war. Das meiste Geschütz fuhr an die Teten der Colonnen. Nur etwas weniges gieng auf den beyden Steinwegen, und nahm seinen Stand nahe an denselben zwischen der ersten und zweyten Linie. Die Bagage blieb in Tongern, unter Bedeckung zwey Bataillons Grenadiers, 600 Reiter und vier Canonen. Die in Hasselt stehenden Truppen behielten noch ferner diesen Posten.

Als die Alliirte Armee den Aufbruch der französischen vernahm, brach sie Nachmittags gegen drey Uhr ihr Lager ab, um sich in Schlachtordnung zu stellen. Den 11. früh um 8 Uhr brach der Marschall von Sachsen, nachdem er die Zelter aufgeschlagen hatte stehen lassen, mit der Armee in zehn Colonnen auf. Die Corps de Reserve zogen in vier Colonnen nach. Jede Colonne hatte an ihrer Spitze 100 Schanzarbeiter (die sechs Infanterie-Colonnen hatten ihrer noch mehr) zehn Canonen und vier Grenadiercompagnien. Alle Colonnen marschirten neben einander. Gegen Mittag kamen sie im Angesichte der Feinde an, die damals anfiengen, mit ihren Stücken zu schiessen, und damit nicht aufhörten, bis zur Zeit des Angriffs, der nicht eher als um halb drey Uhr vor sich gehen konnte. Der linke Flügel der Alliirten hatte sich in der Nacht vom 10ten zum 11ten nach dem Dorfe Anee zurückgezogen. Des Grafen von Estrecs Truppen rückten queer durch das alte Lager des feindlichen linken Flügels, um sich diesem Dorfe

zu

zu nähern. Einen Augenblick darauf stiessen zu ihm die Grafen von Clermont-Prince und Löwenthal. Sogleich verstärkten sie seine Truppen mit einigen Infanterie-Brigaden, um ihn in den Stand zu setzen, das Dorf Ance anzugreifen. Die Infanterie von den Regimentern Grassin und la Morliere schickten sie rechter Hand, mit dem Befehl, um das Dorf hinum zu ziehen.

Die Brigade Picardie, vor den acht Grenadierscompagnien unter den Marquis von Fiennes und Montbarrey herzogen, that den Angrif rechter Hand. Die Brigade Monaco, unter dem Marquis von Froulay, zog in zwo Linien an der linken Seite der Brigade Picardie. Der Graf von St. Germain führte die Brigaden Segür und Bourbon, ebenfalls in zwo Linien, und marschirten an der linken Seite der Brigaden Monaco. Sie hatten an ihrer Tete vier Canonen, und an ihrer linken Seite 20 Canonen auf zwo Stückbetten von denen eins bestimmt war, die feindliche neben der Cavallerie stehende Infanterie zu beschiessen, das andre sollte der Alliirten Stücken zu Grunde zu richten suchen. Zehn Schwadronen Dragoner standen hinter diesen beyden Stückbetten In der nehmlichen Linie der Dragoner, ungefehr sechshundert Schritt weit von der feindlichen Cavallerie standen vierzehn Schwadronen Reiter in Schlachtordnung. Der Marquis von Armentieres gab mit den leichten Reitern auf die rechte Seite des Angriffs Achtung. Er sollte dem Feinde beym Weichen nachsetzen. Die übrigen Truppen des Grafen von Clermont-Prince hatten ihren Posten nahe genug, um die ersten Linien zu unterstützen. Der rechte Flügel der französischen Armee war in 100 Linien gestellt. Seine rechte Flanke stand beynahe in gleicher Höhe mit den Reitern unter dem Grafen von Clermont-Prince, nicht weit von dem Steinwege nach St. Tron. Er hatte die Holländische Cavallerie im Gesichte und ward von ihr nur durch einen Grund geschieden, den die feindliche Infanterie besezt hatte.

Das Mitteltreffen der Armee gieng über das Dorf Lontin hinaus. Es hatte vor sich eine von den Alliirten besetzte Schanze und Brustwehren mit ausspringenden Ecken, linker Hand die Dörfer Rocour und Varoux. Der linke Flügel und das abgesonderte Corps des linken Flügels, unter dem Marquis von Clermont-Gallerande, dehnten sich bis an den Grund aus. Das Dorf Villers-Saint-Simeon lag hinter diesem linken Flügel, das Dorf Lier davor. Des Grafen von Mortagne Truppen standen am Rande des Grundes bey Slings. Die Corps de Reserve unter dem Vicomte von Cayla und Marquis

quis von Contades machten verschiedene Linien hinter der Armee aus.

Die Schlachtordnung von den Alliirten war folgende. Die Oesterreicher lehnten sich mit ihrem rechten Flügel an das Dorf Houtain, mit dem linken erstreckten sie sich bis an Lier, worinnen ein Theil Hannöverisches Fußvolk stand. Nahe bey diesem Dorfe hatten die Oesterreicher ihre Infanterie in Schlachtordnung stehen. Ihre Cavallerie stand en Ordre de Bataille hinter den Dörfern Slingh, Fexhe und Enick. Ihre Husaren und übrige leichte Truppen, waren zwischen Sling und Enick postirt. Zur rechten des Dorfs Lier hatten sie eine Batterie von 20 Canonen, welche den französischen linken Flügel stark beschossen.

Die Engländer, Hessen und Hannoveraner, standen im Mitteltreffen. Zwölf Bataillons von ihnen vertheidigten die Dörfer Varoux und Rocoux. Hinter diesen Dörfern stand ihre Cavallerie in Bereitschaft entweder vorzurücken, oder ihren Rückzug zu begünstigen. Die Holländer standen auf dem linken Flügel. Ihr rechter stand ein wenig hinter dem Dorf Rocoux. Ihre Mitte war durch eine Schanze, eine Brustwehre mit ausspringenden Ecken und schwerem Geschütz bedeckt gewesen. Ihre Cavallerie stand in zwey Treffen, und dehnte sich aus von der Schanze, welche ihre Mitte deckte

bis

bis an das Dorf Ance, welches durch einen Theil ihrer Infanterie und Ungerischen Fusvolk vertheidigt ward, ein gleiches thaten sie mit dem abschüssigen Grund, der vor ihrer Front lag Die leichten Truppen und Husaren von dem General von Baronnay, standen in kleinen Trupps zwischen dem Dorfe Ance und der Margaretenvorstadt. Als auf dem rechten Flügel der französischen Armee 36 Canonen zu schiessen angefangen hatten, richteten sie eine feindliche Batterie von acht Canonen und zwo Haubitzen zu Grunde, deren Feuer der Brigade von Champagne und der Cavallerie des rechten Flügels zugesetzt hatte.

Bey der vierten Lage dieses Geschützes setzten sich die französischen Truppen der abgesonderten Trupps auf dem rechten Flügel in gröster Ordnung in Bewegung. Die Infanterie von den Freyregimentern Fischer und von la Morliere, unter Anführung des Herrn von la Morliere, marschirte auf die Zäune, die rechter Hand des Dorfs Ance lagen, und die durch das Hungarische Infanterie-Regiment von Bethleem mit dem grösten Heldenmuth vertheidigt wurden. Der von la Morliere verlohr bey diesem Angriff sehr viel Leute, welche von den tapfern Hungarn und ihrem Geschütz erlegt wurden, denn da das Terrain in der Gestalt wie ein Amphitheater beschaffen war, obenin hatte es die ganze vorherge-

hen-

hende Nacht geregnet, der Boden war so glitschig, daß die Franzosen mehr rückwärts als vorwärts gehen konnten. Der brave von la Morliere sprach seinen Leuten, die anfiengen muthlos zu werden, bey jedem Schritt frischen Muth ein, ließ das Bajonette fällen, und da ein Theil seiner Truppen Aexten hatten, so rückte er mit der grösten Tapferkeit an die Zäune heran, ließ sie niederhauen, was springen konnte, sprang über selbige hinüber und fiel mit der grösten Wuth über die Hungarn her, welche überwunden und mit Unordnung die Flucht hinter ihre Cavallerie vom linken Flügel nahmen, und 9 Canonen und 2 Haubitzen im Stich liessen. Wegen dieser ausgezeichneten Tapferkeit erhielt der von la Morliere vom Marschall von Sachsen zwey Canonen für sein Freyregiment.

Sobald die Franzosen Meister von diesen Zäunen waren, ließ der Graf von Estrees mit einigen 24pfündigern das Dorf Ance lebhaft beschiessen. Nach einigen Lagen gieng der Angriff auf das Dorf an. Die Brigade Picardie nahm, von der Brigade Monaco unterstützt, die Baumgärten ein. Die Brigade Segür, von der Brigade Bourbon unterstüzt zog auf des Dorfs Vorderseite los. Es gieng dabey sehr scharf her, doch ohne einige Unordnung. Das feindliche Fußvolk am Rande des abschüßigen Grundes konnte nicht das Feuer der französischen

In-

Infanterie aushalten. Es wich zurück in die Ebene und ließ sechs Stücke im Stiche.

Die Holländische Cavallerie machte um diese Zeit eine sehr kühne Bewegung, die ihr aber nicht allen den Vortheil brachte, den sie wohl davon erwartete. Ungefähr zehn Schwadronen rückten in zwo Linien an, um die Stelle der Infanterie einzunehmen. Sie wollten das Regiment Beaujolois angreifen, das über die Zäune setzte. Als dieses Regiment aber auf die Holländische Cavallerie Feuer gab, ward sie in Unordnung gebracht. Sie setzte sich zwar wieder, und wollte von neuem den Angrif machen. Da aber das Regiment Beaujolois unter Anführung seines braven Obristen Marquis von Besons, bis an den Rand des Grundes vorgerückt war, nöthigte dessen heftiges Feuer diese Cavallerie zur Entfernung.

Die französische Cavallerie von dem Corps des Grafen von Estrees, hatte es vergebens versucht, die Holländische anzugreifen. Da sie hinter einen hohlen Weg stand, den man nicht hatte besichtigen können, konnte der Graf von Rosen durch denselben nicht anders ziehen, als in Gliedern vier Mann hoch, unter Bedeckung der disseit dieses Wegs in Schlachtordnung stehenden Infanterie. Mittlerweile hätten einige französische Bataillons vom rechten Flügel an der andern Seite der Zäune durch-

zudrin-

zudringen versucht. Diese zu kühne That hatte die Umstände verfänglich gemacht. Die Holländische Cavallerie hatte sich von neuem wieder gesetzt. Sie rückte mit einem starken Corps Infanterie an, das Dorf Ance von neuem anzugreifen. Als ihr die darüber hinausgerückte französische Infanterie vom Graf Estrees aufstieß, griff sie selbige an, und trieb sie bis an die Zäune zurück. Doch drey französische Bataillons kamen zu ihrer Unterstützung an, fielen der Holländischen Infanterie in die Flanque, brachten sie in Unordnung, und nöthigten selbige über Hals und Kopf die Flucht zu nehmen. Eine französische Batterie gab zu gleicher Zeit auf die holländische Cavallerie ein lebhaftes Feuer, daß auch diese die Flucht ergriff.

Da solchergestalt der Alliirten linker Flügel ungefehr 600 Schritte zurück gewichen war, machte man sich seine Entfernung zu Nutzen, um acht Bataillonen anrücken zu lassen. Sie rückten 200 Schritte weit in die Ebene, und hatten an ihrer linken Hand die Cavallerie-Brigade von Rosen. Diese erste Linie ward durch eine zweyte Infanterie-Linie unterstützt, welche die Zäune besetzte. Da die vor der ersten Linie stehenden Canonen die Holländer abermals zur Entfernung bewogen hatten, gewann die erste Linie Raum, und die zweyte, te, welche die Cavallerie-Brigade Saint-Jal an der linken Seite hatte, rückte über die Zäune hinaus.

Indem diese Wendungen auf dem rechten Flügel vorgiengen, befahl der Marschall von Sachsen, daß die Infanterie des Marquis von Clermont-Gallerande, die aus den Brigaden Mailly, Bretagne, Artois und dem Grenadier-Regiment von Chabrillant bestand, auf das Dorf Lier losgehen sollten, um der Feinde Macht zu theilen, und den Angriff des rechten Flügels zu begünstigen. Zugleich schickte der Marschall von Sachsen von der Infanterie des linken Flügels aus beyden Treffen 8 Brigaden um die Dörfer Rocoux und Varoux anzugreifen. Nehmlich der Marquis von Maubourg machte mit den Brigaden Navarre und Motmorin, welche von den Brigaden Auvergne und Royal unterstützt wurden, den Angriff auf Rocoux, und der Marquis von Herouville griff mit den Brigaden Orleans und Beauvoisis, die durch die Brigaden Royal-Vaisseaux und Rouergue unterstützt wurden, das Dorf Varoux an. Diese drey Angriffe geschahen, um in die feindliche Mitte einzudringen, und damit sie glücklich von statten gehen möchten, wurden sie von den Dragonern und Cavallerie des linken Flügels von dem Corps des Marquis von Clermont-Gallerande unterstützt. Allein es gab ein Mißverständniß wegen des Dorfs Lier, sowohl weil es hinter dem Dorfe Varoux lag, als auch weil Varoux den Namen Varoux les-Lier führt. Man mußte also hinschicken, vom Grafen von Sachsen neue Befehle einzuholen. Als nun einige Brigaden aus zu hizigem Eifer den Angriff thun wollten, ohne auf die andern zu warten, und nur schwerlich das sich durchkreuzende Feuer aushalten konnten, daß der Feind aus den beyden Dörfern machte, ließ der Marschall von Sachsen durch seinen Adjudanten den Marquis von Sourdis, dem General-Lieutenant Herzog von Luxemburg, dem Marschall-de-Camp Herzog von Boufflers, und dem Brigadier Chevalier von Maupeou sagen, sie sollten mit der Brigade Beauvoisis auf die Verschanzungen von Rocoux losgehen. Diese Brigade sezte mit größter Tapferkeit über Böschungen und Zäune. Die Brigade Orleans, die nunmehro der General-Lieutenant Marquis von Maubourg der Marschall-de Camp von St. Pern und der Brigadier Müsset von Bonnaventüre anführten, griff mit gleichem Erfolg und Tapferkeit den Winkel dieses Dorfs an. Diese beyden Brigaden überwältigten die Feinde, eroberten verschiedene Fahnen und zwölf Canonen, und machten viele Gefangene.

Der General-Lieutenant Graf dü Chatelet-Lomont, die Marecheaux-de-Camp Marquis von Souvre und Graf von Lorge, mit den Brigadiers von Paron, und Grafen von Berville, erstiegen mit einer ausserordentlichen Tapferkeit mit den Brigaden Royal-Vaisseaux und Rouergue die Zäune und Baumgärten von Rocoux. Die Marquis von Herouville und Clermont-Gallerande griffen nun mit den Brigaden Navarre, Auvergne, Royal, und Montmorin den linken Winkel von Rocoux und den rechten von Varoux an. Der Marquis von Stainville *) führte die Brigade von Navarre an, er bekam den Befehl, auf einen Halbschuß weit von den Dörfern Rocoux und Varoux, Halt zu machen, bis die Colonne, die ihm linker Hand mar-

*) Nachheriger Herzog von Choiseul, Minister vom Kriegswesen und den auswärtigen Geschäften. Er war ein großer Liebling Ludwig des XV. der ihn in sehr wichtigen und geheimen Angelegenheiten brauchte; er fiel aber dennoch bey diesem Monarchen in Ungnade, verlohr die Minister-Stelle, und ward von Hofe verwiesen. Nach dem Tode Ludwig XV. gab er sich mit seinen Freunden und sehr hohen Gönnern alle ersinnliche Mühe, um wieder als Minister placirt zu werden. Der jetzige weise und grosse Monarch aber, war hierzu nicht zu bewegen. Gewisse geheime schriftlich hinterlassene Nachrichten, die ich hier nicht berühren kann, von seinem Herrn Vater dem seligen Dauphin waren hieran Schuld. Ludwig XVI. dieser verehrungswürdige Monarch, zeigte hiermit, wie sehr er die Asche seines Herrn Vaters verehre, denn Choiseul starb im vorigen 1785 Jahre in Ungnade und Verweisung von Hofe.

marschirte in gleicher Höhe mit der seinigen wäre. Hier war er dem feindlichen Canonen und Gewehrfeuer sehr ausgesetzt, und verlohr sehr viele Leute. Der brave Marquis von Stainville erstieg die Zäune von dem Dorfe Varoux, und jagte die Feinde aus einem Baumgarten nach dem andern, und besetzte selbige.

Der General-Lieutenant Marquis von Breiee, der Marschall-de-Camp Herzog von Fleury, und der Brigadier Marquis von Nussey mit der Brigade von Auvergne, avancirten mit der grösten Tapferkeit gegen die Baumgärten, welche rechter Hand von Varoux lagen, nahmen selbige ein, und zwangen den Feind sie mit Unordnung zu verlassen.

Der General-Lieutenant Marquis von Fenelon griff mit der Brigade Royal den linken Winkel des Dorfs Rocoux an, wurde tödtlich verwundet, alle übrige Staabs-Officiers von dieser Brigade wurden wie bey der Schlacht von Fontenoy verwundet, demohngeachtet führten die übrigen Officiers diese Brigade mit dem grösten Ruhme an.

Der General-Lieutenant Graf von Chabanne, der Marschall-de-Camp Marquis von Montmorin, und der Brigadier Marquis von Laval, drangen mit einem ausserordentlichen Muth mit der Brigade von Montmorin in den Weg ein, welcher die Dörfer Varoux und Rocoux voneinander scheidet;

det; diese Brigade eroberte obgleich sie sehr viel Officiers, und Gemeine vorzüglich alle seine Grenadiers verlor, dennoch die vier feindliche Canonen, welche vor diesem Weg aufgepflanzt waren. Die General-Lieutenants Marquis von Clermont Gallerande, der Graf von Coigny, die Marechaux-de-Camp Herzog von Broglio, Graf von la Süze, und die Brigadiers von Dreux, von la Roche, und von St. Segraux griffen mit vielem Vortheil mit den Infanterie-Brigaden von Mailly, von Bretagne, und von Artois, die Mitte und die linke Seite des Dorfs Varoux an, und trieben die Alliirten bis an das äusserste Ende des Dorfs, welches die Franzosen schon inne hatten, zurück.

Der Zurückzug der Hannöverischen und Hessischen Truppen, welche Varoux und Rocoux vertheidigt hatten; geschahe bey ihrer unglücklichen Niederlage, dennoch mit vieler Ordnung, und ward von ihrer Cavallerie mit gesetztem Muth gedeckt.

Die holländische Cavallerie stand noch in verschiedenen Linien auf der Anhöhe. So bald sie sah, daß die Franzosen Varoux und Rocoux inne hatten, befürchtete sie, abgeschnitten zu werden, und setzte sich nicht nur in Bewegung zum Rückzuge, sondern nahm in gröster Eil die Flucht. Das bemerkte der Marschall von Sachsen. Er hatte von der Einnahme von Rocoux nicht die Holländer angreifen können, weil ihn die Stückbetten dieses Dorfs und die Schanze auf der Anhöhe, zwischen welchen er durch mußte, davon abgehalten hatten. Nunmehro stellte er sich aber an die Spitze der Cavallerie-Brigade Royal Etranger, der königlichen Freywilligen, die er aus dem Grunde bey Slings hatte herbey rücken lassen, und die Infanterie vom rechten Flügel des Mitteltreffens. Er lies das Dorf Rocoux linker Hand liegen *), und rückte so geschwind auf die Anhöhe, als es ihm nur die engen Zugänge erlaubten. Seine Absicht war, um die Schanze und Reiterey der Holländer hinum zu ziehen. Als er aber in ihr Lager kam, waren sie nicht mehr darinnen. Er sah ihre Cavallerie in einem starken Galopp nach ihren Brücken zurückjagen, und mit vieler Unordnung die Flucht nehmen. Der Marquis von Armentieres folgte ihr mit den leichten Truppen des rechten Flügels auf dem Fuße nach. Sie hatte ihr Heil blos dem Fußvolk zu danken, deren Generals die Hecken und Gründe besetzte.

*) Ich kann nicht mit Stillschweigen die schöne Rede eines Grenadiers vom Regiment Orleans übergehen. Eine Canonenkugel hatte ihm das Bein weggenommen. Da nun der Marschall von Sachsen besorgte man möchte auf ihn treten, und ihn warnte, sich in Acht zu nehmen, gab er zur Antwort: „Was bekümmert sie mein Leben? Gewinnen Sie nur die Schlacht.

Die französische Cavallerie vom rechten Flügel war während des Angriffs der detaschirten Trupps vom rechten Flügel vorgerückt, um die Holländische Cavallerie anzugreifen. Da aber die Ebene durch Gründe durchschnitten ward, hatte sie nicht an sie kommen können. Nur jezt erst ward es ihr leicht vorzurücken. Sie besezte die linke Seite des Lagers der Alliirten. Gleich beym Anfange des Treffens, und sobald man nur hier beschoß, hatten die Alliirten die Bataillons, die sie in diesem Dorfe hatten, herausgezogen. Sie liessen nur schwache Detaschements darinnen stehen, welche von den französischen Infanterie Freywilligen herausgetrieben wurden.

Der Marschall von Sachsen hatte damals seinen rechten Flügel auf der Anhöhe bey Votem. Dort waren die Grafen von Clermont-Prince und Löwenthal zu ihm gestossen. Der Graf von Estrees zog längshin an den Anhöhen bey der Maas, und ließ Votem linker Hand liegen, um den Alliirten die Gemeinschaft mit ihren Brücken abzuschneiden. Die Holländische Infanterie zog sich durch Votem zurück. Sie ward durch die leichten Truppen angegriffen, die zwey und zwanzig Canonen und Haubitzen, und sechszig Wägen mit Kriegsvorrathe eroberten.

Ein Corps englischer Infanterie hatte jenseit eines sehr steilen Grundes ein Quarree formirt, um die Flüchtigen an sich zu ziehen. Da man nun nicht an selbiges kommen konnte, ließ der Marschall von Sachsen' achtzehnpfündige Canonen auffahren; deren Feuer trennte endlich dieses Quarree, die Truppen daraus es bestand, eilten nach ihren Brücken. Hätte man noch zwo Stunden mehr Tag gehabt, so ist kein Zweifel, daß die Hälfte der alliirten Armee wäre aufgerieben worden. Sie zog sich mit dem rechten Flügel in das Römerlager auf dem Petersberge, mit dem Mitteltreffen nach Viset, mit dem linken Flügel nach Herstal zurück. Se. Durchlaucht der Prinz Christoph von Baden-Durlach, machte mit den beyden Kaiserlichen Infanterie-Regimentern von Königsegg und Los-Rios, die Arriergarde, und deckte nicht nur den Rückzug der Engländer, Hannoveraner und Hessen, sondern manövrirte auch noch mit so vielem Ruhm, daß die Franzosen von weiterm Verfolgen, ganz ausser Stand gesetzt wurden.

Die französische Armee brachte die Nacht unter dem Gewehr in der nehmlichen Stellung zu, worinne sie am Ende des Tages war. Der Marschall von Sachsen schickte den Marquis von Armentieres, und Chevalier von Espagnac an den König, um ihm die Nachricht von dem Siege zu überbrin-

 gen.

gen. Der Vicomte von Rohan überbrachte dem Monarchen die eroberten Fahnen.

Von den Alliirten wurden in diesem Treffen 7000 Mann theils getödtet, theils verwundet, und tausend Mann wurden von ihnen zu Gefangenen gemacht. Die Franzosen eroberten ferner funfzig Canonen und zehn Fahnen.

Der französische Verlust hingegen belief sich nur auf 1000 Mann Todte und Verwundete. Den 12ten früh nahm die französische Armee ihre Zelter im Lager bey Houten zu sich, und marschierte nach Tongern. Der Ritter von Belle-Isle blieb mit 6000 Mann auf dem Schlachtfelde bey Rocoux stehen, um die Fortschaffung der Verwundeten zu decken.

Anmerkung
über die
Schlacht bey Rocoux.

Dieses Treffen wurde ein neuer Triumph für den Marschall von Sachsen; und Rocoux wurde ein neuer Beweis von der Niederlage der Alliirten. Hier bey dieser Schlacht vereinigte sich

alles,

alles, was nur schreckliches und fürchterliches im Kriege erdacht werden konnte. Auf der Alliirten Seite erblickte man ein zahlreiches und unerschrocknes Heer, welches auf Anhöhen gestellt, von allen Seiten verschanzt, durch Redouten unterstützt, und von hundert Canonen, deren vereinigtes Feuer einen allgemeinen Untergang zu drohen schien, vertheidigt wurde. Auf der französischen Seite aber hatte der große Marschall von Sachsen alles dieses gesehen, und seine Einrichtung darnach getroffen. Drey Angriffe geschahen zu gleicher Zeit. Nichts konnte mit der Wuth des Angrifs verglichen werden, als die Hartnäckigkeit in der Vertheidigung. Von beyden Seiten stritt man mit dem größten Muth: aber der Held Moritz der Große, leitete die Tapferkeit der Franzosen, und sie blieben die Ueberwinder. Die Feinde flohen mit schnellen Schritten, und machten die Maas zur Scheidewand zwischen sich und dem Sieger. So brav wie sich auch die Alliirten währendem Treffen hielten, und so gut wie auch ihre Schlachtordnung war, so war selbige doch fehlerhaft. Denn durch Besetzung und Vertheidigung der vier Dörfer Ance, Lier, Varoux, und Roçoux, theilten die Feinde ihre Macht, und ihr Corps de Bataille wurde hierdurch geschwächt; als sie sich auch noch sicher vorstellen konnten, daß ein General wie der Marschall von Sachsen alles in der Welt anwenden würde, wie er es denn auch würklich gethan hat, um diese Dörfer zu erobern. Für Truppen, die Muth haben, und gut angeführt werden, sind Dörfer kein unüberwindlicher Aufhalt. Sie werden allemal, wenn manchmal solches auch gleich mit vielem Blutvergiessen geschieht, dennoch erstiegen. Endlich begieng die holländische Cavallerie den Hauptfehler, daß sie gleich von einem panischen Schrecken überfallen, zu eilig die Flucht nahm. Ihre Schuldigkeit wäre gewesen, sich thätig zu zeigen, und einen Angrif auf die siegende französische Infanterie, die nicht ganz geschlossen blieb, zu versuchen. Dieser Angrif, wenn er wäre mit Muth und Entschlossenheit geschehen, hätte vielleicht zum größten Vortheil für die Alliirten ausfallen können. Wäre dieser Angrif nun nicht gelungen, so hätte sie sich allemal, wenn sie Contenance gezeigt hätte, dennoch mit Ordnung können zurückziehen, zumal in diesem Augenblick die Englische, Hessische und Hannöverische Infanterie unter Bedeckung ihrer Cavallerie sich zurückzog. Hieraus erhellet ganz klar, daß die holländische Cavallerie nichts zu eilen hatte, ihre heilige Pflicht war es vielmehr, die geschlagene Infanterie zu unterstützen, und mit der andern Cavallerie gemeine Sache zu machen. Der Chef dieser holländischen Cavallerie, der zu geschwind den Weg rückwärts zu den Brücken fand, hätte billig

zur

zur Verantwortung gezogen werden sollen. Die französische Brigade Generals, die wegen den Dörfern Lier und Varoux-les-Lier in einen Misverstand geriethen, hätten die gerechtesten Verweise verdient, denn ein General muß absolument die Gegend, wo die Armee gelagert ist, oder schlägt, genau kennen, vorzüglich muß er die Namen aller nahgelegenen Oerter, Flüsse, Bäche, Höhen, Gründe u. s. w. wissen, denn er muß immer gewärtig seyn, daß er an den ein oder andern Ort detaschirt kann werden, wo er alsdenn in allen Fällen seine Maaßregeln zu nehmen hat.

Im Monat November giengen beyde Armeen in die Winterquartiere, den 14ten langte der Marschall von Sachsen zu Fontaineblau an, und ward vom Könige sehr gnädig empfangen. Der Monarch schenkte ihm sechs Canonen, dieses ist eine sehr seltene aber große Ehre, die ganz das Zutrauen des Monarchens anzeiget; und machte ihn den 12. Jenner 1747. zum obersten Feldmarschall aller königlichen Armeen.

An-

Anmerkung über den Feldzug von 1746.

In diesem Feldzuge, wurden nicht allein durch die weise Anstalten des Marschalls von Sachsen die vorjährigen Eroberungen gesichert und beybehalten, sondern der Feind ward mehr zurück getrieben und zum Vorrücken durch die Märsche und Manövres des Helden ganz ausser Stand gesetzt. Er schnitt ihnen, wo er nur konnte, den Unterhalt ab, und da er mehr Freyheit zu den Bewegungen der Truppen bey Beziehung der Winterquartiere sowohl suchte, als auch Frankreich und die eroberten Provinzen zu decken: grif er die Alliirten bey Rocoux an, schlug sie, und zwang sie zum Rückgange über die Maas. Hierdurch wurden nun auf einmal alle seine Anschläge erfüllt.

Im Jahr 1747. mußte der Marschall von Sachsen wieder die Armee commandiren. Die Eroberung des Holländischen Flandern war des Helden Augenmerk; und sie war nothwendig, wenn man anders vorrücken wollte. Nachdem der Herzog von Cumberland (der die feindliche Armee in diesem Feldzug wieder anführte) der Fürst von Waldeck und Feldmarschall von Bathiani zu Haag verschiedne Unterredungen gehalten hatten, setzten sie ihre

Trup-

Truppen im Hornung in Bewegung. Der Marschall von Sachsen hielt sich ruhig. Er glaubte, wenn ihre Armee so zeitig zu Felde gienge, würde sie sich aufreiben, ohne etwas auszurichten. Doch die feindlichen Generals besannen sich eines bessern, und liessen es blos dabey bewenden, ihre Truppen an der Maas näher zusammen zu ziehen. Sie fiengen nachgehends nicht eher zu campiren an, als auf erhaltne Nachricht von den ersten Verrichtungen der französischen Truppen.

Im Anfang des Aprils versammelten sich die Alliirten, und zwar die Holländer in der Gegend von Breda, die Engländer bey Eindhoven, die Oesterreicher unter Mastricht.

Den 31. März kam der Marschall von Sachsen zu Brüssel an. Sogleich gab er den Befehl, daß sich die Truppen den 15. April an den Oertern ihrer Bestimmung, welche Gent, Brügge und Dendermonde waren, einfinden, und 24 schwere Canonen nebst 12 Mörsern von Namur nach Gent geschaft werden sollten. Der General-Lieutenant Graf von Löwenthal sollte mit einem Corps die holländischen Städte an der Seeseite, und der Marquis von Contades mit einem andern Corps die Vestungen am linken Ufer der untern Schelde angreifen und belagern.

Die

Die Truppen von des Marschalls Armee lagen um Brüssel in die Erfrischungsquartiere. Die Infanterie, die Dragoner und Husaren machten die erste Linie aus. Ihr rechter Flügel stieß an Waver, bedeckte den Wald Sogne, und gieng rückwärts bis Halle. Ihr Mittelpunkt gieng an der Dyle hin bis an Wächtern, den linken Flügel schloß der Ausfluß der Senne in die Dyle. Die Cavallerie ward in die zweyte Linie zwischen der Senne und Dender gelegt.

Den 20. April gieng der Marschall von Sachsen ab, die Erfrischungsquartiere der ersten Linie, und die Angriffe auf die Forts Perle und Lieffkenshoek zu besichtigen. Den 24ten kam er nach Brüssel zurück. Die Franzosen nahmen in kurzer Zeit die Forts und Oerter Perle, Lieffkenshoek, Isendik, Sas von Gent, Philippinenschanze, Sluys, Terneuse, Hulst *) und Axel **) ein. Ganz Europa ver-

*) Die Alliirten thaten alles, die Einnahme von Hulst zu verhindern, sie hatten 9 Bataillons unter dem Generalmajor von Fullaer über die Schelde hinüber geschickt. Ihre Absicht war, den Sandberg zu behaupten, von dem die Erhaltung von Hulst abhieng. Man konnte dieses Fort nicht anders einnehmen, als wenn man eine ganze Meile längsthin an einem Damme marschirte. Doch alle ihre Behutsamkeit war vergebens. Der Marquis von Contades eroberte den 11. May Hulst.

**) Aus diesen Eroberungen sieht man ganz klar, daß doch alle diese Städte und Forts nicht unersteiglich sind, vernahm mit Erstaunen, daß man in Monatsfrist die Eroberung des holländischen Flanderns vollbracht hatte. Einige dieser Plätze, die man für unbezwinglich hielt, waren unter Ludwigen XIV. nicht angegriffen worden. Andre hatten dem größten Ingenieur von Frankreich, Marschalle von Vauban, widerstanden.

Die Alliirte Armee war seit dem 25. April bey Braake gelagert. Ihr linker aus Oesterreicher bestehender Flügel stieß an Poeppel; das Mitteltreffen aus Holländern bestehend, bedeckte Baerle; die Englischen Truppen standen auf dem rechten Flügel bey Hoogstraten. Diese Armee näherte sich den 1. May der Stadt Antwerpen, rückte mit dem rechten Flügel nach Brecht, mit dem linken an die kleine Nethe unterhalb Lier. Der Prinz von Wolffenbüttel nahm sein Quartier in Schilde, General von Trips zu Broechem, der Freyherr von Olne zu Lier, und General von Baronnay zu Westerloo. Der Alliirten Bewegung verursachte auch den 2. May eine in Ansehung der Erfrischungsquartiere der französischen Armee. Der Marschall von Sachsen lies zwischen Wächtern und Mecheln diejenigen Oerter besichtigen, die am tüchtigsten zur Schla-

sind, wäre es jezt zum Kriege zwischen dem Kaiser und Holländern gekommen; so hätten sie sicher das nemliche Schicksal gehabt.

Schlagung von Brücken waren. Er befahl, Posten der Gemeinschaft an der Schelde zu errichten, um an diesen Fluß zu rücken. Er lies die Hecken an seinem linken Ufer umhauen, damit man den Feind besser sehen könnte. Die Artillerie ward an der Dyle bey Wackezele, bey Hacht, und bey Mecheln postirt, die königliche Haustruppen kamen an der Dender zu stehen. Da sich der Marschall von Sachsen eine doppelte Gemeinschaft mit Antwerpen am linken Ufer der Schelde verschaffen wollte, stellte er die Brücke bey Hamme über die Durme wieder her. Zugleich lies er verschiedne Fähren und grose Schiffe nach Rupelmonde hinunter fahren, um sich ihrer zu einer fliegenden Brücke zu bedienen.

Den 15. May veränderte die Allirte Armee ihre Stellung, rückte mit dem rechten Flügel an Brasschoten, mit dem linken an Sandhoven. General von Trips zog in Lier ein. General von Baronnay und der Prinz von Wolfenbüttel verrückten ihre Stellung nicht. Da der Herzog von Cumberland alle Merkmale von sich gab, als wollte er Antwerpen *) belagern. Der Marschall von Sachsen machte

*) Eine grose Stadt an der Schelde, und im Oesterreichischen Brabant. Sie hat einen sehr guten Hafen. Ihre Vestungswerke sind verfallen, sie hat aber eine starke und gute Citadelle zum Schutz. Die Tapeten

machte hingegen alle Anstalten zur Vertheidigung dieser Stadt.

Die französischen Truppen hatten noch immer die Brücke bey Waelhem zwischen Mecheln und Antwerpen besetzt. Sie hatten selbige verschanzt. Diese Brücke war nothwendig, weil sie es den Infanterie-Partheyen leicht machte, über die Nethe zu kommen, und die Alliirten zu beunruhigen. Der Angrif von den Alliirten, auf diese Brücke, konnte da er längst den beyden Ufern der Nethe geschehen mußte, nicht so leicht unternommen werden. Da nun die Alliirten keine Brücke näher hatten, als die bey Lier, drey Meilen weit von da, so

wäre

ten und Spitzen, welche hier verfertigt werden, sind sehr berühmt. Doch ist die Handlung dieser Stadt bey weitem nicht mehr, was sie ehedem war, ehe Amsterdam in Flor kam. Diese holländische Handlung hat die Deutsche in den größten Verfall gebracht, denn die Städte Constanz, Augspurg, Basel, Straßburg, Speyer, Worms, Mainz, Coblenz, Bonn, selbst Cölln, Wesel, sind hierdurch theils verarmt, theils hat ihre Handlung wenig oder gar nichts mehr zu bedeuten. Sollte also nicht ein jeder gutgesinnter Deutscher wünschen, daß die Handlung von Antwerpen wieder empor käme, und wider ihren alten Weg über Rotterdam, Nimwegen, Cölln, u. s. w. nähme? Hierzu wird aber freye Schiffarth der Schelde erfordert.

wäre der Marsch ihrer Truppen am linken Ufer der Nethe um so viel verfänglicher gewesen, weil die am linken Ufer der Dyle in den Erfrischungsquartieren liegende Infanterie auf sie losgehen konnte. Auch war es dem General-Lieutenant Lord Clare, Commandanten in Mecheln leicht, ihnen den Rückzug abzuschneiden. Diesem General war hauptsächlich aufgegeben, für die Erhaltung der Brücke bey Waelhem zu sorgen. Er hatte deren Bewachung dem Brigadier und Obristlieutenant von Cusac *) von dem Irrländischen Regiment von Roth, anvertraut.

Der Marschall von Sachsen hatte beschlossen, seine Armee nicht eher im Lager stehen zu lassen, als wenn die Alliirten an die Nethe gerückt seyn würden. Den 16. May lies der Marschall zwischen Rotselaer und Muysen ein Lager abstechen; welches

*) Der Baron von Espagnac nennt ihn falsch Cujac. Einem General-Adjudanten von dem commandirenden General steht es nicht gar wohl an, wenn er den Namen eines Staabsofficiers aus der Armee nicht recht weis. Denn hierdurch können hundert Irrthümer und Fehler entstehen. Die ausländische Namen werden aber sehr oft bey den Franzosen umgetauft, dieses rührt aber daher, weil sie seltner als andre Nationen, fremde Sprachen, die doch oft sehr nothwendig sind, reden.

ches erst den 28. May von der Infanterie bezogen wurde. Die Cavallerie und leichten Truppen aber blieben in ihren Quartieren, mit dem Befehl, sich zum Aufbruche fertig zu halten, und stets in voraus Fütterung auf vier Tage in Bereitschaft zu haben. Der Marschall von Sachsen nahm sein Quartier in Mecheln. Im Anfang Junii wurden der General-Lieutenant Graf von Berenger, und der Brigadier Graf von Polignac, die ohne Bedeckung waren, von den feindlichen Husaren, die bis an Brüssel zu Zeiten streiften, aufgehoben.

Den 8. Junii fieng die französische Armee an, einen Kanal zwischen der Mühle bey Rotselaer und dem Bache Tieldonk zu graben. Die Absicht dieser Arbeit war, sich eine kürzere Vertheidigungslinie zu verschaffen, als das gewöhnliche Bette der Dyle ist. Da die Alliirte Armee zwischen den beyden Nethen stehen blieb, nöthigte sie die französische, die Fütterung in einem Lande aufzuzehren, das zu ihren Winterquartieren bestimmt war. Dem abzuhelfen, beschloß der König, welcher den 1. Junii bey der Armee angelangt war, einen Theil seiner Truppen jenseit Löwen rücken zu lassen. Diese durch die Demer bedeckte Stellung, sollte ihnen den Unterhalt zwischen der Demer und Maas verschaffen; und wofern die Alliirten nicht von der Stelle rückten, konnte er die Belagerung von Mastricht, worinn wenig Truppen lagen, erleichtern. Zu Ausführung dieses Vorhabens wurden den 9ten die Cavalleriequartiere verändert. Ihr rechter Flügel rückte an die rechte Seite des Steinwegs von Brüssel nach Löwen. Der linke besetzte die Dörfer zwischen diesem und dem Steinwege nach Mecheln. Zwey königliche Grenadier-Regimenter, zwo Cavallerie Brigaden, und 4 Husaren-Regimenter giengen Tages darauf, unter dem General-Lieutenant Grafen von Estrees, den Marecheaux-de-Camp Marquis von Armentieres, Herzog von Broglio, und Grafen von Rochechouart, jenseit Löwen. In dieser Zeit fielen unterschiedene Scharmützeln zwischen den leichten Truppen beyder Armeen vor, in welchen bald die Franzosen, bald die Alliirten die Oberhand behielten.

Den 22sten brach der König von Brüssel auf, und nahm sein Quartier in der Abtey Park. Den 24sten stellten die Truppen unter dem Befehl des Marschall-de-Camp Herzog von Brissac im Lager bey Park eine Fütterung an, selbige wurde von 18 Grenadiers-Compagnien, 500 Füseliers und 1900 Reuter gedeckt. Da sich die Alliirte Armee der Demer wider genähert hatte, war keine Möglichkeit mehr, an die Belagerung von Mastricht zu denken. Der König hatte jedoch die Gegend zwischen der Dyle und Maas inne, und konnte da

seinen

seinen Truppen Unterhalt verschaffen. Alle Bewegungen der ausgeschickten Corps waren darauf abgepaßt gewesen, und es war dem Feinde nicht mehr möglich, dem abzuwehren, wenn er es nicht darauf wagen wollte, bey seinem Uebergange über die Demer durch überlegene Truppen angegriffen zu werden. Den 25. Junii früh erhielt der König Nachricht, die Alliirte Armee wäre zwischen Everbode und Westerloo gelagert, der Prinz von Wolfenbüttel stünde zu Diest, General von Baronnay zu Curingen, und General von Trips zwischen Lier und Herrntals. Sogleich gab der König dem Marquis von Sennecterre welcher bey Mecheln stand, Befehl, mit vier Infanterie-Brigaden und dem Geschütz zu ihm zu stossen.

Den 26sten lagerten sich die Alliirten längsthin an der Schwarzbeek, und stieß mit dem rechten Flügel an Diest. Der Prinz von Wolfenbüttel rückte nach Curtingen, General von Baronnay nach Hasselt, der General von Trips stand in Westerloo. Den 28sten standen die Alliirten noch in der nemlichen Stellung.

Den 29. Junii unternahm die französische Armee, unter dem Marschall-de-Camp Prinz Soubise eine Fütterung. Als die feindliche Generals von dieser Fütterung Nachricht erhielten, liessen sie ihre Armee nach Zonhoven rücken. Der Prinz von Wolfenbüttel besetzte das Schloß Schoenbeck. General von Barronnay gieng über die Demer, um den linken Flügel zu decken. Zu Bedeckung des rechten Flügels blieb General von Trips an der Seite von Diest stehen. Als der König vernahm, daß sich die Alliirten in Bewegung setzten, und gegen die Quellen der Demer rückten, gab er seinen Truppen Befehl, Abends um 11 Uhr ohne Bagage aufzubrechen. Zu gleicher Zeit lies der König nach Tirlemont, Ostmael, und Saint Tron sagen, die daselbst gelagerten Truppen sollten sich alsbald nach Tongern begeben, Das Corps de Reserve, das aus des Königs Haustruppen, den Carabiniers, dem Dragoner-Regiment Colonel-General und der Fischerschen Freycompagnie bestand, blieb im Lager bey Park, um den König Tages darauf zu begleiten. Diese Truppen sollten nicht eher als nach Ankunft des Grafen von Löwenthal aus dem Lager abgehen.

Nachdem der Marschall von Sachsen des Königs Befehl eingeholt hatte, marschirte er die ganze Nacht über fort. Den 30 Junii früh um 8 Uhr kam er beym Schloße Betou an, und recognoscirte unter Bedeckung 400 Reuter, von der Gerichtsstätte beym Tongerberge, das feindliche auf der Anhöhe bey der Comthurey Altenbinsen geschlagene Lager.

Auf

Auf die von einigen Spions eingebrachte falsche Nachricht, es stünden in diesem Lager nur die detaschirten Corps des Prinzen von Wolfenbüttel, und Generals von Baronnay, entschloß sich der Marschall von Sachsen dasselbe anzugreifen. Denn er kannte die Schwierigkeiten und engen Wege, welche die feindliche Armee antreffen mußte, wenn sie diesen beyden Corps zu Hülfe kommen wollte. Er lies die neun Bataillons, die der Marquis von Sennecterre zugeführt hatte, zwischen Tongern und dem Tongerberge vorrücken; die andere Truppen stellten sich en Colonne, die Infanterie auf dem rechten Flügel, so nahe als möglich an Tongern und an die Jaar. Der Marschall lies hievon dem Könige Nachricht geben, worauf der Monarch befahl, dem mit der Armee bey Ostmael gelagerten Grafen von Eu, sogleich nach Tongern zu rücken, und dem Grafen von Löwenthal, den 1 Julii von Löwen nach Tirlemont zu marschiren. Der König wollte ihn nicht von der Dyle entfernen, wo es nicht die unumgängliche Nothwendigkeit erforderte, weil der Prinz von Sachsen-Hilburgshausen *) mit einem Corps bey Breda stand.

*) Joseph Maria Friedrich Wilhelm Hollandinus Prinz von Sachsen Hilburgshausen ist ein Sohn des 1715 verstorbenen Herzogs Ernst und Sophien Henrietten Prin-

Den 1. Julii früh um 4 Uhr rückte der Graf von Estrees mit seinen Truppen auf die Anhöhen zwischen Herderen und Alt-Elderen. Beym Ausgange des letzten Corps lies er die königlichen Grenadiers

Prinzeßin von Waldeck, welche ihn den 5. Oct. 1701. gebohren. Er trat in Sicilien 1719. im October als Staabscapitain des Seckendorfischen Infanterie Regiments in Kaiserliche Dienste. 1727. im October nahm er im Kloster St. Ludwig zu Neapel den katholischen Glauben an. Im Jenner 1732. erhielt er das Niklas Palfische Infanterie Regiment, ward den 2 April 1733. Ritter des Kurpfälzischen Hubertusordens, und den 27. October 1733. Kaiserlicher General-Major. In dieser Würde wohnte er dem Feldzuge in Italien 1734. bey, befand sich in der Schlacht bey Parma, und recognoscirte im September das französische Lager den Tag vor dem Ueberfall an der Secchia verkleidet, welchem Ueberfall er wie auch der Schlacht bey Guastalla beywohnete. Im März 1735. ward er Feldmarschall-Lieutenant und that sich bey dem Rückmarsch der Kaiserlichen Armee aus Italien besonders hervor. Gegen das Ende nemlichen Jahrs kam er mit einem Corps zurück, und verjagte die Spanier mit Verlust von Mantua bis in das Parmesanische. Im October 1735. ward er Gouverneur von Komorra, und 1736. General-Feldzeugmeister; 1737. machte er sich durch Stillung des Aufruhrs in Kroatien und der dasigen neuen Einrichtung verdient, wohnte dem Feldzuge diers vom Regiment Chatillon stehen. Dem Grafen von Estrees folgten die Truppen des Grafen von Clermont-Prince.

Da aber der Marschall von Sachsen das feindliche Lager stärker fand, befahl er dem Marquis von Sennecterre, nunmehro mit neunzehn Bataillons und vier Cavallerie-Brigaden vorzurücken; der General Marquis von Clermont-Tonnere mußte mit vierzig Escadrons zu dem Marschall stossen, welcher zu Bewachung der Quellen der Demer, nur die königliche Grenadiers bey Alt-Elderen stehen ließ. Er der Marschall von Sachsen stellte ferner seine Cavallerie in verschiednen Linien

züge gegen die Türken bey, und that sich in den Schlachten bey Banialuka, Kornea und Grotzka besonders hervor, 1739. im April ward er Reichs-General-Feldzeugmeister, und am 20. November desselbigen Jahres Ritter des goldenen Vliesses, den 19. März 1741. aber Kaiserl. Königl. General-Feldmarschall. Er wohnte nachgehends mit vielem Ruhm allen Feldzügen in Schlesien, Flandern und Sachsen bey. 1757. verlohr er aber mit dem Prinz von Soubise gegen den Könige von Preußen die Schlacht bey Roßbach. Den 15 April 1718. vermählte er sich mit der reichen Erbin des Prinzen Eugenii von Savoyen Anna Victoria, Tochter Grafen Ludwig Thomas von Savoyen, Grafen von Soissons, die sich aber von ihm trennte, und 1752. nach Turin gieng.

oberhalb Herdeven. Zu Bedeckung ihrer rechten Flanke, der einzigen Seite, an der man sie tourniren konnte, schickte er die Füseliere vom Regiment la Morliere, in das kleine Dorf Elcht. Das Geschütz ward zwischen die Cavallerie und Infanterie gestellt, die längshin oben auf der ebenen Anhöhen und an den Zäunen von Herdeven standen. Da sich mittlerweile die Alliirten zwischen den Dörfern Roesmer und Spauwen in verschiedne Linien stellten, so war zu glauben, daß das ihre ganze Armee seyn müßte. Sie war den 29ten Juny zwischen Gelick und Lonackem angekommen, blieb dort den 30 stehen, und war den 1 July früh um 4 Uhr nach den Anhöhen bey Herdeven und Millen aufgebrochen, um ihr altes Lager vom vorigen Jahr wieder zu beziehen; da der linke Flügel an die Jaar stieß, der rechte aber hinter der Comthurey Altenbinsen stand, glaubten ihre Generals, diese Stellung in ihrer Gewalt zu haben, weil sie den 30ten die Corps vom Prinz von Wolffenbüttel, Grafen von Daun und den General von Baronnay vorausgeschickt hatten. Diese Corps hatten sie für hinlänglich gehalten, sich der Quellen der Demer zu bemächtigen, und die Truppen der Grafen von Clermont und Estrees in Furcht zu setzen. Denn, wie hätten sie sich vorstellen können, daß eine Armee, die am 27ten Juny bey Löwen eine Fütterung

rung angestellt hatte, den 1ten July bey Tongern stehen könnte? Bey Erblickung der bey Herdeven in Schlachtordnung stehenden französischen Truppen liessen die Alliirten die vordersten Züge der Colonnen Halt machen, die, da sie durch enge Wege kamen, in Gefahr waren geschlagen zu werden, wenn sie zuweit vorrückten. Sie stellten die Infanterie des Prinzen von Wolffenbüttel, und einen Theil von dem Grafen von Daun Truppen in Grosspauwe, mit dem Befehle, sich da zu verschanzen. Ihren leichten Truppen ward aufgetragen, die Zugänge der Comthurey bis an die Demer zu besetzen. Die übrige Mannschaft vom Corps des Grafen von Daun, wurden an das linke Ufer der Demer, von der Comthurey bis an Bilsen gestellt, das Se. Durchlaucht der Prinz Christoph von Baden-Durlach mit 6000 Mann Infanterie und 6 Canonen besetzte.

Die englische Cavallerie rückte unter dem General von Ligonier voran: sie stellte sich auf der Anhöhe zwischen Roesmer und Spauwe in Schlachtordnung. Diese Disposition war nur auf einstweilen getroffen, um den Franzosen von Herdeven die Spitze zu bieten. Als die Infanterie der Alliirten ausrückte, zog die Englische und Hannöverische linker Hand hinter das Dorf Vlitingen und das kleine Dorf Lafeld. Die holländische Cavallerie

besezt

besezte die Mitte hinter ihrer eignen Infanterie, und hinter den im Solde der Generalstaaten stehenden Bayern und Hessen. Anstatt der englischen und hannöverischen Cavallerie, die hinzog und den linken Flügel beym Dorfe Willer auszumachen, ward die Oesterreichische in verschiednen Linien auf die Anhöhen bey Spauwe gestellt. General von Trips hatte die Arriergarde der Armee seit ihrem Aufbruch von Lier angeführt. Er stellte sich nun ganz linker Hand hinter Montenaken und der Jaar. Wäre man mit diesen Anstalten bey Zeiten fertig geworden, so hat man Ursache zu glauben, die Alliirten würden sogleich die Franzosen angegriffen und genöthigt haben, sich nach Tongern zurückzuziehen, um so viel mehr, weil der gröste Theil ihrer Armee noch zurück war. Allein da der Alliirten Marsch, durch nicht recht besichtigte Wege war aufgehalten worden, konnte ihre Schlachtordnung nicht eher als gegen die Nacht errichtet werden.

Da der Marschall von Sachsen den Feind mit allen seinen Truppen gegenüber stehen sah, ließ er, um nicht umzogen zu werden, des Grafen von Clermont-Prince Truppen in Remst einrücken. Der Marschall ließ die Stellungen beyder Armeen dem Könige melden, um zu hören, ob es sein Wille wäre, den Angriff zu thun, weil das Treffen vermieden werden

den konnte, wenn die Armee sich nach Tongern zurückzöge. Der König befahl hierauf, die Armee vorrücken zu laßen. Sie kam eben in diesem Augenblick bey Tongern an. Aber ob sie gleich noch drey Meilen in abscheulichem Wetter nach dem langen Marsch den sie von Löwen her gethan hatte, zurücklegen sollte, bezeugte sie doch den grösten Eifer hinzuziehen, um von neuem unter des Königs Augen zu fechten. Nachdem sich derselbe auf die Anhöhen bey Herdeven begeben hatte, besichtigte er mit dem Marschalle von Sachsen die Stellung der Alliirten. Die einbrechende Nacht gestattete ihm nicht, diesen Tag die Stellung seiner Armee zu vollenden. Dem Grafen von Saint-Germain ward befohlen, den Tongerberg mit zwölf Bataillons zu besetzen. Er sollte sich im Nothfall mit 50 Canonen in Tongern werfen. Denn so ist die Vorsicht großer Feldherren beschaffen. Zu einer Zeit, da sie beynah des Siegs gewiß sind, stellen sie sich doch den Rückzug sicher.

Des Marquis von Sennecterre Infanterie blieb auf der Anhöhe bey Herdeven stehen, sie hatte vor sich zwölf Canonen, und hinter sich zwanzig Bataillons. Zehn andre Bataillons standen auf dem Rücken der Anhöhe. Ihr zur rechten Hand stand die Cavallerie in zwo Treffen, die über den grossen Steinweg hinaus giengen. Sie hatte vor sich

das

das Dorf Remst. Zwölf Bataillons und zwanzig Canonen verlängerten die Linie der Reiterey. Die Crabiniers und die Brigada schwerer Reiter standen hinter diesen zwölf Bataillons. Die Brigade der königlichen Haustruppen, und die von der Leibgarde besezten die rechte Seite des Dorfs Herdeven. Man stellte auch dahin das Geschütz, das keine besondre Bestimmung hatte. Des Grafen von Clermont-Prince in Remst gestellte Truppen, hatten zu ihrer rechten Hand des Grafen von Estrees seine, die der König des Nachts mit dem Grenadier-Regiment von Chatillon, und dem Detaschement vom Regiment la Morliere, das man vorige Nacht in das kleine Dorf Elcht gestellt hatte, verstärkt. Man schikte in dieses Dorf 7 Grenadierscompagnien und 7 Piquets. Die Alliirten thaten einige Canonenschüsse, um sie daraus zu vertreiben. Sie führten auch Stücke auf, um das Dorf Remst zu beschießen; aber diese beyden Posten wurden van den Franzosen nicht verlassen. Die Fischerische Freycompagnie und 800 Reiter erhielten Befehl, über die Sicherheit des Lagers zu wachen, das man aufgeschlagen, hinter Tongern stehen ließ. Der König ließ mit Anbruch des Tages die Infanterie Brigaden aufbrechen, die sich nicht an ihre Posten an der rechten Seite von Herdeven hatten begeben können. Alle diese Anstalten kündigten das Vor-

ha-

haben an, der Alliirten linken Flügel anzugreiffen, und sie zur Entfernung von Mastricht zu zwingen. Als das der Herzog von Cumberland inne ward, traf er in seiner Schlachtordnung einige Aenderungen. Der linke Flügel seiner ersten Infanterie-Linie mußte zu Unterstützung des Dorfs Lafeld weiter vorrücken. Er hatte Anfangs dieses Dorf verlassen, nun aber ließ er es wieder mit vier englischen oder hannöverischen Regimentern besetzen, die durch vier andre von eben diesen Truppen unterstüzt wurden. Der Prinz Friedrich von Hessen commandirte in Lafeld, und vertheidigte dieses Dorf mit dem grösten Heldenruhm. Cumberland ließ die Vorderseite des Dorfs mit Canonen besetzen, und an dessen beyden Seiten Stückbetten anlegen. Er ließ das zweyte Treffen vom linken Flügel der ersten näher rücken. Die englische Garde zu Fuß ward aus dem Dorfe Vlitingen weggenommen, das kurz vor der Schlacht angesteckt ward. Sie stellte sich in einem Winkel, und stieß rechter Hand an die Mitte, die von Bayern und Hessen besezt war. Der Feldmarschall von Bathiany detaschirte einen Theil der Infanterie des Grafen von Daun, um den General von Trips zu unterstützen, der die Jaar zu beobachten hatte. Mittlerweile daß die Alliirten diese Veränderungen vornahmen, war der Marschall von Sachsen, der des Königs Befehl eingeholt hatte, zwischen Remst und Lafeld vorgerückt. Dem Grafen von Estrees befahl er, die leichten feindlichen Truppen zu vertreiben, die ihren linken Flügel bedeckten, und sich in Montenacken und Willer zu setzen, um ihrer Armee in die Seite zu kommen, und die Angriffe zu bedecken.

In diesem Augenblick machte sich der Graf von Clermont-Prince fertig, Lafeld mit seinen 20 Canonen und 4 Infanteriebrigaden anzugreifen, die von seiner rechten Hand in Schlachtordnung stehende Cavallerie unterstüzt wurden. Der Marquis von Salieres, zog mit 6 Infanterie Brigaden und 20 Canonen nach dem Dorfe Vlitingen, das damals die Feinde noch nicht angesteckt hatten. Die Cavallerie unter dem Marquis von Clermont-Tonnere ward bestimmt, des Marquis von Salieres Infanterie zu unterstützen. Der Marquis von Clermont-Tonnere ließ seinen rechten Flügel bis an das Dorf Remst vorrücken, der linke aber wich nicht von der Stelle, sondern blieb beständig bey Herdeven stehen. Als Befehl ergangen war, das Treffen anzufangen, rückte der Graf von Estrees in zwo Colonnen vorwärts. Er wartete, bis die Reiterey des Grafen von Clermont, die unter dem Grafen von Segür stand, bis an ihn hinangekommen war, ehe er Montenäken und Willer angriff. Der Graf von Roche-

chou-

chouartsodoas nahm sie mit den Regimentern Chatillon und Daullan und den leichten Truppen zu Fuß ein.

Mittlerweile rückte des Grafen von Clermont-Prince Infanterie in drey Colonnen vorwärts. Die zur rechten Hand, welche die Brigade Monaco enthielt, stand unter dem Grafen von Lautrec. In der Mitte marschirte der Graf von Aigle mit der Brigade la Fere. Linker Hand zog die Brigade Segur unter dem Grafen von Berenger und Froulay. Die Infanterie-Brigade Bourbon machte unter dem Marquis von Beaupreau ein Corps de Reserve aus. Sie sollte das Geschütz unterstützen, das in zwo Abtheilungen jede zu 10 Canonen bestand.

Sobald des Grafen von Clermont Infanterie an Lafeld anrückte, machten die Alliirten ein heftiges anhaltendes Feuer. Ungeachtet dieses Feuers und der Böschung der Futtermauern des Dorfs, drangen die Franzosen in die ersten Baumgärten ein, konnten sich aber nicht des Weges bemächtigen, der durch das Dorf gieng. Ein zweyter Versuch, den sie mit der Brigade Bourbon anstellten, gelang ihnen nicht besser. Des Marquis von Salieres Infanterie war im Begrif, in Vlitingen einzurücken. Da sie wegen dem von den Alliirten darinnen angesteckten Feuer nicht hinein konnte, stellte sich diese Infanterie im Angesicht von Vlitingen in Schlachtordnung. Ihr rechter Flügel kehrte sich gegen Lafeld, ihr linker gegen einen Grund. Zehn Canonen von den zwanzig, die mit dieser Infanterie fortgerückt waren, wurden an ihrer rechten Seite gestellt, um die Canonen zum Schweigen zu bringen, welche die Feinde an der rechten Seite des Dorfs Lafeld hatten.

Da der Herzog von Cumberland sah, daß alle Bemühungen der Franzosen wider seinen linken Flügel gerichtet waren, ließ er dem Fürsten von Waldeck und Feldmarschall von Bathiany sagen, sie sollten, um eine Diversion zu machen, mit dem Mitteltreffen und rechten Flügel den Angriff thun. Der Fürst von Waldeck rückte zweymal mit einer Infanterie-Colonne heraus, und längs an den Zäunen von Vlitingen hin, ward aber durch das Geschütz zurück gehalten, das vor den Brigaden du Roi und Montmorin stand. Der Feldmarschall von Bathiany ließ das kleine Dorf Elcht angreifen. Da das darinnen stehende Detaschement es bey Annäherung der Alliirten verlassen sollte, zog sich dasselbe unter Bedeckung dreyer Cavallerie Detaschements, die der König entgegen schickte, in guter Ordnung zurück. Da solchergestallt die Oesterreicher das Dorf Elcht einbekamen, führten sie Stücken dahin, die auf der Anhöhe von Herveden

jeman-

jemanden vom Gefolge des Königs verwundeten. Da der König durch die auf dieser Anhöhe stehenden Stücken darauf antworten ließ, schwiegen die Stücken zu Elcht. Die beyden ersten Angriffe der Franzosen auf Lafeld hatten nicht allen erwünschten Erfolg gehabt; jedoch hatten sie die ersten Baumgärten eingenommen. Da aber die beyden Infanterie-Brigaden Bettens und Monnin unter dem Marquis von Montbarrey Befehl erhielten, zu den Infanterie-Brigaden unter dem Grafen von Clermont zu stossen, versuchte man einen dritten Angriff, konnte aber gleichwohl nicht den Feind aus dem Dorfe treiben. Mittlerweile stand die Cavallerie von des Marquis von Senecterre Abtheilung, von der Alliirten linken Flügel in Schlachtordnung, welcher Flügel aber weit über sie hinaus gieng. Zu Verlängerung der Cavallerie-Linie des Marquis von Senecterre, ließ man die Brigaden dù Roi, Cravattes und Royal-Roussillon anrücken. Da ein Stückbette der Alliirten diese Brigaden im Rücken faßte, wurden sie sehr übel behandelt. Besonders litt die Brigade dù Roi überaus viel, auch ihr Anführer, der General-Lieutenant Graf von Bayern blieb.

Von der Eroberung von Lafeld hieng die Gewinnung der Schlacht ab. Der König ließ also noch die Brigaden Royal-Vaisseaux, welche aus diesem Regiment und dem Regiment Hainault bestand, und die Irrländische, die aus den Regimentern Roth, Buckeley, Clare, Dillon, Berwick und Lally bestand, vorrücken, um noch einen Angriff zu machen. Diese Brigaden wurden von dem General-Lieutenant Lord Clare, den Marechaux-de-Camp Herzogen von Havre, von Fitzjames, und von Rooth, und den Brigadiers von Bombelles und Lord Dunkel angeführt; sie avancirten zugleich mit der Infanterie, die, die drey ersten Angriffe gethan hatte, und griffen Lafeld mit solchem Muth an, daß der Feind geworfen, und mit Unordnung bis an die letzten Zäune getrieben ward. Da sich der Herzog von Cumberland im Begriff sah, Lafeld zu verlieren, eilte er mit vieler Gegenwart des Geistes, in Person zu seinem linken Flügel der Infanterie, und ließ dieselbe zu Unterstützung dieses Posten anrücken. Seine durch diese Verstärkung ermunterten Truppen nahmen wieder einen Theil des verlohrnen Platzes ein. Die durch zahlreichern und frische Truppen überwältigten Franzosen wurden geworfen, und fiengen an zu weichen. Als dieses nun der Marschall von Sachsen sah, gab er geschwind an den Marquis von Salieres den Befehl, mit den Brigaden von la Tour du Pin, du Roi, und von Orleans, zu Unterstützung der weichenden Truppen, vorzurücken.

Da diese drey Brigaden nicht Patronen genug hatten, so mußten sie, bis man ihnen die nöthigen Patronen austheilte, warten. Da hingegen der Augenblick kostbar war, und dem Marschalle die Zeit zu lange wurde, schickte er einen seiner Adjudanten hin, und ließ nach der Ursache dieses Verzugs fragen. Der Graf von Guerchy, Obrister vom Regiment des Königs, ritt mit dem Adjudanten und meldete dem Marschall von Sachsen die Ursache selbst und fügte zugleich hinzu, das es noch eine ziemliche Zeit dauern könnte, ehe man den andern beyden Brigaden die Patronen würde ausgetheilt haben, die seinige aber wäre mit Bley und Pulver noch hinlänglich versehen, er bäte also den Marschall, ihn mit der seinigen vorrücken zu lassen. Diesen Diensteifer des Grafen nahm der Held mit vieler Wärme auf, und befahl ihm gegen Lafeld zu avanciren. Dieser brave Guerchy, welcher vollkommen den Sinn des Marschalls wußte, glaubte daß so lange wie die Alliirten könnten Truppen in dem Dorf einrücken lassen, so wäre es unmöglich, daß die Franzosen in selbigem einen festen Fuß fassen könnten. Er rückte also ohne weitere Verhaltungsbefehle abzuwarten, gegen Lafeld vor. Sobald als er also mit seinen zwey Bataillons vom rechten Flügel und vier Grenadierscompagnien in Lafeld war, eilte er längs den Zäunen mit seinen zwey Bataillons

lons vom linken Flügel und marschirte gerade auf den hohlen Weg, vermög welchen die zur Unterstützung vorgerückte feindliche Colonne, mit Lafeld Gemeinschaft hatte. Die Brigaden von la Tour du Pin, und von Orleans waren nun unter Anführung des Marquis von Salieres mit vieler Geschwindigkeit diesen beyden Bataillons von des Königs Regiment, nach dem hohlen Weg gefolgt. Hier traf nun der Marschall von Sachsen, der mit dem Manövre des Grafen von Guerchy ganz ausserordentlich zufrieden war, selbst ein. Er setzte sich an die Spitze dieses braven Bataillons, gieng auf die feindliche Infanterie los, griff sie unter dem grösten Feuer mit einem wahren Heldenmuth an, brachte sie in Unordnung, schlug sie, und sties mit dem Bajonette so viel Feinde nieder, daß die übrigen bestürzt die Flucht nahmen, und auf einmal von der Gemeinschaft mit Lafeld abgeschnitten wurden, dieses Dorf wegen dessen Besitz sehr viel Menschenblut war vergossen worden, blieb nun in des Helden Hand. Nun brachen die Franzosen mit Infanterie und Cavallie, gleichwie Furien in die feindliche Mitte, wo die Holländer, Bayern und Hessen standen, ein; brachten der Alliirten Infanterie und Cavallerie nicht nur gänzlich in Unordnung, sondern stellten in beyden ein entsetzliches Blutbad an. Als der Marschall von Sachsen auf

La-

Lafeld los gieng, hatte er die Brigade Montmorin vor Blitingen stehen lassen, um die Holländer zuruckzuhalten, die durch diesen Mittelpunkt hätten durchdringen können. Diese Brigade hatte hinter sich die beyden Cavallerie-Brigaden Cravattes und Royal-Roussillon. Sobald der Marschall von Sachsen Unordnung unter der Infanterie des linken Flügels der Feinde angerichtet hatte, nahm er die ersten Schwadronen dieser beyden Brigaden, und ließ sie auf die feindliche Infanterie losgehen. Die andern Schwadronen wollten nachrücken, er befahl ihnen aber, in Schlachtordnung stehen zu bleiben, um den Rückzug der ersten, wenn sie sollten geschlagen werden, zu bedecken. Als die vorrückenden Schwadronen durch einen Grund gesetzt hatten, den sie vor sich fanden, drangen sie durch die beyden feindlichen Treffen, und trieben zwey Cavallerie-Regimenter auf einen Theil der Infanterie des Grafen von Daun zurück, die eben damals im Begriffe war, von dem rechten Flügel nach dem linken zu ziehen. Nun hatten die Allirten bey dem kleinen Dorfe Heeß Cavallerie zu stehen; von derselben fielen einige Schwadronen den französischen in den Rücken, und zwangen sie durch den Grund zurück zu gehen. Mittlerweile waren die in Willer stehenden beyden königliche Grenadier-Regimenter zu zweyenmalen angegriffen worden, und hatten beym zweyten Angriff das Dorf räumen müssen. Des Grafen von Segür Cavallerie hatte ebenfalls eine Bewegung linker Hand gemacht, so daß des Grafen von Estrees Cavallerie, da sie beyder Unterstützung beraubt war, durch einen hohlen Weg hinter ihr zurück gegangen war, sowohl um sich wieder dem Grafen von Segür zu nähern, als um nicht dem Feuer des Dorf Willer ausgesetzt zu seyn. Diese Bewegungen waren ziemlich ruhig vorgegangen. General von Trips hatte sie sich zu Nutze gemacht, um seine Infanterie und 400 Husaren über Willer hinausrücken zu lassen. Allein der Graf von Estrees hielt sie durch die beyden Husarenregimenter von Linden und von Polleresky zurück, die er disseit des hohlen Wegs hatte, an den er die königliche Grenadiers gestellt hatte.

Nachdem Lafeld eingenommen war, ließ der Marschall von Sachsen zehn Stücken an des Dorfs rechter und linker Hand aufführen. Zugleich rückte er selbst an dessen rechter Hand mit der Cavallerie des Grafen von Segür vor. Der Graf von Estrees stellte sich mit der seinigen neben ihn. Estrees hatte zu seiner rechten Seite, und zwar in der ersten Linie die Infanterie von den Freyregimentern von Grassin und von la Morliere, und in der zweyten Linie die von dem Freyregiment

von

von Rosenberg. Der Allirten Cavallerie, auf dem linken Flügel, war noch nicht von der Stelle gerückt, sondern war stets in zwo Linien in Schlachtordnung stehen geblieben, und lehnte sich an das Dorf Kistelt. Diese Cavallerie überflügelte der Grafen von Segür und Estrees ihre um 10 Schwadronen. Doch das konnte bey dieser Beschaffenheit der Dinge nicht viel Besorgniß erwecken, weil der hohle Weg mit Infanterie besetzt war. Des Marschalls von Sachsen Anschlag war, diesen linken Flügel anzugreifen. Da er nun in dem Ende stärker seyn mußte, ließ er den Carabiniers und Cavallerie-Brigaden sagen, sie sollten geschwind rechter Hand rücken. Er stellte zur Vorsorge dahin das Dragoner-Regiment Beaufremont, und die leichten Reiter von den Regimentern Grassin und la Morliere, welche das Terrain bis an das Dorf Wilker, das der Feind nur eben verlassen hatte, besetzen mußten. Die Infanterie der Allirten zog sich damals durch das Dorf Kistelt zurück. Da nun, indem sie sich von ihrer Cavallerie entfernte, dieselbe ohne Unterstützung war, und die Stücken darunter große Verwüstung anrichteten, giengen die französischen Husaren, die sie wanken sahen, auf sie los. Der General von Ligonier commandirte diesen linken Flügel. Er glaubte die Umstände wären verfänglich, und es wäre nothwendig

Rettung seiner Infanterie einige Schwadronen aufzuopfern. Er gieng geschwind mit einem Theil seiner Cavallerie auf die französische los. Einige Schwadronen empfiengen ihn mit Standhaftigkeit, andre, die in Galopp ankamen, wurden an den Grund getrieben.

Als das Feuer der darein gestellten königlichen Grenadiers der Alliirten Cavallerie in Unordnung gebracht hatte, ließ der Graf von Estrees sogleich eine Brigade-Carabiniers auf die linke Seite ihrer Schwadronen loßgehen, indessen daß er sie mit der Cavallerie-Brigade Anjou von vorn angriff. Da nun dieser Theil der feindlichen Reiterey auf diese Art angegriffen wurde, ward er, besonders die Hannöverische Reiterey so sehr geschlagen, daß er sich nicht widersetzen konnte. Mittlerweile hatte der Marquis von Armentieres die Schwadronen vom rechten Flügel wieder herbey geführt. Da er sah, daß die englische Cavallerie sich der Hannöverischen zu nähern, und ihr die Mittel zu erleichtern suchte, wieder in Ordnung zu kommen, und zu ihr zu stossen, gieng er auf diese Reiterey los, und trieb sie gegen den Herzog von Broglio zu. Als dieser sie mit der Cavallerie-Brigade Royal angriff, wurde das Regiment des Herzogs von Cumberland, welches kurz vorher in den Piquets der Freyregimenter Grassin und la Morliere

mit

mit Vortheil gesetzt hatte, und die grauen Dragoner gänzlich zu Grunde gerichtet. Der General von Ligonier suchte zwar zu entkommen, ward aber von den Carabiniers gefangen genommen. Nachdem der Marschall von Sachsen und Graf von Segür die ihnen nachstehende Schwadronen wieder formirt, und die feindlichen weit genug zurück geschlagen hatten, übertrug der Marschall von Sachsen dem Grafen von Clermont-Prince die Sorge, dem feindlichen linken Flügel ferner nachsetzen zu lassen, und begab sich wegen des Angriffs auf ihrem rechten zum Könige. Er hatte bey sich den General Vicomte von Ligonier, und stellte ihn dem Könige vor, der ihn gütig aufnahm.

Unweit von Mastricht wollten einige feindliche Escadrons sich von neuem formiren, allein der Graf von Clermont-Prince zwang sie durch einige Canonenschüße sich unter die Mauern von Mastricht zu ziehen. Der Herzog von Cumberland ließ dem Fürsten von Waldeck und Feldmarschalle von Bathiany sagen, sie sollten auf ihren Rückzug denken. Es wäre ihnen schwer geworden, den ohne Verlust zu bewerkstelligen, wenn man hätte gerades Weges auf sie losgehen können. Da sie aber noch über 40,000 Mann stark waren, und verschanzte Dörfer an ihren Seiten hatten, mußte man Behutsamkeit gebrauchen. Die Zeit, die dieſe se erforderte, war ihnen günstig. Der König ließ die Infanterie-Brigaden, welche unter dem Marquis von Sennecterre standen, aufbrechen. Sie rückten auf die Anhöhen zwischen Spauwe und Roeßmer. Vor ihnen her zoger 20 Canonen und die Cavallerie-Brigade Royal-Allmand. Sie sollten der Alliirten rechten Flügel gegen die Marquis Clermont-Gallerande, und Clermont-Tonnere treiben. Der erste rückte mit zwo Cavallerie und einer Infanterie-Brigade zwischen Vlitingen und dem Dorfe Heeß vor. Der andre zog mit einem Corps Reiter nach der Mühle bey Montpertin. Diese vortreflich entworfene und gut beurtheilte Manövers, waren gleichwohl von keinem Nutzen. Denn man konnte blos die Husaren und Croaten einhohlen, von denen man einige zu Gefangenen machte. Als der Marschall von Sachsen auf die Anhöhe bey Roeßmer gekommen war, sah er in der Entfernung der Oesterreicher Arrieregarde unter dem Prinzen von Wolffenbüttel in guter Ordnung marschiren. Bey der Unmöglichkeit, ihn mit den Truppen zu erreichen, ließ der Marschall von Sachsen einige 16pfündige Stücken auf sie abfeuern. Die beyden Marquis von Clermont, welche die feindliche leichte Truppen, die die rechte Flanke der Colonne deckten, schlugen, konnten nicht weiter als bis Cronfeld nachsetzen, indem dieses Dorf mit Oesterreichischer Infanterie besetzt war, die ihrige aber nicht vor der Nacht ankommen konnte. Se. Durchlaucht der Prinz Christoph von Baden-Durlach stand mit 6000 Mann in Bilsen. Von hier marschirte der Prinz, ohnerachtet er von den Franzosen, durch welche er sich schlug ohne einen Mann zu verliehren, umringt war, nach Münsterbilsen zurück, und stieß erst in der Nacht aber glücklich bey Emermaes zur Armee der Alliirten.

Die französische Armee blieb zwischen Montpertin, Heeß, Lafeld und Kistelt die Nacht über in Schlachtordnung stehen.

Der feindliche Verlust belief sich an Todten und Verwundeten bey 10,000 Mann. Die Franzosen machten 800 Gefangene, unter welchen sich der General von Ligonier, der Graf von Isenburg, Lord Robert Sewton, und des Lords Albemarle Sohn befanden. Die Franzosen eroberten neun und zwanzig Canonen, zwey Paar Pauken, neun Fahnen und 7. Standarten.

Der französische Verlust hingegen belief sich nur auf 6000 Mann. Unter den Todten befanden sich der General-Lieutenant Graf von Bayern, der Marschall de Camp Marquis von Froulay, die Brigadiers von Marquis, und von Erlach, die Obristen Grafen von Antichamp, von Aubeterre, und

Che-

Chevalier von Dillon. *) Verwundet wurden der General-Lieutenant Graf von Lautrec, die Marechaux-de-Camp Graf von Guerchy (der den größten Antheil mit an dem Siege hatte) und Crequi, die Brigadiers Graf von Basleroy, Chevalier von Dreux, Marquis von la-Tour dü-Pin, Ritter von la Mark, Marquis von Cernay, von la Valette, und Marquis von Bellefonds, die Obristen Marquis von Bonnac, von Segür, von Fenelon und von Rochambault.

Anmerkung über die Schlacht bey Lafeld.

Die Schlachtordnung der Allirten war vortreflich, ihre Flügels waren gut angelehnt und konnten nicht so leicht tournirt werden, ihre Front war durch eine Menge Geschütz und verschanzte Dörfer gedeckt, und da die Französische Infanterie um ihnen anzugreifen durch eine zwischen den Anhöhen liegende Tiefe marschiren mußte: so wäre es

*) Sein Bruder blieb als Oberster des nemlichen Regiments, in der Schlacht bey Fontenoy.

es den Alliirten sehr leicht gewesen sie nicht allein en Detail zu schlagen, sondern sie hätten diese Infanterie noch obendrein durch ihre Menge Canonen gänzlich aufreiben können. Dieses war also der erste Fehler der Alliirten gleich im Anfang der Schlacht. Bis zu dem Augenblick wo die Franzosen Lafeld erstiegen und eingenommen hatten, fochten der Herzog von Cumberland, Prinz Friedrich von Hessen mit ihren Truppen mit einer ausserordentlichen Tapferkeit, ein gleiches thaten die braven Hessen, Holländer und Bayern in der Mitte. Nach der Einnahme von Lafeld wurden von den Alliirten aber noch folgende Fehler gemacht. Und zwar

Zweytens wurden die guten Holländer in der Mitte nicht unterstützt, und gleich als Schlachtopfer aufgeopfert. Da doch diese Unterstützung von demjenigen Theil der Infanterie die ganze Schlacht über müßig blieb, sehr leicht hätte geschehen können; auch ein Theil der Cavallerie dieses linken Flügels, hätte noch zu rechter Zeit der geschlagenen Mitte zu Hülfe eilen können. So aber

Drittens, zog sich die Infanterie der Alliirten vom linken Flügel zu früh durch das Dorf Kistelt zurück, hierdurch nun trennte sie sich von ihrer Cavallerie, und beyde blieben ohne Unterstützung.

Viertens, hätte der General von Ligonier da er den Eifer zeigte, seine Infanterie mit der Cavallerie zu retten, solches nicht mit einem Theil derselben thun sollen, sondern er hätte ganz mit selbiger vorrücken, und die Franzosen angreifen sollen. So war er aber nur allein Schuld, daß die grauen Dragoner und des Herzogs von Cumberlands Regiment zu Grunde gerichtet wurden, und er in die Gefangenschaft gerieth.

Fünftens. Wenn gleich der General-Feldmarschall von Bathyany auf dem rechten Flügel einige Bewegungen machte, um den Franzosen in die linke Flanke zu fallen, so wurden sie doch nicht mit Nachdruck durchgesetzt. Die bey Herderen von den Franzosen gut besetzte Anhöhe, war nicht hinlänglicher Grund um sein Vorhaben nicht durchzusetzen; denn ein guter General überwindet mit guten Truppen immer alle Hindernisse. Bey der Einnahme von dem Dorf Elcht hätte er es nicht sollen bewenden lassen, zumal sein Geschütz vor diesem Dorf, den linken Flügel der Franzosen, wo der König sich befand, mit Vortheil bestreichen konnte. Endlich

Sechstens, detaschirte der General-Feldmarschall von Bathiany, den General Graf von Daun, um mit seinem Corps die Mitte und den linken Flügel zu unterstützen viel zu spät, wann gleich einige Truppen von diesem Corps noch halfen die französische Infanterie zu repoußiren, so war es dennoch zu spät, indem die französische Cavallerie Zeit

ge-

gewann, herbey zu eilen, um ihre Infanterie aufzuhalten, welches sie mit dem Säbel in der Faust that. Nun setzte sich diese Infanterie wieder, und unterstützt von ihrer Cavallerie, grif sie von neuem die Alliirten an, und trieb sie mit Verlust zurück.

Siebentens. Ist die Unthätigkeit des General-Feldmarschalls von Bathiany eben so wenig zu begreifen, als zu verzeihen, da er wußte, daß der französische linke Flügel stark seinen rechten verstärkt hatte. Da nun die Franzosen gegen ihn ungleich schwächer waren, so wäre es ihm auch desto leichter gewesen, sie zu überwinden.

Die Franzosen, hatten um so mehr Ehre da sie die Schlacht gewannen, als ihre Truppen Lafeld mit einer der größten Lobsprüche würdigen Tapferkeit angegriffen hatten. Die mit Erde verstärkten Futtermauern, die dort jeden Baumgarten zu einer Verschanzung machten, die natürlich festen Seiten, die sich dort fanden, und den Vertheidigern des Dorfs zu einem kreuzweisen Feuer verhalfen, der Kern englisches, hannöverisches und hessischen Fußvolk, wider das man zu fechten hatte, der kalte und währen des Angrifs fast stets anhaltende Regen, der das Erdreich so glatt machte, daß man sich kaum erhalten konnte, das waren alles Hindernisse, welche die Franzosen zu übersteigen hatten. Der Marschall von Sachsen aber, der sich an diesem Tage mehr als jemals der Gefahr aussetzte; überwand durch seine Standhaftigkeit, Gegenwart des Geistes und Heldenmuth, alle diese Schwierigkeiten.

Den 3. Julii lagerte sich die französische Armee in drey Treffen. Ihr rechter Flügel stieß an Emael an der Jaar, ihr linker an Kleinspauve. Das Geschütz ward in 3 Abtheilungen an die Vorderseite des ersten Treffens gestellt. Die königlichen Haustruppen stellte man auf die Anhöhe von der Comthurey Altenbinsen an in welcher der König noch ferner sein Quartier behielt, bis an Bilsen. Des Grafen von Clermont-Prince Truppen stiessen mit dem rechten Flügel an Roesmeer, mit dem linken an Eygen-Bilsen. Das Regiment Cantabrer zog in Hasselt ein. Hier war der Engländer Hospital, welches man ihnen nachschickte. Zwey Grenadier- und ein Dragoner-Regiment rückten in Tongern ein, um die Gemeinschaft mit Saint Tron nnd Tirlemont zu erhalten, worinnen 2 Bataillons und ein Cavallerie-Regiment lagen. Das Hauptquartier war in Hoesselt. Ein Dragoner-Regiment deckte dasselbe. Das Regiment Sachsen gieng zwischen Diepenbeek und Tongern in die Erfrischungsquartiere. Ein Detaschement Grenadiers lag in Bilsen. Drey Grenadierscompagnien besetzten Schoenbeek und die Mühle bey Brouchem an der Demer.

Die

Die Fischerische Compagnie lag in Diepenbeek. Den 7ten zog der Graf von Clermont-Prince nach der Abtey Hoichten, an die er seinen rechten Flügel anschloß; sein linker lehnte sich an Reckem. Diese Stellung schnitt den Alliirten die Gemeinschaft mit der untern Maas ab.

Den 18ten brachen die Regimenter die unter dem Grafen von Löwenthal die Belagerung von Bergen-op-Zoom unternehmen sollten, dahin auf. Die Stellung der Feinde hinter Mastricht hob alle Möglichkeit auf, diesen Ort zu belagern. Es ward also die Belagerung von Bergen-op-Zoom beschlossen. Den 12. und 15ten stellte die Armee Fütterungen an. Den 25ten lies der König durch den Obristen von Dieskau das englische große Frucht- und Mehlmagazin zu Peer wegnehmen. Der Alliirten Armee stand immer noch hinter Mastricht gelagert; ihr rechter Flügel stieß an Amby, der linke an Kronsfeld. Sie hatten drey Brücken über die Maas, zwo oberhalb und eine unterhalb Mastricht. General von Trips stand vor Lüttich, General von Baronnay zu Esloe und Stein; und des Grafen von Gaisrück Corps de Reserve besetzte Masenhoven an der Geule. Nachdem der König den 13. August die Bagage voraus hatte abgehen lassen, brach er den 14ten früh um 4 Uhr in acht Colonnen mit der Armee auf, und nahm sein Lager bey

Tongern. Der König nahm sein Quartier in das Schloß Hamal. Den 19. August waren die Alliirten an der Maas hinaufwärts mit ihrem linken Flügel bis Argenteau gerückt. Der König lies auf seinem rechten Flügel die Brigaden Battens und Colonel-General eine Bewegung vornehmen. Zugleich gab er dem Prinzen von Dombees Befehl, mit seinem Corps de Reserve zur Unterstützung des Grafen von Estrees anzurücken, wofern ihn die Feinde angreiffen sollten. Den 16. September gieng Bergen-op-Zoom mit Sturm über, von dieser Belagerung werde ich in einem andern Theil reden. Den 23. September verlies hierauf der König die Armee, und gieng nach Versailles.

Da der Marschall von Sachsen sich entschloß die Armee hinter die Dyle zu führen; hatte er den 30. September einen grossen Theil der Artillerie aufbrechen lassen. Den 3. October früh giengen die jenseit der Jaar stehenden französischen Truppen bey Tongern über dieselbe zurück, lagerten sich hinter diesen Fluß, und kehrten ihren rechten Flügel gegen Horeille. Zu gleicher Zeit zog sich der Graf von Estrees diesseit des Grundes bey Slings zurück. Seine Arriergarde unter dem Herzoge von Broglio ward nicht beunruhigt. Der Graf von Estrees lagerte sich in zwo Treffen, mit dem linken Flügel am Steinwege von Saint-Tron nach Lüttich mit dem rechten gegen Bergilers. Den 3ten stieg der Marschall von Sachsen früh um sechs Uhr zu Pferde, und rückte mit seinem Regiment Reuter auf dem Steinwege von Tongern nach Lüttich bis Perce vor. Er gieng nicht eher zurück, als bis der Graf von Estrees durch den Grund gegangen war. Kaum war er fort, so fiel ein Scharmützel zwischen seinen Ulanen und den feindlichen Husaren vor, der Freyherr von Vitzthum der erstere anführte, zog sich mit vieler Geschicklichkeit aus demselben.

Den 4. October brach die französische Armee nach Saint-Tron auf, und lagerte sich hier in zwo Linien. Den 5ten blieb die Armee hier bestehen. Den 6ten brach sie nachdem die Bagage voraus gegangen war, in drey Colonnen auf. Die Armee lagerte sich hinter Tirlemont in zwo Treffen. Den 7ten setzte die Armee ihren Zug in der nemlichen Ordnung fort, als Tages vorher, und lagerte sich in zwo Treffen, von welchem das erste aus der Infanterie bestand, hinter Löwen. In diesem Lager änderte der Marschall von Sachsen die Stellung seiner Truppen. Er schickte die Bataillons, welche bestimmt waren, in den Bisthümern zu überwintern, nach Waver und Florival. Die im holländischen und französischen Flandern und längsthin an der Schelde bleiben sollten, lies er nach

 Mecheln

Mecheln rücken. Die nach Hennegau und Brabant bestimmte Infanterie behielt er bey sich zu Löwen. den 10ten bezog die Cavallerie ihre Erfrischungsquartiere zwischen der Scene und Dyle. Nachdem der Marschall den 16. und 17. October Mecheln und Antwerpen besichtigt hatte, und den 19ten sicher vernahm, daß die Alliirten in die Winterquartiere gehen würden, lies er vom 20. bis 26. October seine Armee auseinander gehen, und die Winterquartiere in Champagne, an der obern Maas, und im holländischen und französischen Flandern beziehen. Den größten Theil der Artillerie hatte er schon den 15ten nach Douay geschickt, und nachdem er wegen der Fortschaffung der Zufuhren von Antwerpen nach Bergen-op-Zoom den Winter über alle sichere Anstalten getroffen hatte, gieng er nach Versailles.

Anmerkung über den Feldzug von 1747.

In diesem Feldzuge waren die Alliirten noch unglücklicher als im vorigen. Die Franzosen eröfneten selbigen mit der Eroberung des holländischen Flanderns, keine Stadt und Fort so fest wie

wie sie auch war, konnte ihren siegreichen Arm widerstehen. Bey Lafeld gewannen sie eine Hauptschlacht, die Folge von diesem gloreichen Siege, war die weltbekannte Belagerung und Eroberung von Bergen-op-Zoom, und ganz Seland. Bey allem diesem schienen die Alliirten nichts als wie nur Zuschauer abzugeben, wenigstens war ihr Widerstand schwach, und half zu nichts. Auf solchem großen Verlust konnte allerdings nichts anders, als ein elender Friede erfolgen; der auch im folgenden Jahr geschlossen wurde.

Der Feldzug von 1748. sollte französischer Seits mit der Belagerung Mastricht angefangen werden, welche die beyden Marschälle von Sachsen und von Löwenthal unternehmen mußten. Damit aber die Feinde nicht gleich diese Unternehmung gewahr werden möchten, mußten die Truppen die hierzu gebraucht werden sollten, sich durch Umwege dieser Stadt nähern. Selbst der Marschall von Sachsen gieng zuerst nach Flandern, Brabant, Seland, und versah Antwerpen, Mecheln, Brüssel, und Bergen-op-Zoom mit allem nothwendigen.

Den 4. April brach er endlich von Antwerpen auf gieng über St. Tron, Tongern und traf in Smermaes unterhalb Mastricht ein, wo er gleich das jenseitige Schloß Ophaven welches fest ist und unter dem Feuer der Stücken vom linken Ufer der Maas liegt, besetzen lies. Dies war ein nothwendiger Posten, um die Schlagung einer Brücke zu bedecken. Den 10. 11. 12. und 13ten trafen die Truppen vor Mastricht welches nun berennt wurde, ein. In der Nacht vom 15. zum. 16. April wurden in Beysein beyder Marschälle die Laufgräben an beyden Seiten der untern Maas erdfnet. Da ich von dieser Belagerung noch anderswo weitläuftiger reden werde, so gebe ich hier nicht die Beschreibung von selbiger; sondern berühre hier nur kürzlich, daß der Marschall von Sachsen schon alle Anstalten zu einem Generalsturm der den 4. May in der Nacht vorgenommen werden sollte, bereits gegeben hatte: Als er zu Mittage am nemlichen Tage vom Herzoge von Cumberland einen Brief mit der Nachricht erhielt, daß die Friedenspräliminarien bereits zu Aachen wären unterzeichnet worden. Zugleich that der Herzog dem Marschall den Vorschlag, er wollte ihm Mastricht übergeben, wenn er die Besatzung die kriegerischen Ehrenzeichen zugestehen wollte. Diesen Vorschlag des Herzogs nahm der Marschall von Sachsen an. Den 7. May ward der Vergleich unterzeichnet. Aus besonderer Achtung für den Commandanten den Freyherrn von Aylwa, und den commandirenden General der Oesterreichischen Truppen die in Besatzung lagen, Freyherrn von Marschall, erlaubte der Marschall von Sachsen beyden, vier Canonen und zween Mörser mit sich zu führen. Den 10. May zog die Garnison 24 Bataillons und 600 Reuter stark, aus Mastricht, und der Marschall Graf von Löwenthal rückte dagegen mit der französischen Besatzung als Commandant hienein. Nachdem den 11. May der Waffenstillstand in beyden Armeen war bekannt gemacht worden. So ward ausgemacht, der Franzosen Gränzlinie sollte sich bey Bergen-op-Zoom anfangen, von da über Pütten und Capelle hinaus bis hinunter nach Lier gehen, von da an der Rethe bis in Ytreghem, und bey Arschot an die Demer, an derselben hinauf bis Münsterbilsen, und über Gelick bis Necken. Der Fluß Geule sollte zur Gränze für das rechte Ufer der Maas dienen. Nachdem alle Kriegsverrichtungen bis auf weitern Befehl aufgehört hatten, so bezogen beyde Armeen bequeme Lager, wo sie hinlängliche Lebensmittel fanden. Beyde Armeen campirten bis im September, wo eine jede alsdann nach ihren Staaten aufbrach. Brabant, das kaiserliche Flandern, die Seestädte und die Grafschaft Namur räumten die Franzosen nicht eher als am 23. Jenner 1749. bis zum 10. Hornung. Das Oesterreichische Hennegau ward erst den 24. dieses Monats übergeben.

Nach geschlossenem Frieden genoß der Marschall seinen Ruhm und die Wohlthaten des Königs. Er erhielt von ihm Erlaubnis, sein Regiment leichter Reuter nach Chambort kommen zu lassen, wo der König für dasselbe Kasernen bauen und in Besatzung lies. Als es durch Paris zog, musterte es der König den 28. November 1748. in der Ebene Sablons. Der Marschall von Sachsen stand in der Uniform an dessen Spitze. Der König war ausserordentlich mit diesem Regiment zufrieden. Anno 1749. machte der Marschall dem König von Preussen seine Aufwartung zu Berlin. Friedrich der Große schrieb von diesem Helden den 15. Julii an Voltären: **Ich habe hier den Helden Frankreichs, den Sachsen, den Türenne des Jahrhunderts Ludwigs des Fünfzehnten, gesprochen, und habe mich durch seine Gespräche in der Kriegskunst unterrichtet. Dieser General scheint der Lehrer aller Generale von Europa zu seyn.** Bey seiner Zurückkunft in Frankreich, wurde er vom Kriegsminister über verschiedene Veränderungen, die er in der Armee vornahm, um Rath gefragt. Indem er nun von den Ausländern hochgeachtet, von den Franzosen geliebt, vom Könige mit Gnadenbezeugungen überhäuft ward, der ihm allezeit, so oft er ihm die Aufwartung machte, mit merklichem Vorzuge begegnete; indem er auf dem Gipfel der Größe stand, nichts weiter zu wünschen hatte, alle Belustigungen,

gen, die ihm nur angenehm seyn konnten, in seiner Gewalt hatte, und einer dauerhaften guten Gesundheit genoß; indem alles ihm ein langes annehmliches Leben ankündigte, nahm ihn den 30. November 1750. ein Faulfieber nach einem neuntägigen Lager weg, da er nur erst 54 Jahr, einen Monat und zwölf Tage zurückgelegt hatte.

Dem König gieng die Zeitung von seinem Tode sehr nahe, er gestand es öffentlich. Dankbarkeit bewog Frankreich, und seine schönen Thaten bewogen ganz Europa, ihn zu bedauern. Der Marschall von Sachsen war lang von Statur, hatte blaue Augen, eine wohlgebildete Nase, eine edle, kriegerische Mine. Ein annehmliches, gefälliges Lächeln verbesserte ein wenig Rauhigkeit, die seine schwarze Farbe, seine schwarzen, dichten Augbraunen seiner Gesichtsbildung gaben. Sein von Natur stolzes Gemüth lies sich nicht gern widersprechen; aber er besann sich leicht eines andern, und seine Seele war eben so unfähig, lange zu hassen, als irgend jemand zu schaden. Er war so stark, daß er Hufeisen zerbrach, und einen grossen Schmiedenagel mit den Fingern so drehte, daß er einen Korkzieher daraus machte. Er besaß eine solche Urtheilskraft, daß alle seine Entwürfe wohl überdacht und gut zusammen geordnet waren. Im Umgange war er ungekünstelt. Man ward seinen Verstand

stand nicht eher inne, als wenn er ihn wollte hervorschimmern lassen. Er kannte die Menschen, und wußte sie gehörig zu schätzen.

Er war freundlich gegen jedermann, und aufmerksam auf die Bedürfnisse der Soldaten, hielt aber strenge Mannszucht. Er ward von den Truppen zugleich verehret und gefürchtet. Da er beständig eine zufriedene Mine hatte, erweckte er dasjenige Vertrauen, ohne das es einem Heerführer nicht glücken kann. Als im Lager bey Prainhof ein Hauptmann seine Stelle niederlegen wollte, weil er sich gegen ihn demüthigender und harter Ausdrücke bedient hatte, sich öffentlich gegen ihn entschuldigte, und nachher nicht aufhörte, ihm Beweise der Freundschaft zu geben. *) Er war groß-müthig

*) O möchten doch diesem grosen Beyspiele, alle diejenige Chefs nachfolgen, die oft nach Leidenschaften, zu übereilt und im Zorn, wegen kleinen Versehen oder unverschuldet und oft auf Einrathen ihrer Frauen, die sich sehr oft in Regiments-Angelegenheiten mischen, oder auf Anstiftung eines Vettern, oder durch einen niederträchtigen Fuchsschwänzer den Subaltern mißhandeln, verfolgen, unterdrücken, oder gar wohl unglücklich machen. O möchten doch alle Chefs bey einer solchen Uebereilung sich ihres ehemaligen Subaltern Standes erinnern, oder wann sie gleich geborne Generals und Straabsofficiers geworden sind, folglich den Subaltern

müthig und menschenfreundlich. Niemals hat man ihm das gemeine Beßte vorzüglichen Betrachtungen des Rangs, oder der Gunst, oder der Furcht, sich Feinde zu machen, aufopfern sehen. Jeder bekam seine Stelle an seinem Orte. Sollte eine Wahl zu einer ausserordentlichen Unternehmung getroffen werden, so zog er allezeit Kenntniß und Erfahrung vor. Da er nichts mehr wünschte, als den Erfolg seiner Unternehmung, hörte er nichts lieber an, als Vorschläge von Mitteln, die dazu beytragen konnten. Er war unermüdet, geschäftig, und von einer nicht gemeinen Tapferkeit. Er befand sich, so oft es ihm möglich war, an der Spitze der Unternehmungen, und war fast immer zu Pferde. Bey scharfen und wichtigen Gefechten ergrif er denjenigen Augenblick, da er sie entscheiden konnte. Bey verfänglichen Fällen ermunterte er beständig durch seine Gegenwart den niedergeschlagenen Muth der Soldaten. Wenn man ihm bey Belagerungen

scharfe

altern Stand nicht kennen, möchten sie doch alsdann bedenken, daß zu starke Härte und Tyrannei, uns ganz von dem Ansehen, Ehre und Vollkommenheit unsers Metiers nicht allein abführen, sondern auch noch Verachtung von jedem vernünftigen und einsichtsvollem Manne nach sich ziehen. Dieser Gedanke allein würde zu der Vollkommenheit einer jeden Armee sehr viel beytragen.

scharfe Angriffe entweder auf den bedeckten Weg oder andre Aussenwerke vorschlug, gab er dem nur in unumgänglichen Fällen Gehör. „Besser ists, sagte er, einige Tage warten, als einen einzigen Grenadier verlieren, zu dessen Ersetzung zwanzig Jahre gehören.

Da er alle Arten von Kriegslist vollkommen inne hatte, und geschickt in der Wahl der Posten und Lager war, erhielt er seinen Feind in beständiger Unruhe, da indessen seine Armee der größten Ruhe genoß. Seine Befehle waren genau bestimmt. Zwanzig Zeilen enthielten die Anstalten zu einem Treffen. Indessen war doch alles zusammengeordnet, alles vorausgesehen, alles mit größter Deutlichkeit abgefaßt. Er beflis sich einer seiner Herkunft würdigen Größe der Seele, und hegte stets für die feindlichen Truppen die größte Achtung. Er führte den Krieg mit derjenigen Höflichkeit, die gesitteten Personen so gut ansteht. Aber er forderte auch von den feindlichen Generals nichts, das ihm nicht wäre zugestanden worden.

Er besaß die Schwachheit der meisten großen Männer; er liebte sehr das schöne Geschlecht. Aber ob er gleich Eigenschaften besaß, die im Stande waren, die Schönen zu fesseln, hielten sie es doch mehr mit ihm aus Eitelkeit, als aus Neigung, und zuweilen bekam er Ursache, sich über sie zu beschweschweren. In seinen jüngern Jahren war er mit einer Gräfin von Loben verheurathet, da er aber sein Glück in der Unbeständigkeit suchte, scheuete er bald das Eheband, dessen Obliegenheit er nie erfüllen zu können voraus sah. Da er nun dieses Jochs überdrüßig war, überlies er sich dem Leichtsinn seiner Neigungen. Dieses veranlaßte seine Ehescheidung. Wenn er übrigens seinem Herrn gut gedient hat, so ward er auch Königlich von ihm belohnt. Er war mit der höchsten Militairwürde bekleidet, genoß die Ehrenbezeigungen des Louvre und den großen Eintritt beym Könige, hatte mit dem Ertrage seiner Regimenter über 300000 französische Pfunde jährlichen Einkommens, besaß auf Lebenszeit ein schönes königliches Landhaus, wo alles seine schöne Thaten bekannt machte. Nach seinem Tode sogar, lies ihm Ludwig XV. ein prächtiges Denkmal von Marmor aufrichten, welches, in der Thomaskirche in Straßburg, wo die Asche des Helden ruht, befindlich, und eine der größten Zierden und Seltenheiten dieser Stadt ist.

Fortsetzung der militairischen Geschichte Sr. Hochfürstlichen Durchlaucht des Herzogs Ferdinands zu Braunschweig und Lüneburg. ꝛc.

Nach der Bataille von Crefeld zog sich der Herzog in der Nacht vom 13ten auf den 14ten July bis nach Nuys zurück, wohin zwar ein französisches Corps nachfolgte, aber starke Einbusse litt, indem der Hannöverische General-Major Graf von Kielmannsegg, welcher die Arrieregarde commandirte, die Franzosen zweymal mit Verlust zurück wieß. Der Herzog nahm sein Lager dergestalt, daß der rechte Flügel bey Holzheim, der linke aber bey Nuys zu stehen kam, der Erftfluß aber vor der

Ar-

Armee war. In diesem Lager zogen Sr. Hochfürstliche Durchlaucht die Besatzung von Rüremonde, welche unter dem Obrist-Lieutenant von Ramdohr die Stadt verlassen muste, an sich, und brach bis Bedburgdyk auf, welches drey Stunden von Nuys liegt, wo er ein sehr vortheilhaftes Lager bezog. Die Französische Armee kam abermals so nahe, daß man ein Treffen vermuthete, allein es blieb bey Scharmützeln unter den leichten Völkern, und der Herzog ward aus verschiedenen Ursachen genöthigt sich noch weiter, und zwar gegen die Maas zu ziehen.

Die französischen Truppen in Hessen, hatten im März 1758 als sich ein preußisches Corps von der einen, und die Alliirte Armee von der andern Seite genähert, bis nach Hanau sich zurück gezogen, und diese Stadt in den besten Vertheidigungs-Stand gesetzet. Man hatte, um das Eindringen der Franzosen in Hessen zu verwehren, bey Marburg *) ein aus 7000 Mann bestehendes Corps unter

*) Marburg die Hauptstadt in Ober-Hessen an der Lahn, bey welchem Fluß sie auch an einem Berge liegt, und über sich ein befestigtes Schloß hat. Die dortige Universität ist berühmt, und wird noch in bessern Flor kommen, indem der jezt regierende Herr Landgraf viele und ansehnliche Summen auf selbige verwendet.

ter dem General-Lieutenant Prinz von Ysenburg zurückgelassen, allein, da dasselbe nur 11 Canonen bey sich hatte, grösstentheils aus Landmiliz bestand, so konnte es, da die verstärckte Armee unter dem Prinzen von Soubise von Hanau im Julius nach Hessen aufbrach, deren Eindringen nicht verhindern sondern mußte sowohl Marburg als Cassel verlassen. Es setzte sich darauf dieses Corps bey Sangershausen oder Sonderhausen *) und hier kam es zu einem Treffen, in welchem die Hessen überwunden wurden.

Das Hessische Corps bestand aus zwey Regimentern oder Bataillons regulirter Truppen, nemlich Ysenburg und Kanitz, vier Bataillons Landmiliz, und zwar den Grenadiers, Wurmb, Gundlach und Freywald, zwo Compagnien Invaliden. Zwey Escadrons von Brüschink, Cavallerie und eine Escadron vom Prinz Friedrich Dragoner, diese hatten junge Pferde, und thaten erst acht Tage Dienste. Eine Escadron Husaren, 200 Hessische Jäger und das Hannöverische Jäger-Corps. Die Franzosen hingegen waren 12 Ecadrons und 14 Bataillons stark, und wurden von dem Herzoge von Broglio angeführt.

Den 23ten Julius Vormittags um 11 Uhr, rückte die französische Avantgarde zu Cassel ein.

Se-

*) Ein Hessisches Dorf unweit Cassel.

Gegen 12 Uhr setzte die feindliche Cavallerie bey der neuen Mühle durch die Fulda und marschirte über den Forst. Die Infanterie defilirte durch die Stadt, und so weiter über den Siechenhof gegen Bettenhausen. Beyde griffen alsdann von zwo Seiten die in diesem Dorf liegende Hessische Husaren und Jäger an. Um diese zu unterstützen, lies der Prinz von Ysenburg sein Regiment gegen Bettenhausen vorrücken, und eine Canone in das Defilee des Dorfs setzen, worauf der Feind sich aus demselben zurück und wieder gegen den Siechenhof zog. Weil der Prinz aber bald hernach wahrnahm, daß die Franzosen immer stärker aus Cassel anrückten, auch einige durch Hecken versteckte Canonen auf die Hessen richteten, so hielt er nicht für rathsam, diesen Posten länger zu behaupten; sondern gab seinem Regimente, nebst den Jägern und Husaren, die Ordre, sich zurück gegen Sangershausen zu ziehen. Dieses Dorf war um die Retirade zu decken, mit 5 Grenadier-Compagnien, welche der Capitain von Lindau commandirte besetzt. Sobald der Feind sich von der Bettenhäuser-Brücke Meister sahe, that er zwey Canonenschüsse auf die sich zurückziehende Jäger, aber ohne Würkung. Mittlerweile war das Hessische Lager aufgebrochen, und sobald das Ysenburgische Regiment, nebst den fünf Grenadier-Compagnien, die Anhöhen hinter Sangershausen erreicht hatte, stellte der Prinz die Regimenter in Schlachtordnung. Die vortheilhafte Stellung kam dem kleinen Hessischen Haufen gut zu statten, denn der rechte Flügel lehnte sich an eine jähe Tiefe und an die Fulda. Das daselbst befindliche Buschwerk war mit dem Hessischen Jägern und mit Grenadiers besezt, und weil vor diesen Flügeln kein Terrain, sondern lauter Steine und Büsche waren, so postirte der Prinz die drey Escadrons Cavallerie auf den linken Flügel. Diese Flanke deckten die Hannöverschen Jäger zu Pferde und die Hessischen Husaren. In dem allda befindliche Walde stunden die Hannöverischen Jäger zu Fuß, und ein Bataillon Landmilitz. Sobald nun die Franzosen an die Anhöhe über dem Dorfe kamen, feuerten sie, wiewohl ohne Würkung einigemal mit Canonen auf die Hessen. Hierauf stellten sie sich gleichfalls in Schlachtordnung und zwar in zwey Treffen. Ihre Linie erstreckte sich vom Walde bis an die Fulda. Gegen halb vier Uhr, griff der Feind die in dem Walde vor dem linken Flügel stehende Jäger an, und cannonirte dabey von verschiedenen Orten die Linie. Um nun dieser Canonade nicht länger ausgesezt zu seyn, und auch den Jägern Luft zu machen, lies der Prinz die ganze Linie anrücken. Die zwo Escadrons von Bräunschweig trafen auf zwey Escadrons Grenadiers

zu

zu Pferde, welche zum Weichen gebracht wurden. Da sie aber durch drey Escadrons Dragoner von dem Regiment Apchon unterstützt wurden, und die Hessische Cavallerie sich von allen Seiten umringt sah, so wurde selbige genöthiget, den Rückweg zu suchen. Da dieses aber mit Unordnung geschah, und die Landmiliz ihr Plaz machte, wo sich diese zu weit rechts nach dem Isenburgischen Regiment, und verlohr die Intervalle, wodurch das Regiment von Kanitz abgeschnitten wurde, welches leztere aber auf diesem Nachsetzen begriffene feindliche Dragoner eine Generalsalve gab, so, daß wenige von ihnen dem Brüschinkschen Regiment folgten. Vier andre feindliche Escadrons setzten hierauf an die eine Escadrons von Prinz Friedrichs Dragoner, allein sie wurden durch das Feuer des Kanitzischen Regiments ebenfalls zum Weichen genöthiget, worauf die Escadrons Dragoner unter Anführung des Obrist-Lieutenants von Haise, die feindliche Escadrons bis zu ihrem zweyten Treffen trieb. Da aber 2 Escadrons von Würtemberg ihn zu umzingeln suchten, so mußte dieser Obrist-Lieutenant mit seinen Dragoner sich wieder zurück ziehen, welches er mit vieler Ordnung vollführte.

Mittlerweile hatte sich die Infanterie auf beyden Flügel engagirt. Die feindliche Cavallerie

 such-

suchte zwar einigemal einzuhauen, allein die Kartetschen schickten sie jederzeit mit grossem Verlust zurück, die feindlichen Regimenter Rohan, Beauvoisis und 3 Grenadiers-Compagnien, von welchen leztern nur 25 Mann übrig geblieben sind, griffen die Grenadiers und Jäger auf dem rechten Flügel an; sie wurden aber nicht allein zurückgetrieben, sondern die Grenadiers eroberten noch eine feindliche Canone. Jedoch da die Grenadiers befürchten mußten, von den anrückenden frischen Brigaden umringt zu werden, so zogen sie sich zu der übrigen Infanterie zurück, welche den Feind ebenfalls verschiedene male zum Weichen gebracht hatte. Das Kanitzsche Regiment wendete sich in ziemlicher Ordnung nach dem rechten Flügel und schloß sich ohne gehindert zu werden, an die übrige Infanterie. Die Hannöverische Jäger und ein Peloton von dem tapfern Regiment von Kanitz nebst einer Canone, hielten während dieser Zeit des Feindes Angriff auf den Wald mit der grösten Standhaftigkeit aus. Da aber das Feuer von beyden Flügels und von beyden Theilen mit einem unglaublichen Muth fortgesezt wurde, ohne daß einer von beyden Theilen etwas Terrain gewann, so entschloß sich endlich die französische Armee mit vorwärts gefälltem Gewehr auf die Hessen einzudringen. Dieser Augenblick war entscheidend. Die

Hes-

Hessische Infanterie, besonders die Landmiliz kam in Unordnung und ergriff die Flucht Hier geschah nun ein starkes Metzeln, denn ein Theil der Hessen wurde die grosse Anhöhe hinunter in die Fulda gestürzt, ein anderer hingegen umringt und zu Kriegsgefangene gemacht. Unter diesen befand sich auch der tapfre Obrist von Kanitz, der vier Bajonetstiche erhalten hatte. Die Majors von Donop, von Buttler, die Capitains von Hattorf von Hayn, von Kochenhausen, der General-Adjudant Murhard, die Lieutenants Reinhold, von Wurmb, von Kutzleben und Schüler. Der linke Hessische Flügel, welcher von dem französischer Seits gemachten Feuer überwunden ward; wich durch das Gebüsch, allwo diese Truppen in der grösten Unordnung über die Werre giengen, um Hannöverisch-Minden zu erreichen. Die Hessen liessen ihre Verwundeten und den grösten Theil ihrer Canonen im Stich, welches eine schöne Beute für die Franzosen war. Die ausserordentliche Abmattung verhinderten den Franzosen, den Hessen anders nachzusetzen als mit Detaschements und den leichten Truppen. Die Husaren von Nassau langten des folgenden Morgens in Münden an, allwo sie 150 Gefangenen machten, und 8 Canonen mit vieler Bagage erbeuteten; ingleichen fielen zu Ziegenhayn den Franzosen noch 14 Canonen, viel Gewehr und Munition in die Hände. Durch dieses glückliche Treffen, gelangten die Franzosen in Besiz von Hessen, und bekamen den Weg nach dem Churfürstenthum Hannover geöfnet. Wann übrigens aber gleich hier die tapfern Hessen überwunden, worden, so gereichte dem Prinzen von Ysenburg und ihnen dieses Treffen dennoch zu einer grossen Ehre, indem sie ungleich schwächer als die Franzosen waren, zu wenig Cavallerie hatten, und ihre Landmiliz als noch schüchternde Soldaten auch nicht ihre rechte Schuldigkeit gethan hat. Da die Franzosen nun durch diesen erfochtenen Sieg, den Hannöverischen Landen von neuem mit einem Einfall droheten: so mußte der Herzog Ferdinand darauf denken, wie er durch einen Zurückzug über den Rhein sich den kurfürstlichen Staaten wieder näher, und den Sachsen eine andere Gestalt geben konnte. Hierzu nahm er die klügsten Maasregeln. Er ließ durch den Hannöverischen Obristen von Linstow, welchen er mit dem Lucknerischen Husaren, acht Grenadiers Compagnien und 200 Mann Cavalleristen nach Rüremonde sendete, diesen Ort wieder besetzen, und er brach nach Wassenberg welches drey Meilen von Rüremonde lieget auf. Hier blieb er mit der Armee einige Tage stehen. Den 2ten August nahm die Armee ihr Lager zu Waldmiel, und den folgenden Tag schickte der Herzog die Bagage auf dem

hal-

halben Weg nach Rüremonde. Sie mußte aber, weil es nur eine Kriegslist war, wieder umkehren, und auf Mühlbracht, Kaldekirchen und Lothgehen, von da aber nach der zwischen den Städten Loth, Heringen und Wankom liegenden Heide sich verfügen. Der Herzog zog die Aufmerksamkeit der französischen Armee nach der Gegend von Rüremonde und der französische Chef Marquis von Contades, schwächte den Posten zu Wachtendonk, um die übrigen zu verstärken. Auf diesen Posten kam es an, sich der Gemeinschaft mit dem Rheinstrom wieder zu versichern, und aus der bisherigen übeln Stellung zu kommen. Schon frolockten die Feinde, daß den Helden der Rückzug über den Rhein abgeschnitten sey, allein er fand ein Mittel, sich Luft zu machen. Er war würklich zwischen der Maas und Neiße eingeschlossen, und litt schon seit zween Tagen an Lebensmittel Mangel. Als er den dritten August auf die Französische Armee anrückte, und ihr ein Treffen anbot. Condates machte aber solche Bewegungen, daß der Herzog ganz wohl einsahe, daß er keine Lust zum Schlagen hatte, die Alliirte Armee trat also am Morgen den Marsch nach Wachtendonk an. Der Prinz von Holstein machte mit den Preußischen Truppen die Arrieregarde, und die Avantgarde unterm Erbprinzen von Braunschweig war bestimmt, den Posten

Wachterdonk, welcher den Weg nach Rheinbergen öfnete, wegzunehmen.

Da Wachtendonk eine von der Niers umschlossene Insul ist, deren Zugänge, ob sie gleich unbefestigt, sehr schwer sind, und die von den Franzosen aufgezogene Zugbrücke nicht sogleich herunter gebracht werden konnten: so schwomm der Erbprinz mit etlichen Grenadier-Compagnien durch den Fluß und vertrieb die Franzosen mit aufgepflanzten Bajonet, so daß die Alliirte Armee mit Untergang der Sonne, und die Bagage nebst der Arrieregarde, welche solche bedeckte, den Tag darauf früh über die Brücken von Wachtendonk gehen konnte. Der Herzog rückte noch diesen Tag bis Rheinbergen und den andern Tag den 5ten August fiel bey Rees ein kleines Treffen vor, welches aber wegen der Folgen sehr wichtig war.

Der Braunschweigische General-Lieutenant von Imhof stand mit einem Corps von 4000 Mann bey Rees, wo sich die Schifbrücke, ein Magazin, das Lazareth, viel Bagage, ja einigen Nachrichten nach, auch die Kriegskasse der Alliirten Armee befand. Der Marquis von Contades beschloß diesen Posten überfallen zu lassen, und dadurch so wohl die aus englischen Truppen bestehende Verstärkung von der Alliirten Armee abzuschneiden, als auch dieser leztern allen fernern Rückzug zu verwehren, und sie mehr einzuschließen. Dieses Unternehmen auszuführen, detaschirte Contades den General-Lieutenant von Chevert mit 6000 Mann und mit dem Befehl, unterwegens den Ueberfall von Düsseldorf zu versuchen, ferner sollte er einen Theil der Besatzung von Wesel an sich ziehen, und den General-Lieutenant von Imhof angreifen. Chevert gieng den 31ten July oberhalb Düsseldorf über den Rhein da er aber die Besatzung in gehöriger Bereitschaft fand, und seine Vorposten aus der Festung stark beschoßen wurden, zog er sich den 1sten August über Kaiserswerth nach Duysburg, wo er den Tag darauf anlangte. Den 2ten gieng er mit dem Corps bey Mühlheim über die Ruhr, und den Morgen kam er über Holten und Dinsladen zu Wesel an. Er zog einige Bataillons der Besatzung an sich, und traf alle Anstalten, um den andern Tag das Imhofsche Corps anzugreifen. Der General-Lieutenant von Imhof empfieng aber den 4ten August Abends einen Brief ohne Unterschrift, darin man ihm von dem französischen Vorhaben Nachricht gab. Er brach also von Meer nach Rees auf, und zog die unter dem General-Major von Zastrow linker Hand des Rheins gestandenen Truppen, welche aus einer Escadron von Busch Dragoner, ein Bataillon von Stolzenberg, und 1 Bataillon Erbprinz von Hessen-Cassel bestunden, noch denselben Abend an

sich.

sich. Nach dieser Verrichtung stand er mit seinem Corps die ganze Nacht bey Rees unterm Gewehr, und als er keine Franzosen anrücken sah; faßte er den Entschluß, wieder in das Lager bey Meer einzurücken. Allein sein Corps fieng kaum an, die Zelter aufzuschlagen, als die Bückeburgischen Feldjäger, welche die Vorposten hatten, meldeten, daß das französische Corps anrückte, und nicht weit von dem Alliirtenlager schon in Schlachtordnung stünde. Dieses Corps bestand aus 14 Bataillons und 5 Escadrons, welche beynahe 10000 Mann betrugen, und hatte 13 Canonen bey sich. Imhof entschloß sich, unerachtet die Franzosen stärker wie er waren, sie anzugreifen. Das Canonenfeuer nahm des Morgens um 9 Uhr seinen Anfang, die beyden hessischen Bataillons, Erbprinz und Toll, thaten den Angrif in der Mitte, und hatten, weil sie auf eine Batterie stiessen, zu deren Errichtung vor der Front Chevert schon Zeit gewonnen; anfänglich einen harten Stand. Als Imhof dieses sah, nahm er das Hannöverische Infanterie-Regiment von Stolzenberg, führte es durch einen Umweg durch ein dickes Gebüsch, und fiel mit selbigem mit vorwärts gefälletem Gewehr den Franzosen, welche solches nicht wahrnahmen in die Flanke, und brachte sie in Unordnung. Einige andre Alliirte Bataillons fielen zu gleicher Zeit gleichfalls mit vorwärts ge-

gefälltem Gewehr und mit einer außerordentlichen Wuth den Franzosen in die andere Flanke, brachten sie in Unordnung und zum Weichen. Hierauf ergriffen die Franzosen mit Zurücklassung verschiedener Fahnen, Standarten und Canonen die Flucht nach Wesel. Der französische Verlust belief sich ohne die Gefangene an 500 Todte, und die Alliirten verloren 20. Mann, unter welchem die Hauptleute von Buttlar und von Hanstein waren, und der Hessische Obrist von Schott ward tödlich verwundet. Der Herzog war mit dem Wohlverhalten dieses kleinen Corps ungemein zufrieden. Er würde auch dieses Corps da er von dem Angrif, womit es bedrohet, und er noch den 4. August benachrichtiget ward, gern verstärkt haben; allein seine Truppen waren von dem starken Marsch zu ermüdet, um weiter zu marschiren, und die außerordentliche Ueberschwemmung des Rheins hatte die Brücke zu Rees unbrauchbar gemacht. Imhof mußte sich also durch seine Klugheit, und die Tapferkeit seiner Truppen helfen, und ward erst den 6. August durch den Generalmajor von Wangenheim, den der Herzog Ferdinand mit etlichen Bataillons und Escadrons über den Rhein detaschirte, verstärket.

Se. Durchlaucht der Herzog rückte den 7. August über Aldenkirchen und Rheinbergen bis Xanten, und von da den 8ten über Cleve nach Griethuysen,

 wo

wo er sogleich anfieng beym sogenannten Spick unweit Schenkenschanz über den Rhein zurück zu gehen. Dieses dauerte noch den 9ten fort, und den 10ten befand sich bereits die ganze Armee mit allem Fuhrwerk und Bagage rechter Hand des Rheins. Es geschahe dieses Uebersetzen ohne die geringste Hinderung, und eine Stunde hernach ward die Brücke in den Grund geschossen. Der Erbprinz von Braunschweig, und unter ihm der Obrist von Scheiter, commandirte die Arrieregarde. Der Herzog als ein wahrer groser Heerführer, hatte wegen seines Rückmarsches, alle ersinnliche kluge Vorsicht gebraucht. Er hatte die Magazine zu Emmerich und Rees nebst der schweren Bagage und dem Lazareth nach der Grafschaft Bentheim bringen lassen, und den Generalmajor von Hardenberg mit der Besatzung glücklich und ohne Verlust eines Mannes aus Düsseldorf gezogen. Es konnten also die nachsetzende französischen leichten Völker weder Schaden thun, noch Beute machen. Nach dem Uebergang über den Rhein setzte sich der Herzog bey Emmerich, und gieng den 12. August bis Willinghen, in manchen Charten heißt es Mecheln, von da aber bis Bocholt, wo den 14ten das ausgeschifte englische Corps zu ihm stieß. Den 16ten rückte die Armee bis Gehmen und den 19ten bis Coesfeld.

Die

Die französische Armee unterm Marschall von Contades war nach dem Rückzuge der Alliirten seit dem 11. August bey Wesel gelagert, den 19ten brach sie von da auf, gieng bey Dorsten über die Lippe, und nahm den 24sten ihr Lager bey Recklinghausen. Die Hauptabsicht des französischen Heerführers gieng dahin, die Armee des Prinzen von Soubise, die in Hessen stand, an sich zu ziehen, der Herzog Ferdinand hingegen wandte alles an, um solche Vereinigung zu verhindern. Die Vortruppen der Soubischen Armee fanden sich schon im Bisthum Paderborn ein, allein sie trafen unübersteigliche Hindernisse an. Der Herzog Ferdinand hatte seit dem 18. August Lippstadt mit 4000 Mann Infanterie und Cavallerie unterm General Major von Hardenberg besetzt, der Hessische General-Lieutenant Prinz von Isenburg, stand mit einem mittelmäßigen Corps zwischen Eimbeck und Göttingen, und der Herzog rückte um die Vereinigung zu hindern, und auch der französischen Hauptarmee näher zu seyn, von Coesfeld nach Dulmen. Hier bezog den 29. August der Herzog das Lager, und die von dem Franzosen nach Abbrennung der Brücke verlassene Stadt Halteren an der Lippe; wurde durch die Avantgarde der Alliirten Armee, welche der Prinz von Hollstein commandirte besetzt. Es standen also beyde Armeen einander ganz

nahe,

nahe, indem nur die Lippe zwischen beyden floß, allein keiner von beyden Heerführern wollte es wagen, den ungewissen Angrif der vortheilhaften Läger zu unternehmen.

So lange beyde Armeen auf diese Art gegen einander überstanden, welches bis in den October dauerte, wendete der grose Ferdinand sein Hauptabsicht besonders darauf, wie er das Churfürstenthum Hannover für dem fernern Eindringen der französischen Armee unter dem Prinz von Soubise sicher stellen möchte. Der Prinz von Ysenburg hatte sich, nachdem er den 23. Julii bey Sangerhausen geschlagen worden, bey Eimbeck gelagert, allein die durch die Sachsen und Würtemberger verstärkte französische Armee drohete ihn auch aus dieser Stellung zu vertreiben. Es ward also der Hannöverische General-Lieutenant von Oberg den 9. September mit 9000 Mann aus dem Alliirten Lager bey Dulmen detaschirte, welcher über die Weser gehen, und zu dem Ysenburgischen Corps stossen sollte, allein er bekam nachmals Befehl über Warburg*) nach Kassel zu marschiren, wo er auch zu Ende des Septembers anlangte, da hingegen ein

*) Eine Stadt und zwar die 2te nach dem Range, im Bisthum Paderborn an der Dimel, über welcher hier eine Brücke ist, gelegen; sie wird auch Warberg genennt und liegt hart auf der Waldeckischen Gränze.

ein Corps unter dem Braunschweigischen Generalmajor von Zastrow bey Hameln über die Weser gieng, und zu dem Ysenburgischen Corps ließ. Der Marschall von Contades ermangelte gleichfalls nicht, der Armee unter dem Prinzen von Soubise ein Corps unterm General-Lieutenant von Chevert und Herzoge von Fitzjames zu Hülfe zu senden, welches den 2. October über Büren nach Hessen marschirte, und sich auch ohne Hinderung mit der dasigen Armee vereinigte. Bey den Hauptarmeen dauerte der kleine Krieg ununterbrochen fort, der stärkste Vorfall war der unvermuthete Angrif des Lagers der Alliirten Avantgarde bey Borken. Der Prinz von Holstein commandirte dieselbe, welche aus 6 Bataillons, den königl. Preußischen Dragoner-Regimentern von Holstein-Gottorp, von Finkenstein und den preußischen Husaren-Regimentern von Malachowsky und von Rusch, und vielen Jägern bestand.

Contades lies den General Lieutenant von Saint-Pern mit den Grenadiers de Franc, den Grenadiers Royaux, dem Carabiniers-Regiment, den Cavallerie Brigaden du Roi, und Royal-Etrangers, und 10 Grenadiers-Compagnien von der Brigade von Navarra, und der zweyten Churpfälzischen Brigade in der Nacht vom 28. zum 29. September über die Lippe gehen. Dieses Corps rückte bis

 auf

auf einen Canonenschuß von dem Lager bey Borken, ohne daß die Alliirten nur das geringste gewahr wurden. Die Franzosen hatten noch vor Anbruch des Tages die gegen Lühnen und Hanau stehende Vorposten des Holsteinischen Corps von dem Lager abgeschnitten, und kamen also ohne Hinderniß so nahe, daß sie aus den Stücken in diesem Lager schossen. Auf die ersten Canonenschüsse ward das Lager in Zeit von 3 Minuten in völlige Bereitschaft gesetzt, und besonders hielt das Hannöverische Infanterie-Regiment mit Hülfe der Fahnenwacht und Piquets den französischen Angrif so lange auf, bis das Lager abgebrochen, die Bagage aufgepackt und weggeschickt werden konnte. Da der Prinz von Holstein die Stärke der Feinde nicht wußte, so zog er sich nach Olphen. Hier sahe er zwar die Ueberlegenheit der Franzosen, dem ohnerachtet aber beschloß er sie anzugreifen. Er that dieses mit so gutem Erfolg, daß die Franzosen das bereits eingenommene Lager der Alliirten Avantgarde wieder verlassen, und sich zurückziehen mußten, dabey denn nur die aus 51 Mann bestehende Vorposten, und ein Regiments-Feldschererwagen, an denen das Rad zerbrochen, in französische Hände gefallen war. Der Verlust der Alliirten bestand nur in sechs Todten und 12 Verwundeten. Der Prinz von Holstein bezog hierauf ein ander Lager

bey

bey Borken, und den 30. September ward der Braunschweigische General-Lieutenant von Imhof mit einem ansehnlichen Corps näher gegen die Lippe detaschirt, um im Nothfall, die beyden Corps des Prinzen von Holstein und des Erbprinzen von Braunschweig zu unterstützen.

Die französische Armee aber machte nach erwähntem Vorfalle den Anfang in der Nacht vom 6. zum 7. October aus dem bisherigen Lager bey Recklinghausen aufzubrechen, und sich nach Hamm in der Grafschaft Mark zu ziehen. Die Alliirte Armee brach hierauf den 7ten gleichfalls von Dulmen auf, und bezog ihr Lager bey Münster.

Den 10. October kam es zwischen dem Alliirten Corps der General-Lieutenants von Oberg und Prinz von Ysenburg, und dem französischen Corps des Prinzen von Soubise bey Landwehrhagen und Lutterberg *) zu einem heftigen Treffen, von welchem ich folgende und umständliche Beschreibung hier geben will.

Des Corps des Prinzen von Ysenburg, hatte sich mit dem General-Lieutenant von Oberg vereinigt; welcher, auch als ältester General nun das Comando übernahm; Oberg suchte durch verschiedene an der Fulde gemachte Bewegungen dem Prin-

*) Zwey Dörfer im Fürstenthum Calenberg, letzteres liegt auf der Landstraße von Cassel nach Münden.

zen von Soubise aus seiner vortheilhaften Stellung zu bringen, allein dieser, der nach der unglücklichen Schlacht von Roßbach behutsam geworden war, lies sich nicht irre machen. Beyde Corps konnten über 14 Bataillons und 18 Escadrons nicht zählen. Dieses Corps der Alliirten gieng in der Nacht vom 4. zum 5ten wieder über die Fulde. Des folgenden Tages campirte solches an dem andern Ufer dieses Flusses, dergestalt, daß sich sein rechter Flügel gegen das Dorf Landwehrshagen erstreckte, und der linke an eine gähe Anhöhe, die es von dem Dorfe Heiligenrode absonderte, angelehnet war. Der Alliirten Front war durch einen hohen Wald bedeckt, welcher aber nicht dicht und sogar für die Cavallerie leicht zu passiren war, und welcher an die Ebene von Sangershausen stößt. Der Prinz von Soubise ward den 7ten und 8ten durch die Corps der Generals von Chevert und Fitzjames verstärkt. Den 9. October gieng der Prinz von Soubise mit seiner Armee in fünf Colonnen über die Fulde, und nahm sein Lager folgendergestalt, daß der linke Flügel an diesem Flus, und der rechte an Niedercarsingen stieß. Vor der Front lag der erhabene Weg, der nach Witzenhausen geht. Die Division des Herzogs von Fitzjames wurde eine Viertelstunde weit hinterwärts nahe bey dem Dorfe Waldau gestellt, gleich in der Frühe aber ein Corps

unter

unter dem Commando des Marschall de-Camp Marquis von Voyer um die Avantgarde von der Armee zu machen, detaschirt. Diese Avantgarde bestand aus 20 Grenadiers-Compagnien, 20 Piquets, 450 Carabiniers, aus der Legion Royal, den Freywilligen von Flandern, und dem Fischerschen Freyregiment. Der Marquis von Voyer langte gegen 9 Uhr in der Nähe von Heiligenrode an. Die Alliirten hatten Jäger in diesem Dorf, welche sich bey Annäherung des Fischerschen Freyregiments zurück zogen. Der Prinz von Soubise, hielt nicht für rathsam, dieses Dorf zu besetzen; weil es von der steilen Anhöhe, an welche der linke Flügel der Alliirten angelehnt war, bestrichen werden konnte, und sie also ganz gewiß mit Canonen darauf gefeuert haben würden Vor der Ankunft der Avantgarde, hatte sich der Prinz von Soubise auf eine Höhe begeben, von welcher man das Lager der Alliirten und zumalen dessen rechten Flügel genau sehen konnte. Als die Alliirten diese Avantgarde erblickten, stellten sie sich in Schlachtordnung, und rückten vor auf dem Fleck, wo sie das Treffen zu erwarten glaubten. Sie marschirten durch den Wald, der ihre Front bedeckte, lehnten ihren linken Flügel an den Hohlweg gegen Heiligenrode über, und ihren rechten an die steilen Anhöhen der Fulda an eben dem Orte, wo der Prinz von Ysenburg seinen rechten Flügel bey dem Treffen vom 23. des letztverwichenen Monats Julii hatte. Die Alliirten stellten ihre Infanterie in zwey Linien, aus der Cavallerie hingegen formirten sie eine dritte Linie. Der Prinz von Soubise urtheilte aus diesen Anstalten, daß sie Vorhabens wären, den Grund von Sangershausen zu behaupten, er entschloß sich dahero auf der Stelle zu trachten, ihren linken Flügel zu tourniren. Man konnte auch bey der Ueberlegenheit der französischen Macht nicht zweifeln, daß die Alliirten aus ihrem Posten gebracht werden würden; auch wurde es hierdurch leichter den Grund von Sondershausen in eben dem Augenblick zu gewinnen, da die Alliirten ihre Front oder rechten Flügel, um dem linken zu Hülfe zu kommen, entblößt haben würden. Die Alliirten blieben den ganzen Tag in der nemlichen Schlachtordnung stehen. Des Nachmittags glaubte man gewahr zu werden, daß sie Truppen auf ihrem linken Flügel defiliren liessen. Diese Bewegung konnte zwey Absichten haben, erstlich diejenige, sich über Witzenhausen zurück zu ziehen, welches sehr schwer war. Die zweyte konnte aber seyn, sich gegen das Corps des Marquis von Voyer zu wenden, welches wahrscheinlich schien. Auf diesen Fall lies der Prinz von Soubise zu Unterstützung dieser Truppen einen Theil von der Division des General von Chevert mar-

schiren,

schieren, welche man zwischen dem Marquis von Boyer und die Armee stellte. Gegen Abend sah man die Bagage der Alliirten gegen Münden gehen, woraus man muthmassete, daß sie Willens wären, sich während der Nacht zurück zu ziehen. Um ihnen nachzusetzen, gab der Prinz von Soubise dem General-Lieutenant von Chevert den Befehl, des folgenden Tages um 3 Uhr Morgens mit dem Rest von seiner Division zu dem Corps, welches des Abends zuvor detaschirt worden, zu stossen, und seinen Marsch fortzusetzen, und dem Marquis von Boyer mit seinen Truppen beständig voraus zu schicken. Es war ihm anbefohlen, das Dorf Benderode zu gewinnen, von diesem Dorf würde er gleich nahe seyn, den Rücken der Alliirten, wenn sie diese Stellung behaupten wollten, zu bedrohen, oder auf ihre Arriergarde zu fallen, wenn er sich während der Nacht im Marsch gesetzt hätte. Der Prinz von Soubise, lies unter dem General-Lieutenant Herzog von Broglio, die Husaren-Regimenter von Nassau, Berchiny, 36 Grenadiers-Compagnien, 400 Gendarmes, die Cavallerie-Brigade Commissair-General, und die Infanterie-Brigaden von Rohan und von Waldner bereit halten, um zwey Stunden vor Tag aufbrechen zu können, wenn die Alliirten sich zurück ziehen würden, um ihnen alsdenn nachzusetzen. Die Nachtpatrouillen berichte-

 ten

ten aber, daß die Alliirten noch immer in ihrer Stellung wären, und daß man noch immer ihre vorige Feuer sähe. Gegen 4 Uhr des Morgens erhielt der Prinz von Sondise aber andre Nachrichten, aus welche man schloß, daß die Alliirte Armee sich zurück zöge. Hierauf und zwar mit Anbruch des Tages erhielt der Herzog von Broglio den Befehl, mit seinem Detaschement gegen den Grund von Sondershausen vorzurücken. Kaum waren dort die Husaren von seiner Avantgarde angelangt, als sie auf die Alliirten Jäger stiessen, Feuer auf ihnen gaben, und sie bis hinter das Dorf Landwehrshagen trieben. Der Herzog von Broglio wurde von der Höhe diffeits Landwehrshagen gewahr, daß die Alliirte Armee in verschiedenen Colonnen sich zurück zog, und seitwärts dem Dorf Lutterberg, welches nur eine halbe Stunde von dem Dorfe Landwehrshagen entfernt ist, marschirte. Er gab davon dem Prinzen von Soubise Nachricht, stellte seine Truppen diffeits des letzten Dorfs in Schlachtordnung, und lies einige Husaren-Parthenen vorwärts rücken, um die Bewegungen der Alliirten näher zu beobachten. Kurz darauf lies er auch die Grenadiers mit 6 Canonen bis nahe an Landwehrshagen vorrücken. Diese Anstalt und der Anblick der Truppen, die durch die Anordnung des Herzogs von Broglio viel ansehnlicher und stärker schienen, als

sie

sie in der That waren, brachten die Alliirten auf die Gedanken, daß die ganze Armee folgte, und kein Mittel mehr wäre, sich ohne zu schlagen, zurücke zu ziehen. Sie stellten sich dahero in Schlachtordnung, und machten eine Bewegung vorwärts, gleich, als ob sie sich Landwehrshagen bemächtigen wollten. Broglio lies auf einige ihrer Bataillons, die näher avancirten canoniren, und hielt sie durch dieses Feuer auf. Doch, um die Alliirten mehr herbey zu ziehen, und dem Prinzen von Soubise Zeit zu geben, mit der Armee anzurücken, lies er seine Grenadiers einige hundert Schritt zurück gehen. Hierauf liessen die Alliirten einige Bataillons in ein Gehölze, das zu ihrer linken lag, anrücken. In diesem Augenblick erschien auf der rechten Seite der Truppen des Herzogs von Broglio die Tete der Division des General-Lieutenants von Chevert, und die königliche Legion, welche vor dieser Division war, grif einige Truppen, die an den Eingängen in das Gehölz postirt waren, an. Der Herzog von Broglio unterrichtete den General von Chevert von der ganzen Stellung der Alliirten, worauf sich die königliche Legion wieder etwas zurück ziehen muste. Der Prinz von Soubise sties zu eben der Zeit zu dem Herzoge von Broglio. Er setzte sogleich die ganze Armee in Bewegung, sobald er vernahm, daß die in ihrem Marsch aufgehaltene Alliirten sich zum Schlagen anschickten. Die Tete der Colonnen langte gegen 10 Uhr an, und der Prinz von Soubise stellte sie sogleich in folgende Schlachtordnung. Die Division des Herzogs von Fitzjames stellte er rechter Hand in eben der Höhe, mit der von dem General von Chevert. Der linke Flügel hatte das Dorf Landwehrshagen im Rücken, und die ganze Fronte der Armee hatte einen Grund vor sich, der in einer nicht steilen Abhängung sich bis an einen Bach erstreckte, den die Infanterie überall paßiren konnte, und dessen Ufer jedoch steil genug waren, um die Cavallerie aufzuhalten. Die Infanterie formirte die zwey ersten Linien. Auf der rechten Seite standen die sechs Escadrons des Herzogs von Fitzjames in einer dritten Linie. Die Cavallerie-Brigade von Royal-Allemand, und das Dragoner Regiment von Apchon, standen ebenfalls in der dritten Linie, aber auf der linken Seite. Die Würtembergischen Grenadiers, und die Schweizer-Brigade von Waldner wurden auf die Heiden des Dorfs Landwehrshagen gestellt. Da der Bach, der vor der Front der 2 Linien war, keinen Ausweg für die Cavallerie offen lies, so lies man sie auf den linken Flügel der Armee vorwärts dem Dorfe Landwehrshagen kommen, und damit die Flanke dieser Cavallerie bedeckt würde, so stellte man dorthin noch die Infanterie-Brigade von Rohan

nebst

nebst einer Artillerie-Brigade; und weiter auf der Linken in den Wald lies man ein Bataillon von Piemont mit Freywilligen rücken. Die Artillerie wurde längshin der Front von der Infanterie und zwar an den vortheilhaftesten Orten placirt. Mit allen diesen Anstalten war der Prinz von Soubise schon um 2 Uhr fertig. Da die Alliirten eine Stellung genommen hatten, bey welcher der Prinz leicht um ihren linken Flügel herum kommen konnte, so hielt der Prinz von Soubise für nöthig, daß der Herzog von Fitziames längs dem Bach herunter marschiren, selbigen passiren, und in den Wald einrücken sollte; und zwar sogleich, nachdem der General von Chevert den Angrif angefangen haben würde, und die ganze Armee sollte avanciren, sobald der Herzog von Fitzjames an dem Rande des Waldes angekommen seyn würde. Hierauf lies der Prinz von Soubise dem General-Lieutenant von Chevert sagen, daß seine Veranstaltungen gemacht wären, und daß er nunmehro angreifen könnte. Dieser lies gleich auf diese Nachricht das anbefohlne Signal durch vier Canonenschüsse geben. Einige Augenblick fiengen die Franzosen mit Haubitzen gegen die Alliirten zu schiessen an. Um 3 Uhr rückte der General-Lieutenant von Chevert in den Wald. Seine Infanterie marschirte in zwey Colonnen. Die rechter Hand bestand aus der Brigade von Belsince

welche

welche der Brigadier Prinz von Rochefort commandirte, und einer Brigade Pfälzer unter dem Generalmajor Freyherr von Osten. Das sächsische Corps formirte die Colonne linker Hand; es wurde von dem Prinz Xaver von Sachsen commandirt, er hatte den General-Lieutenant Freyherrn von Dyhern, und die Generalmajors von Galbert, und von Klingenberg *) unter seinen Befehlen. Diese Colonnen marschirten eine von der andern etwas entfernt. Der General von Chevert hatte in dem Zwischenraume seine Artillerie gestellt, die von 3 sächsische Bataillons gedeckt wurde. Die Cavallerie von dem Marquis von Voyer und dem Marquis von Bellefond, stand hinter diesen 3 Colonnen formirt. Die Cürassier-Bri-

*) Wichmann, Freyherr von Klingenberg Kursächsischer Generalmajor von der Infanterie, war der jüngste Sohn Wichmanns, der den 12. September 1750. als Kursächsischer General und Gouverneur von Leipzig gestorben ist. Er war anfänglich bey dem Regiment Bellegarde Major, ward 1748. Obristlieutenant bey dem Grenadier-Bataillon der Churprinzeßin, und im Junius 1750. Obrist. 1756 im April erhielt er seine gesuchte Erlassung, ward aber 1758. von neuem als Generalmajor in Diensten genommen. Er erhielt ein Regiment, ward 1763. General-Lieutenant und Inspecteur der Infanterie, und starb 1766. Er hinterlies den gerechten Ruhm eines geschickten und einsichtsvollen Generals.

Brigade unter Anführung des Marquis von St. Jal stand rechter Hand, und die Brigade von Dauphin welche der Graf von Perigord anführte, war zur linken. Der Graf von Bourbon-Büsset schloß mit der Brigade Royal Piemont den Marsch. Die Infanterie der Alliirten setzte sich in Bewegung um den General-Lieutenant von Chevert anzugreifen, und fieng diesen Angrif mit einem sehr lebhaften und wohl angebrachten Feuer an. Das Gehölz welches Chevert inne hatte, war sehr hell; er lies daher in der Intervalle zwischen seinen zwey Infanterie-Colonnen seine Artillerie mit seinen 18 Escadrons weiter vorwärts gehen, und befahl der erstern auf die Alliirten ein heftiges Feuer zu machen. Zu gleicher Zeit griffen seine 2 Infanterie-Colonnen, was vor ihnen stand, mit der größten Unerschrockenheit an. An der Tete einer jeden Colonne befand sich eine Avantgarde von 10 Grenadiers-Compagnien. Die zur linken wurde von dem Grafen von Solms *)

und

*) Friedrich Christoph, des Heil Röm. Reichs Graf von Solms und Teckenburg, Chursächsischer General der Infanterie und Commandant zu Königstein, ward geboren den 11. Jänner 1712. Er stand erst in Schwedischen, nachher in Hessischen Diensten, aus diesen letztern trat er endlich in Chursächsische, und ward 1742. Obristlieutenant im Infanterie-Regiment von Stollberg.

und die zur rechten Hand vom Vicomte von Belsünce angeführt. Nachdem aber dieser letztere gefährlich verwundet wurde, nahm der Marschall-de-Camp Chevalier von Grollier seine Stelle. Da die Alliirten ihre Infanterie getheilet hatten, um zu gleicher Zeit die Tetes der beyden Colonnen, und die Cavallerie, die in der Mitte vorrückte, anzugreifen. Lies der Marschall-de-Camp Chevalier von Grollier durch seine Grenadiers die Truppen der Alliirten, die gegen die Teten seiner Colonnen mit ungemeiner Tapferkeit avancirten, angreifen; und zu gleicher Zeit befahl er dem Bataillon von Belsünce, ihnen in die Flanke zu fallen; und auf das der Cavallerie entgegen stehende Corps zu feuern. Die sächsischen Grenadiers griffen diese Infanterie ebenfalls in die Flanke mit den größten

Muth

berg. Im Julii 1744. ward er Obrist desselben 1751. im October erhielt er den schwedischen Schwerdtorden. Im Julii 1753. ward er Generalmajor und Commandeur der Churfürstlichen Leibgrenadier-Garde. 1759. ward er General-Lieutenant. 1763. resignirte er die Commandeur-Stelle von der Leibgrenadier-Garde. 1764. erhielt er das siebente Chursächsische Infanterie-Regiment, welches jezt der General-Lieutenant Freyherr von Riedesel hat. Den 1. November 1778 wurde er zum General der Infanterie, und zum Commandanten vom Königstein ernannt. Seit 1750. war er mit einer Gräfin von Henkel verheirathet.

Muth an, während als die Bataillons ihrer Colonne Front gegen die Alliirten machten, einige gut angebrachte Salven gaben; welche viele Leute von den Alliirten tödteten und sie in Unordnung brachten. Hierauf rückte die Französische, Pfälzische und Sächsische Infanterie in die Ebene, und da dieses mit zu vieler Geschwindigkeit geschah, öfneten sich einige Züge; dahero formirten sich einige Bataillons in möglicher Eil wieder um der Cavallerie der Alliirten Widerstand zu thun, die in guter Ordnung vorrückte, um den Zuückzug ihrer Infanterie zu begünstigen, und das Treffen wieder herzustellen. Das Feuer dieser Cavallerie war lebhaft, und wurde mehrmalen wiederholet, doch war sie jedesmal zum Weichen gebracht, und zurück getrieben. In eben diesem Augenblick griff die Sächsische Colonne den sogenannten Stollberg an, von welchem die Ebene, über welche die französische Armee hervor brach, bestrichen werden konnte.

Die Alliirten hatten auf diesen Höhen, welche gut besetzt waren, auch Batterien errichtet. Der Prinz Xaver von Sachsen befahl dem Sächsischen General-Lieutenant von Dyherrn, die Höhe in Rücken zu nehmen, mitlerweile er sie von vorne angreiffen würde. Dieser Angriff war sehr lebhaft und hartnäckig, indem beyde Theile mit der grösten Tapferkeit fochten, endlich aber machte sich der

Prinz

Prinz Xaver mit seinen braven Sachsen von der Höhe und den Canonen Meister. Nun war der Sieg entschieden, obgleich die Alliirten noch verschiedene Versuche gemacht, um den Franzosen, Pfälzern, und Sachsen aufzuhalten, und ihren Rückzug zu begünstigen. Sobald die Division des General von Chevert ihre erste Salve gegeben, marschirte der Herzog von Fitzjames, der sich nun schon gegen den Bach gezogen, und denselben paßirt hatte, nach dem Walde. Der Prinz von Soubise ließ sogleich die Infanterie aus der Mitte gegen den Bach vorrücken, um ihm zu folgen und zu unterstützen. Die Infanterie von dem linken Flügel drang ihres Orts in ein dickes Gebüsch vom Wald, wo einige Alliirte Bataillons standen, die sich aber als die ganze französische Armee anrückte, zurück gezogen hatte. Die ganze französische Armee marschirte durch den Wald, und rückte in die Ebene, da ihre Artillerie voraus marschirte, ließ der Prinz von Soubise aus selbiger ein so heftiges und anhaltendes Feuer machen, daß die Alliirten, die zu schwach waren, um länger zu widerstehen, gezwungen wurden, die Flucht zu nehmen. Die französische Gendarmes und die Cavallerie von dem linken Flügel setzten hierauf in aller Geschwindigkeit durch einen hohlen Weg, der sie von der alliirten Cavallerie absonderte. Da sie aber zu defiliren genöthiget waren so war es ihnen nicht möglich, die Alliirte Escadrons zu erreichen, ohnerachtet sie mit vollen Zügeln gegen dieselbe losgiengen. Denn diese Escadrons der Alliirten warfen sich in den Wald, durch welchen ihre Infanterie marschirt war, und die Nacht gestattete nicht, sie weiter zu verfolgen. Die ganze Armee machte zwischen dem Walde und dem Dorfe Lutterberg halt, und brachte daselbst die Nacht im Gewehr zu. Der Prinz von Soubise, ließ die Husaren und die Freywilligen zum Nachsetzen ausbrechen, die verschiedene Canonen auf der Landstraße von Minden eroberten, und eine Anzahl Gefangene machten. Die von dem Prinzen von Soubise bey diesem Treffen gemachte Anstalten waren dergestalt miteinander vereinbaret, um sowohl den glücklichen Erfolg der Angriffe zu versichern, als den Truppen all nöthiges Vertrauen einzuflößen. Die Alliirten verlohren an Todten Vermißten und Verwundeten über 3000 Mann. Unter den erstern befanden sich der Major von Winzingerode, die Hauptleute von Stemshorn, von Langen, von Canitz, von Schott; Staabs-Capitain von Plato, Lieutenant Wiesing, die Fähnrichs Buchholz, v. Wurmb, vermißt waren, die Hauptleute Rose, Sartor, Lieutenants Pappelbaum, von Lengercke, von Hutten, König und Meyer; Fähnrich Koch, vom Hessischen Infanterie-Regiment Erbprinz, von Marquard, und Koch vom Regiment von Toll. Unter den Verwundeten befanden sich General-Maior von Zastrow, Obristen von Ditfurt, von Fersen, von Urst, Obrist-Lieutenant von Gilsen, von Twachtmann, Major von Stein. Hauptleute, von Korf, von Hademsdorf, von Hamelberg, Prott, Lieutenants von Knesebeck, von dem Busch, Schlüter, Weber, Fähnrichs von Schelm, von Düring, von Dreyer, und von Döhren. Die Franzosen machten 800 Mann Gefangene, unter welchen sich befanden der Braunschweigische General-Major von Zastrow, die Obristen von Fersen, und von Urst nebst verschiedenen Officiers. Die Franzosen eroberten 7 Canonen, einige Fahnen und 3 Standarten. Die Sachsen und die Pfälzer legten an diesem Tage ausserordentliche Proben der Tapferkeit ab. Der französische Verlust an Todten und Verwundeten beläuft sich nicht über 900 Mann, unter den lezteren befindet sich der Marschall-de-Camp von Voyer, der Vicomte von Belsünce, und der Marquis von Caulincourt, und einige andere mehr

Der Prinz von Soubise fand aber, daß die Schlacht nicht die glücklichen Folgen hatte, die er sich davon versprach. Er besezte zwar Hannöversch-Minden, und behauptete sich in Cassel, allein weil er das Chevertsche Corps wieder zur Hauptarmee

schi-

schicken mußte, so konnte er nichts hauptsächliches mehr unternehmen, vielmehr verließ er im November Cassel, und zog sich mit seiner Armee aus Hessen nach dem Hanauischen zurück.

Se. Durchlaucht der Herzog Ferdinand brachen den 15ten October mit der Armee auf, und rückte mit selbiger nach der Gegend von Lippstadt. Die Absicht des Marschalls von Contades war auf die Eroberung von Lippstadt und die Vereinigung mit den Corps des General-Lieutenants von Chevert gerichtet, beides suchte der Herzog Ferdinand zu hintertreiben. Er marschirte daher die Telgter Heide über Wahrendorf und Rheda bey Rietberg, vorbey, in so großer Geschwindigkeit, daß seine Avantgarde, welche der Prinz von Holstein und der Erbprinz von Braunschweig commandirten den 17. October frühe schon unweit Lippstadt anlangte. Da der Herzog die Annäherung der Alliirten Armee soviel als möglich verbergen wollte, so muste zu diesem Ende der Preußische Husaren Obristlieutenant von Beust von Lippstadt aus, mit den unterhabenden leichten Truppen linker Hand über Erwitte gegen Soest marschiren, der preußische Husaren-Major von Jeanneret muste mit Husaren und Jägern die Lippe bis Hovestad besetzen, und der Hannöverische Obrist von Lassert muste mit dem Infanterie-Regiment von Hardenberg, alle Zugänge der Brücke bey Bennighausen gleichfalls besetzen. Auf diese Art blieb der Marsch der Allirten Avantgarde verborgen, sie gieng über die Schiffbrücke, und lagerte sich linker Hand der Lippe auf der Heide bey Bennighausen, in welchem Ort der Erbprinz das Hauptquartier nahm. Noch den 17ten des Abends kam der Herzog aus der Gegend Rheda auf dem sogenannten Lippischen Broick an, und nahm sein Hauptquartier zu Cappel. Bey Soest stand ein französisches Corps unterm Herzog von Chevreuse; der Held beschloß, dasselbe überfallen zu lassen. Es musten daher der Prinz von Holstein, und der Erbprinz von Braunschweig den 18ten October mit der aus 14 Bataillons und 24 Escadrons bestehenden Avantgarde noch vor Tages Anbruch von Bennighausen in aller Stille aufbrechen, und links abmarschiren, so daß die preußischen Dragoner-Regimenter den Marsch eröfneten. Es war bereits Tag, als dieses Corps in der Gegend von Soest anlangte, und weil die Husaren das französische Lager bereits beunruhigt hatten, zu dem auch der Uebergang über die Lippe durch einen Bauer aus Bennighausen verrathen war; so stand das französische Corps, welches bereits die ganze Nacht unter dem Gewehr zugebracht, vor Soest in Schlachtordnung. Die Allirte Cavallerie von dem linken Flügel, welche in 12 Escadrons bestand, deployirte hierauf

auf links, um sich um die Stadt zu ziehen, und den Franzosen in die Flanke und in den Rücken zu fallen. Dieses Manövre konnte aber wegen der Lage der dortigen Gegend nicht vollzogen werden, die Franzosen wollten keinen Angriff erwarten, sondern zogen links ab. Die Alliirte Avantgarde, die sich vor dem französischen Corps im Grunde gesetzt hatte, griff sogleich mit der grösten Tapferkeit an, welchen die preußischen Dragoner von Finckenstein unter Anführung des Prinzen von Holstein und Erbprinzens von Braunschweig, und die G. M. Graf von Finkenstein und von Bandemer in aller Eil folgten, welches Nachsetzen um so viel beschwerlicher war, als selbige durch die Graben und Hohlwege beständig die Züge abbrechen, und wieder aufmarschiren musten.

Dieser Angriff ward durch das preußische Dragoner-Regiment von Holstein unterstützt. Die Patrouillen von den Finkensteinischen Dragonern prellten in die annoch mit Franzosen besetzte Stadt Soest, wobey ein Dragoner getödtet und verschiedene verwundet wurden. Die zwey Escadrons Hessen von Miltitz giengen von dem linken Flügel links durch die Stadt, und machten einige Gefangene, erlitten aber auch wegen der in den Gräben versteckten französischen Infanterie einigen Verlust. Die 10 Escadrons preußische Dragoner fielen aller Beschwerlichkeit ungeachtet dem franzößischen Corps in die Arriergarde, welche aus 3 Dragoner-Regimenter und einem Bataillon bestand. Dieses Bataillon ward, nachdem es einmal gefeuert hatte, und von seinen Dragonern war verlassen worden, grösstentheils niedergehauen und gefangen, die preussischen Dragoner brachten überhaupt 260 Mann Gefangene ein, sie würden mehrere gemacht haben, wenn das Terrain wegen den Gräben und Hohlwegen zum agiren nicht gar zu übel gewesen wäre.

Der Herzog Ferdinand ließ auf diesem Scharmützel die Armee, welche den 18 über die Lippe und Gleine über die geschlagene Schiffbrücken gegangen, nemlichen Tages bis vor Soest rücken, und nahm in dieser Stadt das Hauptquartier. Die Franzosen lagerten sich aber bey Werle. Den 21 rückte der Herzog näher gegen Hamm, und nahm sein Lager bey Hovestadt. Zwischen Soest und Werle standen beide Armeen so nahe beysammen, daß jedermann glaubte, es würde noch vor die Winterquartiere zu einem entscheidenden Treffen kommen, inmahlen beyde Heerführer die detaschirten Corps an sich zogen. Allein der Marschall von Contades nahm sich vor, Münster zu überfallen, und sich der Magazine der Alliirten Armee im Rücken derselben zu bemächtigen. Der General-Lieutenant Marquis von Armentieres wurde dieses auszuführen, mit 15000 Mann detaschirt,

taschirt, allein der Herzog ließ die Besatzung von Münster durch den Hannöverischen General-Lieutenant Graf von Kielmannsegg mit drey Infanterie-Regimentern verstärken. Der Herzog detaschirte ferner den General-Lieutenant von Imhof mit einem Corps, um Münster, und die Magazine zu Wahrendorf zu decken. Imhof gieng bey Cappel über die Lippe, und marschirte über Rheda so geschwinde fort, daß er den 2ten schon zu Wahrendorf anlangte, und das Magazin rettete. Der Herzog folgte mit der Armee nach, und gieng den 26. über die Lippe, da denn derselbe bis zum 27ten bey Lippstadt Rasttag hielt. Von hier marschirte der Held über Rheda und Wahrendorf, und langte den 30ten in Münster an. Bey den Hauptarmeen war jezt der Feldzug geendigt, und beyde suchten die Winterquartiere zu beziehen. Die französische Armee brach zuerst auf, gieng über den Rhein, und ward hinter demselben in die Quartiere verlegt. Der Herzog Ferdinand aber nahm mit seiner Armee eine solche Stellung, daß ein Corps unterm General-Major von Wangenheim bey Rheda und ein anderes unter dem Erbprinzen von Braunschweig bey Wahrendorf eine Kette zwischen Lippstadt und Münster machen muste, das Hauptquartier aber in Münster genommen ward. Der Prinz von Soubise that ein gleiches, er gieng mit seiner Ar-

 mee

mee bis Hanau zurück, und verlegte selbige an den Ufern des Rhein- und Maynstroms in die Quartiere. Der Prinz von Ysemburg folgte ihm auf dem Fuße nach, besetzte den 30 November Fritzlar *) und bezog in dieser Gegend die Winterquartiere. Der Prinz von Soubise, um seine genommene Stellung zu versichern, ließ er die Hessen-Darmstädtsche Vestung Gießen an der Lahn besetzen, und die Vestung Rheinfels **) durch einen Ueberfall einnehmen. Von dieser letztern Begebenheit will ich hier folgendes anführen. Nachdem der Marschall-de-Camp Marquis von Castries die nöthigen Kundschaften von dem Zustand Rheinfels und der dazu gehörigen Schlösser eingezogen: brach er den 30ten November von Coblenz ***) auf, um sich dieses Platzes zu bemächtigen. Er hatte das Infanterie-Regiment von St. Germain, und ein Detaschement von den Dragoner-Regimentern du Roy und von la Ferronoye bey sich. Den 1ten December ließ er durch den

*) Eine Chur-Mainzische Stadt, zwischen Niederhessen und der Grafschaft Waldeck, an der Eder, drey Meilen von Cassel gelegen.

**) Rheinfels liegt am Rhein auf einem hohen Felsen, acht Meilen von Mainz, und gehört dem Landgrafen von Hessen-Rheinfels Rothenburg: Hessen-Cassel hat aber das Besatzungsrecht darin.

***) Coblenz ist die gewöhnliche Residenz-Stadt des Churfürsten von Trier, es ist eine gute Vestung, und liegt am Zusammenfluß des Rheins und der Mosel.

den Brigadier von Scey Montbeillard mit 250 Dragonern von dem Regiment dú Roy früh um drey Uhr die Stadt Goarshausen oder Gewershausen *) angreiffen. Dieser ließ das Thor durch 30 Dragoner, welche der Cornet Saint Pilon anführte, einsprengen. Der Graf von Scey, welcher an der Spitze dieses Detaschements war, nahm den Commandanten bey Oefnung des Thores gefangen. Die Besatzung muste nach einigen Widerstand das Gewehr strecken; und obwohl die Stadt keine Capitulation erhalten hat: so hat man ihr doch keinen Schaden zugefüget. Hierauf ließ der Graf von Scey die Vestung Katz auffordern, und ob wohl sich der Commandant weigerte, so ergab er sich doch nachhero, als er die Anstalten zum Sturm sahe, zu Kriegsgefangenen. Man fand 10 Canonen in dieser Stadt und Vestung, und der Marquis von Crequi überbrachte dem Mareschall-de-Camp Marquis von Castries eine eroberte Fahne. Nur zwey Mann des Regiments dú Roy wurden bey der Einnahme der Stadt mit Bajonetstichen ver-

*) Goarshausen oder Gewershausen, eine Stadt welche in der Niedern Grafschaft Katzenellnbogen an der Ostseite des Rheins, Sanct-Goar gegenüber liegt, und dem Landgrafen von Hessen-Rheinfels-Rothenburg gehört. Auf einem hohen Felsen bey dieser Stadt, liegt das alte veste Schloß Katz oder Neu-Katzenelnbogen.

wundet. Früh um acht Uhr ward Sanct-Goar *) erstiegen, und die Besatzung von 50 Mann gefangen genommen. Der Marquis von Castries ließ hierauf sogleich den Commandanten von Rheinfels auffordern. Dieser ergab sich mit bewilligter Capitulation, mit der aus 530 Mann **) bestehenden Besatzung zu Kriegsgefangenen. Der Marquis von Castries hielt um zehn Uhr in Rheinfels seinen Einzug, und fand an eroberten Ehrenzeichen 72 Canonen, 35 Mörser nebst vielen Kriegsvorrath darin.

Anmerkung über den Feldzug von 1758.

Nie hat ein Heerführer seinen entworfenen Plan beßer ausgeführt, und seinen Feind in größerer Bestürzung und Furcht gesetzt, als wie der Herzog Ferdinand von Braunschweig. Er nahm sich vor, den Feind aus seinem Vaterland, ja wo es möglich wäre, auch aus ganz Deutschland zu treiben,

*) Eine mittelmäßige am Rhein gelegene und die Hauptstadt in der Niedern Grafschaft Katzenelnbogen.

**) Die Allirten sagen, der Commandant Obrist von Freywald hätte nur 300 Mann Besatzung gehabt. Diese konnten freylich keinen langen Widerstand leisten, doch hätte selbiger länger als wie zwey Stunden dauern können.

ben, und Brabant zu erobern. Ein groser Entwurf für einen General, welcher mit einer vom Feinde überwundenen Armee an den Ufern der Elbe sieht. Für Ferdinand den Grossen war die Ausführung hingegen mehr als möglich. Von den Flüssen der Elbe, Netze, Ilmenau (auch Elmenau), Seeve, Schwinge, Oste, Wümme, Aller, Weser, Aa, Werre, Bega, Hessel, Ens, Lippe, Roer, und Rhein, trieb der Held beständig die Franzosen zurück. Vom ganzen Churfürstenthum Hannover, dem Herzogthume Braunschweig, Bißthum Hildesheim, dem Herzogthum Bremen und von dem ganzen Westphälischen Kreise, machten sich Se. Durchlaucht in einigen Wochen Meister. Der Held belebte hierdurch ganz von neuem den Muth seiner Armee wieder, welche denselben durch den letzten unglücklichen Feldzug und der nachtheiligen Convention bey Kloster-Seven, beynahe ganz verlohren hatte. Muthvoll griff er die Franzosen bey Crevelt zwischen dem Rhein und der Maas an, und gewann einen der herrlichsten Siege. Jezt war der Herzog den feindlichen Ländern so nahe, daß er mit Recht darauf denken konnte, den Sitz des Krieges in die französische Staaten linker Hand der Maas zu verlegen. Der Sieg bey Crefeld legt ein einziges Zeugnis von den grossen Talenten des Herzogs ab. Dieser belehrte die Franzosen, daß ihnen ihre Eroberungen

rungen in Deutschland entweder sehr theuer zu stehen kommen würden, oder aber, daß sie alle Hofnung dieselbe zu erhalten, aufgeben müßten. Die unglückliche Nachricht die der Herzog aber von der Niederlage des Prinzen von Ysenburg erhielt, und die Verstärkungen welche die Franzosen täglich aus Frankreich bekamen, wodurch sie in Stand gesezt wurden, wieder vorzurücken, verhinderten den Herzog den Anschlag auf Brabant durchzusetzen. Ernstlich mußte er nunmehro darauf denken, die Hannöverische Lande zu decken, und über den Rhein wieder zurück zu gehen. Dieses aber auszuführen, schien es, als vermehrten sich die Schwierigkeiten nur deswegen, um die großen Eigenschaften des Herzogs in ein desto helleres Licht zu setzen. Die feindliche Armee machte es sich zur Hauptsache, die Alliirten vom Rheine abzuschneiden. In einer unfruchtbaren Gegend, weit von den Oertern seiner Zufuhr, mußte der Herzog seiner Armee alle Mund- und Kriegsbedürfnisse verschaffen, er muste sich einen Weg durch ein Land bahnen, in welchem sumpfigte Gegenden, tiefe Gräben und Canäle gewöhnlich mit einander abwechseln. Die wichtigsten Posten hatte der Feind allenthalben stark besetzen lassen, und diese, welche eine zahlreiche Armee zur Unterstützung hatten, wurden mit ungewöhnlicher Hartnäckigkeit vertheidigt, um den Fortgang des Herzogs zu ver-

verhindern. Ein anhaltender Regen hatte ohnehin die Wege beynahe ganz unbrauchbar gemacht. Bey allen diesen Beschwerlichkeiten war keine fremde Hülfe zu hoffen. Es waren zwar 10,000 Mann Engländer bey Emden ans Land gestiegen, sie konnten sich aber wegen den vielen Schwierigkeiten nicht mit dem Herzog vereinigen. Bey allen diesen grossen Hindernissen war der Herzog seinem eigenen grossen Genie überlassen; allein in demselben war auch ein unerschöpflicher Vorrath von Rettungsmitteln. Der Held, dieser große Heerführer, zog sich über den Rhein zurück, vereinigte sich mit den Engländern, und hemmte die Streifereyen des französischen Reserve-Corps in Westphalen. Der Feinde Anschläge auf Düsseldorf, Rees, (wo die Alliirten ein großes Magazin, den grösten Theil ihrer Bagage, ihr Lazareth, und sogar ihre Kriegskasse hatten) und auf Münster, wurden alle, so wie des Marschalls von Contades Vorhaben, sich mit dem Reserve-Corps zu vereinigen, von dem Helden bey Zeiten vereitelt. Die Märsche und Stellungen des Herzogs, verhinderten alle Anschläge der Franzosen, und zwangen sie endlich, die Winterquartiere anstatt in den Hannöverschen Landen an den Ufern des Rheins und Mayns zu nehmen. Ob es gleich dem Herzoge unmöglich war, sich mit beyden französischen Armeen gleichweit auszudehnen,

so

so wurden doch seine Winterposten so angelegt, daß sie das Land schützen nd schleunig zusammenstoßen konnten, um mit vereinigten Kräften zu agiren. Die Hauptarmee zu beobachten, nahm der Herzog sein Hauptquartier in Münster, und der Prinz von Ysenburg lag in Fritzlar, um Hessen zu decken. Aus allen diesen vortreflichen Anstalten sieht man ganz deutlich das große Genie des Herzogs, mit welchem er seinen Gegnern weit überlegen war, denn weit schwächer als wie sie, hielt er nicht allein ihre große Armeen beständig in einer Art von unthätiger Furcht, sondern er kam ihnen überall zuvor, und wies ihnen bey allen Gelegenheiten, daß er ihr Meister seye.

Der Feldzug vom Jahr 1759.

Die Alliirte und französische Armee hatte zu Ende des 1758sten Jahres die Winterquartiere dergestalt bezogen, daß die französischen Truppen längs des Rhein und Maynstroms vertheilt lagen, und durch die Besetzung der Städte Hanau, Gießen und Marpurg, den grösten Theil von Hessen behaupteten, dahingegen die Alliirte Armee sich in Westphalen bis an den Rhein und in Hessen bis über Cassel hinaus ausbreitete, und zu Münster das Hauptquartier war. Die Ruhe der Winterquartiere ward wenig gestöhret, es fielen nur einige unerhebliche Scharmützel unter den leichten Truppen vor, desto mehr aber beschäftigte man sich mit Anstalten zu dem bevorstehenden Feldzuge. Der Prinz von Soubise, welcher die französische Armee in Hessen commandirte, machte den Eintritt des 1759 Jahres durch die Besetzung der freyen Reichs-Stadt Frankfurt am Mayn, welche er zu einem wichtigen Waffenplatz machte, merkwürdig. Diese Stadt ward den 2ten Jenner durch französische Truppen, welche den Durchzug verlangten, und sobald sie in der Stadt waren, die Thore besetzten, überrumpelt. Der Prinz von Soubise erklärte dem versammelten Stadtrath, daß diese Unternehmung keine andere Ursache habe, als das Reich, besonders die am Rhein und Mayn liegende Staaten, gegen die Unternehmung der Alliirten sicher zu stellen.

Die Annäherung der Reichsarmee brachte die Alliirte Armee in Bewegung, das Corps welches unter dem Erbprinz von Braunschweig, in dem Stift Paderborn lag, ingleichen das Corps preußischer und hessischer Truppen, welche in dem Herzogthum Westphalen unter Commando des General-Lieutenant Herzogs von Holstein-Gottorf, sich den Winter über befunden, musten zu Ende des Monats März nach Hessen aufbrechen, und solche forcirte Märsche machen, daß die entferntesten

schon

schon den 23. März auf der hessischen Gränze eintrafen. Diese in der Eil versammelten Truppen wurden aus den Magazins, welche man schon vorhero zu Warburg und Brilon aus Vorsicht angelegt hatte, verpflegt, und der Erbprinz von Braunschweig war der erste, welcher den 21. März mit drey Regimentern von Paderborn zu Cassel eintraf. Der Herzog Ferdinand von Braunschweig, welcher den 22. März in Begleitung seines General-Adjüdanten von Münster nach Cassel abgieng, kam über Hamm, Lippstadt, Büren und Warburg den 24. März zu Cassel an, und überlies hingegen das Commando über die zurückgebliebenen Truppen in Münster dem General Freyherrn von Spörcken, unter welchem die Generals Marquis von Granby *) und Mostyn, zu Osnabrück der General-Lieutenant von Imhof, zu Lippstadt der General-Lieutenant von Hardenberg, und die Postirungen

*) Johann Marquis von Granby, Königl. Großbrittannischer General-Lieutenant und Chef des zweyten Regiments der Leibgarde zu Pferde, ist der älteste Sohn Johann Manners Herzogs von Rutland, und Brigitten, einer Tochter Robert Sutton, er ward den 2. Jenner 1721. geboren. Mit seiner Frau die eine Tochter des Herzogs Carl von Sommerset war, hat er 150000 Pf. Sterling zum Heirathgut erhalten. Den 12. März 1755. ward er Generalmajor. 1758. im May Chef des zweyten Regiments der Leibgarde zu Pferde; und den 12 Februarii 1759. zum General-Lieutenant und commandirenden General der Englischen Truppen in Deutschland ernannt.

gen am Rhein, der General-Lieutenant von Oberg, commandirte.

Zu Cassel unterredeten sich Se. Durchlaucht der Herzog Ferdinand mit der zusammenberufenen Generalität, darunter der Erbprinz von Braunschweig, der Herzog von Holstein, der Prinz Johann Casimir von Ysenburg, und der Prinz Carl Leopold von Anhalt-Bernburg die vornehmsten waren, und den 2. März brach die Armee auf. Der Erbprinz von Braunschweig brach den 24. März mit der Avantgarde auf. Diese bestand aus 11. Bataillons, 16 Escadrons, 3 Schwadrons Husaren, 2 Preussische und eine Hessische, 2 Hannöverische Jäger-Compagnien zu Pferde, und vier derselben Compagnien zu Fuß. Der Erbprinz setzte sich mit dieser Avantgarde im Marsch gegen die Fulda und nahm das Hauptquartier in Melsungen. Den 25. März war dasselbe in Rothenburg, den 26ten zu Hersfeld, den 27ten zu Schlitz. Der Herzog Ferdinand war einige Tage lang, und zwar bis Fulda inzwischen mit denen aus Westphalen gezogenen Truppen, allemal bis auf einen Marsch hinter dem Erbprinzen, und der Prinz von Holstein blieb mit seinem Corps stets zur rechten Hand. Den 27. März bestand die Avantgarde des Erbprinzen in einer Hannöverischen Jägercompagnie zu Pferde, und in dreyen zu Fuß. Diese erreichte noch Vormittags die Bischöfliche Residenzstadt Fulda, wo sie die Thore gesperrt fanden, als man ihnen aber den Ernst zum Angrif zeigte, so öfneten sie dieselben; vor der Hauptwache streckten 3 Officiers und 40 Mann bischöfliche Haustruppen das Gewehr und ergaben sich zu Kriegsgefangenen. Den 28sten rückte die Avantgarde bis Weyhers vor, und das Hauptquartier war in Fulda. Den 29sten war Rasttag. Den 30sten gieng das Corps nach Gersfeld, die Avantgarde aber die nunmehro aus sechs Compagnien Jäger bestand, faßte Posto zu Bischofsheim im Würzburgischen. Den 31sten setzte sich das ganze Corps wieder in Marsch, und die zu Neustadt an der Saale gelegene feindliche Regimenter, als eins von Anspach Cürassier und ein Würzburgisches zu Fuß, hatten sich in der größten Eil zurückgezogen, doch wurden sie noch von den Honnöverischen Jägern eingeholet, und 3 Cürassiers gefangen genommen. Inzwischen hatten die beyden Escadrons preußischer schwarzer Husaren, ein fliehendes Würzburgisches Cavallerie-Regiment und 100 Mann Infanterie hitzig verfolget; und ohne was davon niedergesäbelt worden, etliche 30 Mann Cavalleristen und 90 Mann Infanterie zu Kriegsgefangenen gemacht, wobey sie die Jäger zu Pferde unterstützten, nnd ihrer Seits 1 Husar blessirt und ein andrer gefangen wurde. Ausserdem hatten die Jäger

zu

zu Pferde noch eine Patrouille von 4 Cavalleristen aufgehoben. Der Erbprinz war während dessen mit allen Truppen mitten in die feindliche Cantonnements gedrungen, ohne daß solche das mindeste von unserer Annäherung erfahren hätten. Er nahm sein Hauptquartier zu Ostheim, die Avantgarde aber unter Anführung des Generalmajor Grafen von der Schulenburg gieng des Abends noch bis Herrmannsfeld uud Völkershausen. Den 1. April passirte die Avantgarde zu Untermannsfeld die Werra, die Jäger zu Pferde hoben daselbst 12 Mann vom Feind auf, und rückten mit aller Eilfertigkeit vor Meinungen. Die Husaren blieben auf der andern Seite des Flusses; die Stadt wurde gleich von allen Seiten eingeschlossen, und dem Obristlieutenant von Freytag aufgetragen, die Besatzung aufzufordern; solche bestand aus zwey Bataillons Churcöllnischer Truppen, als Leibregiment und Elberfeld, so 4 Canonen führten, und einem Detaschement Cavallerie von verschiedenen feindlichen Regimentern. Die Besatzung begehrte zu capituliren. Es wurde ihr verwilliget, daß sie mit allen militairischen Ehrenzeichen, unter klingendem Spiel nnd fliegenden Fahnen ausziehen, Officiers, Unterofficiers und Gemeine ihre gehörige Equipage behalten, vor dem Thore aber das Gewehr strecken und sich zu Kriegsgefangenen ergeben sollten. Nach

 dem

dem Abzug der Garnison, brach der Erbprinz noch Nachmitags nach der Stadt Wasungen auf, woselbst das Churcöllnische Regiment von Nagel nebst ein Commando von 1 Officier und 24 Sachsen Gothaischer Reuter cantonnirte. Zu dem Ende setzte sich der hessische General-Lieutenant von Gilsen mit seiner Division in Marsch linker Hand der Werra, der Erbprinz aber rechter Hand. Den Feldjägern zu Pferde sties eine feindliche Cavallerie-Patrouille auf, davon sie 4 Mann einholten und zu Gefangenen machten, hierauf verdoppelte der General-major Graf von der Schulenburg die Eilfertigkeit des Marsches, und näherte sich mit der Avantgarde bis auf einen Canonenschuß der Stadt, und lies sogleich durch einen Trupp Jäger zu Pferde die Anhöhen der Stadt besetzen; welche sich durch einige aus der Stadt auf sie abgefeuerte Canonenschüsse nicht abhalten liessen; den ihnen angewiesenen Posten, zu behaupten.

Dem Obristlieutenant von Freytag wurde wieder aufgetragen, die Garnison aufzufordern, die sich denn gleich wie die Meinungische zu Kriegsgefangenen ergab Wie es nun ziemlich spät wurde, als das feindliche Regiment das Gewehr streckte, so waren indessen die in Schmalkalden, Salzungen, und daherum gelegene Oesterreicher zum Succurs angekommen, und attaquirten ohngefehr eine hal-

be

be Stunde von Wassungen die Vorposten der Alliirten. Der Erbprinz lies derowegen unter Anführung des General Grafen von der Schulenburg das Feldjägercorps, die Grenadiers und einige Canonen durch die Stadt dem Feinde entgegen rücken, es wurde derselbe zwar durch ein sehr lebhaftes Feuer empfangen und zurück getrieben; indem es aber Nacht ward, hörte das Schießen auf, und des andern Morgens war vom Feinde der sich unter Begünstigung der Nacht, weil er nicht so stark wie die Alliirten war, zurückgezogen, nichts weiter zu vernehmen. Bey dieser Action hatten die Alliirten 5 Todte und 15 Verwundete, unter diesen letztern befand sich der Heßische Major von Pappenheim, und ein Subaltern Officier. Feindlicher Seits aber waren 26 Verwundete, und 15 Todte. Den 1. April hatte auch das Alliirte Detaschement unter Commando des Generalmajors von Urf zu Kaltennordheim, und der Major von Stockhausen *) unweit der Tanne einem Hessencasselschen in dem Fürstenthum Hersfeld gelegenen Dorf, desgleichen die daherum gelegene Hessische Husaren, das kaiserliche Cürassier-Regiment von Bretlach und Savoyen-Dragoner attaquiret und zerstreuet, wodurch

*) Heinrich Ludwig von Stockhausen, Churhannöverischer Generalmajor und Chef eines Infanterie-Regiments, stammt

durch verschiedenemalen in der Nacht die Vorposten der Alliirten beunruhiget worden, indem sich die Flüchtigen, des Schicksals der Besatzung unwissend, nach Wasungen reteriren wollten. Den 2ten marschirte die Avantgarde dem Feinde der sich bis Sula zurückgezogen hatte, nach, und cantonirte bey Breidenbach; das Hauptquartier war in Bernhausen. Den 3ten in aller Früh brach die Avantgarde wieder auf, um die feindliche Arrieregarde wieder einzuholen, die sie auch bey Sula erreichte, und den in den Wald fliehenden Feind verfolgte. Der Obristlieutenant von Freitag, hatte sich mit dem größten Theil der Jäger über Hengsthaus durch die Gebürge und Waldungen dem Feind in Hinterhalt gelegt, und seinen Zweck glücklich erreicht, um die feindliche Arrieregarde abzuschneiden, denn, während der General von Schulenburg mit

stammt aus einem der ältesten adelichen Geschlechter in Hessen her, welches das Erbmarschallamt im Stifte Corvey besitzet. Er trat jung in Hannöverische Dienste ward 1747. Hauptmann bey dem Hardenbergischen Regiment. 1757. den 27. May Major bey jung Sastrow, bald darauf ward er Chef eines Freybataillons und den 6. August 1756. zum Obristlieutenant ernannt; nicht lange hernach ward er Obrist, und den 4. September 1777. Generalmajor. Von dem kleinen Kriege in welchem er fast stets glücklich gewesen ist, hat er viele Kenntniß.

mit 50 Jäger, den Grenadieren, und 2 Escadrons Dragoner dieselben attaquirte, und bis eine Stunde hinter Sula *) in den Wald trieb, hier konnte sie Schulenburg nicht weiter verfolgen. Da diese feindliche Arrieregarde aber hier auf den Hinterhalt des Obristlieutenants von Freytag stieß, welcher auf sie ein sehr heftiges Feuer machte, daß sie gleich in Unordnung gerieth, woraus sie sich zwar mit ihren gegen ihn gerichteten Canonen helfen und sich den Weg öffnen wollte; als sie aber wegen der Dicke des Waldes keine Würkung davon spürte, und das Feuer der Jäger nicht länger aushalten konnte, nahm sie in die Gebürge nach dem Thüringer Walde zu, unter Bedeckung der einbrechenden Nacht und mit einem ansehnlichen Verlust, die Flucht. Da, sich der Feind nun über Eisfeld Hildburghausen und Bamberg zurück zog, und der Erbprinz bey 2000 Mann, worunter sich ein General, 1 Obrist, verschiedene Staabs- und andre Officiers befanden, zu Kriegsgefangene gemacht, und 6 Canonen und 6 Fahnen erobert, gieng er gleichfalls über Sula und Meinungen wieder zurück, und traf den 8. April wieder in und bey Fulda ein, und stieß zur Hauptarmee.

*) Eine offne in der Grafschaft Henneberg, und an der Hasel gelegene Stadt, welche Gewehr- Stahl- Barchent- und Zwillich- Fabriken und Manufacturen hat, und dem Churhause Sachsen gehört.

Während daß sich der Erbprinz mit der Avantgarde gegen die Reichstruppen gewendet hatte, rückte der Herzog Ferdinand mit der Hauptarmee immer weiter gegen die bey Frankfurt stehende französische Armee vor. Auf diesem Marsche ward das feste Bergschloß Ulrichstein *) eingenommen.

Den 7. April lies der Königlich-preußische General-Lieutenant Herzog von Holstein Gottorp, unter Begünstigung eines dicken Nebels Morgens mit Anbruch des Tages; ein Corps Truppen welches in 2 Bataillons Hessen, dem preußischen Dragoner-Regiment von Finkenstein, und den hessischen und preußischen Jägern bestand, und mit einigen Canonen versehen war, gegen Ulrichstein anrücken; und das mit einer Mauer umgebene auf dem Berg gelegene Schloß, von Morgen früh 5 Uhr mit solchem unerschrockenem Muth seiner Truppen angreifen, und bis gegen 10 Uhr, mithin fünf Stunden mit solcher Heftigkeit bestürmen, daß man die Tapferkeit der Alliirten besonders von dem hessischen Grenadier-Regiment nicht genug bewundern kann, die Franzosen vertheidigten sich hingegen mit gleichem Muth, denn der darinn gestandene Comman-

*) Ulrichstein ist ein Städtchen mit einem Bergschlosse, welches in der Wetterau zwey Stunden von Lauterbach liegt, und dem Landgrafen von Hessen-Darmstadt gehöret.

mandant, Obrist-Lieutenant Baron von Ried *), nachdem er bereits alle seine Munition verschossen, und keine andere Vertheidigung mehr, als die Steine vor sich hatte, von denen er die schwerste Haufenweis über die Mauer hinausrollen, und werfen lies, wodurch er den Alliirten nach ihrem eigenen Geständniß mehr Schaden, als durch sein Feuer zugefügt hat. Endlich da er keine Munition mehr hatte, und er auch die Steine mit äusserster Mühe mußte losreissen lassen, wozu Zeit und Leute erfordert, wurden, ward er gezwungen zu capituliren, welches ihm auch in Ansehung der tapfern und unvergleichlichen Gegenwehr so die Besatzung gethan, dergestalt zugestanden ward, daß er mit Beybehaltung der Officiers als Cavalleriepferde, völliger Bagage und Gewehr, mit klingendem Spiel und allen militairischen Ehrenzeichen ausmarschiren durfte, mit dem einzigen Vorbehalt, binnen Jahresfrist nicht wider die Alliirten zu dienen. Der Hauptmann von Weitershausen und Fähnrich von Schäller

*) Wegen dieser heldenmüthigen Vertheidigung erhielt er den Ludwigsorden, ward nachgehends Obrist und Commandeur von dem Husaren-Regiment von Conflans, welches er viele Jahre mit Ruhm commandirt hat. Den 1. März 1780. machte ihn der König zum Brigadier, und den 1. Jänner 1784. ward er zum Marschall-de-Camp ernannt.

ler wurden von den Alliirten bey diesem Angrif getödet, und der Obrist von Ditfurt und Hauptmann von Massenbach verwundet.

Die Allirte Armee marschirte den 10. April in drey Colonnen, davon die erste der Herzog Ferdinand und unter ihm der Erbprinz von Braunschweig, die zweite der General, Lieutenant Prinz von Ysenburg, nnd die dritte der General-Lieutenant Herzog von Gottorp anführte, gegen Frankfurt am Mayn, und langte Abends zu Freyenstein *) an. Der Posten von Bierstein **) welchen 1100 Franzosen besetzt hatten, ward auf die Annäherung des Obristlieutenants von Freytag, den 10ten Abends verlassen, und von dem letztern besetzt. Den 11ten marschirte die Armee bis Büdingen, die leichten Truppen aber nach Lindheim. Am 12ten forcirte der Obristlieutenant von Freytag mit der Bülowschen Jägercompagnie die Thore der kleinen Stadt Windecken, und machte daselbst einen Hauptmann, 2 Officiers nebst 40 Mann zu Gefange-

*) Ein dem von Riedeselschen Geschlecht zuständiger Flecken. Er liegt in Oberhessen, anderthalb Stunden von Crainfeld auf Steinau zu.

**) Bierstein ist ein in der Wetterau an den Gränzen von Fulda anderthalb Stunden von Saalmünster auf einem Berge gelegener Flecken, dem Fürsten von Ysenburg, der daselbst residirt, gehörig.

fangenen. Das Hauptquartier kam dorthin, die Jäger blieben aber in Dorfeld.*) Am 13. wurden die Jäger mit einer Escadron preußischer Husaren verstärkt. Kaum waren sie angelangt, so kam es zwischen ihnen und den feindlichen Truppen die sich im Gehölz und in denen Büschen aufhielten, zum Scharmützel. Der Obristlieutenant von Freytag that einen Angrif auf das Gehölz, und nöthigte den Feind durch einige Kanonenschüsse sich zurück zu ziehen. Die Jäger besetzten hierauf eine Anhöhe, von welcher sie einen grosen Theil des feindlichen Lagers beobachten konnten. Unterdessen verflossen ungefehr anderthalb Stunden, bis die ganze Armee anrückte.

Die Franzosen formirten sich. Der mit einem Graben und einer Mauer umgebene Flecken Bergen, ward von den Alliirten mit solcher Geschwindigkeit angegriffen, daß die Grenadiers und übrige Infanterie kaum eine Minute Zeit hatten, auszuruhen. Der Herzog von Broglio hatte diesen Ort durch 9 Bataillons der auserlesensten sächsischen und schweizerischen Regimenter und vielem schweren Geschütz besetzen lassen. Die Alliirten hatten aber

in

*) Es sind zwey Dörfer gleiches Namens, welche in der Grafschaft Hanau an der Nidda liegen, das eine heißt Groß- oder Niederdorfeld, und das andre Klein- oder Oberdorfeld.

in diesem Augenblick wo der Angrif geschah, nicht mehr als vier sechspfündige Canonen und einige Feldstücken bey sich. Feuerkugeln und Haubitzen würden den Feind ohne Zweifel genöthigt haben, den Flecken zu verlassen; aber der Herzog Ferdinand konnte sich bey seinen leutseligen Gesinnungen nicht entschliessen, diesen Ort der Flammen aufzuopfern. Der linke Flügel der Franzosen wurde von diesem Flecken bedeckt. Die Alliirte Armee stellte sich auf die Anhöhe, welche sich die Jäger bemächtigt hatten. Die Hannöverische Regimenter befanden sich auf dem linken Flügel, und von da aus erfolgte die mißlungene Attaque auf Bergen. Die Braunschweiger und Hessen formirten den rechten Flügel, die Cavallerie war auf beyden Flügel vertheilt. Das Gewehrfeuer war sehr hitzig, und währte von 9 Uhr des Morgens bis an den Mittag. Der Prinz von Ysenburg that zwey heftige Angriffe, er wurde aber jedesmal zurück getrieben. Dieser Prinz, dieser Held und Menschenfreund ward von einer Gewehrkugel getroffen, und endigte leider zu früh seine glorreiche Lebensbahn. Dieser große Verlust machte alle Soldaten niedergeschlagen und traurig. Die allzuvortheilhafte Stellung der Franzosen, ihre ungemeine starke Retranchements, und die Vertheidigung, welche ihnen ein mit Mauern umgebener Kirchhof verschafte,

nöthigte

nöthigte den Herzog Ferdinand, die tapfere Streiter von der Attaque zurück zu berufen. Ihr Rückzug bewog einige feindliche Regimenter, auf das freye Feld heraus zu rücken; aber sie zogen sich bald wieder zurück, als die Alliirten mit vorwärts gefälltem Gewehr auf sie losfielen Die Alliirte Cavallerie konnte nicht mit zur Action kommen, ausgenommen ein hessisches Regiment, und ein Dragoner-Regiment. Diese beyden hieben ein französisches Bataillon, welches sich im Zurückziehen verspäter hatte, fast ganz in die Pfanne. Das Hammersteinische Regiment und die Dachenhausischen Dragoner machten sich Meister von einem Hohlwege. Wegen dem starken französischen Canonenfeuer, mußten sie sich aber mit zurücklassung verschiedener Pferde zurück ziehen. Die Mitte und der linke Flügel des Feindes, wie auch der rechte Flügel der Alliirten kamen gar uicht zum Treffen, nur das canoniren war allgemein. Gleich beym Anfange der Schlacht suchte sich der Feind in dem ihm zur linken gelegenen Dorfe Vilbel zu befestigen; aber die Jäger und einige Cavallerie vertrieben denselben, und nahmen von Vilbel Besitz. Hierdurch wurde der rechte Flügel der Alliirten gedeckt. Als der Herzog Ferdinand sah, daß er sich nicht so leicht dem Flecken Bergen bemächtigen konnte, so machten Se. Durchlaucht verschiedene Manövers,

die

die den Feind bewegen sollten, denselben zu räumen. Allein da auch dieses nicht gelingen wollte, so lies der Herzog bis des Abends um 8 Uhr Bergen mit Canonen scharf beschiessen. Da die Alliirten bey ihrer zweyten Stellung sich um einen Canonenschuß weit Bergen mehr genähert hatten, verloren sie über 1500 Mann an Todte und Verwundete. Der Herzog Ferdinand blieb mit der Armee bis um Mitternacht auf dem Schlachtfelde stehen, alsdann zog er sich eine Meile weit zurück; woselbst er den 14ten die Truppen ausruhen lies. Die Franzosen liessen die Alliirten nur durch 50 Reiter beobachten. Am 15ten früh um 4 Uhr lies der Herzog Generalmarsch schlagen, aber erst zu Mittag brach er auf, und marschirte nach Marienborn. Kein einziger feindlicher Husar verfolgte die Alliirten. Niemals ist eine Zurückzug weniger beunruhiget worden, als dieser. Der Plan hinten zeiget das mehrere. Nun will ich aber auch die ganz vortreflichen Anstalten hersetzen, die der Herzog von Broglio der größte Heerführer der Franzosen in dem siebenjährigen Krieg theils vor der Schlacht von Bergen theils zur Behauptung dieses Fleckens gemacht hat; aus diesen werden meine Leser allemal denjenigen großen Heerführer erblicken, der die französische Armee mit Ruhm anzuführen gewußt hat. Seit dem ersten Marsch, den die Alliirten in die

Ful-

Fuldischen Lande gethan hatten, stellte der Herzog von Broglio 12 und 13 Stunden von seiner ersten Linie leichte Truppen aus, und lies dieselben durch Zwischenposten von Dragonern, Cavallerie und Infanterie, unterstützen. Diesen gab er die genauesten Befehle, die Bewegungen der Alliirten auszuforschen. Den 10ten vernahm er, daß der Herzog Ferdinand in Bewegung seye, den 11ten Morgens erhielt er die Nachricht, daß der Obrist von Piemont, Graf von Esparbes sich mit seinem Detaschement gezwungen gesehen, Birstein zu verlassen. Der Herzog von Broglio detaschirte sofort den General-Lieutenant Marquis von Castries nach Gelnhausen, um möglichen Falls, den verlassenen Posten von Birnstein zu behaupten, oder bey einer zu überlegenen Macht, alle zwischen Birnsten und Gelnhausen befindliche Truppen unter Hanau zusammen zu ziehen. Den 11ten um Mitternacht gab Broglio den Truppen den Befehl sich zwischen Vilbel und Bergen zu versammeln, dieses geschah mit solcher Geschwindigkeit, daß den 12ten des Abends die ganze Armee dort versammelt war, welche die Nacht unter freyem Himmel zubrachte. Zur Bedeckung des Flecken Bergens hatte der Herzog von Broglio die Regimenter Royal Suedois, Royal, Deuxponts, Waldner, und Planta in die Obstgärten gestellt. Die Brigadiers Baron von Clossen

und

und Paravicini commandirten sie, sie sollten im Fall eines Angrifs, Bergen beschützen. Den 13ten mit Anbruch des Tages stellte er die Armee in Schlachtordnung. Der rechte Flügel streckte sich an Bergen, welches auf einer Anhöhe liegt, die fast bis an Frankfurt gehet, und die bey Bergen sehr steil ist. Es ist dieser Ort zugleich mit Obstgärten, mit lebendigen Zäunen umgeben, und vor demselben stunden viele Aepfelbäume, wovon man einen Verhack machte. Zur linken war ein Gebüsche, worinnen sich gleichfalls eine sehr steile Anhöhe befand, welche bis Vilbel gegen über gehet, und sich an der Nidda endiget. Von der rechten Seite bis in das Centrum kömmt man an einen alten Thurm, welcher in dieser Gegend der Höheste ist, von da gehet das Erdreich eben so unmerklich wieder herunter bis zur linken. Zwischen dem Flekken und Gebüsch ist eine sehr trockene Ebene, die durch einen Graben abgeschnitten ist. Diese Stellung mußte dann also die Alliirten nöthigen, einen von beyden Flügeln oder auch alle beyde anzugreifen, ehe sie um den Posten herum marschieren, und denselben in seiner innern Verfassung angreiffen konnten.

Der Herzog von Broglio stellte seine Infanterie auf beyde Flügel. Die um Bergen stehende 8 Bataillons machten den rechten Flügel aus, hinter Bergen stellte er in Colonne, die 5 Bataillons von Piemont und Royal-Roußillon, ingleichen die 2 Bataillons von Elsaß, um sie im Nothfall zu unterstützen. Hinter diesem Regiment standen die Schweizer Regimenter von Castella und Diesbach, so wie die Regimenter von Rohan und von Beauvoisis in Colonnen formiret waren, um in den Flecken marschiren zu können, wenn solches nöthig wäre. Auf dem linken Flügel war das sächsische Corps und hinter solchem zur Reserve die Regimenter Dauphin, Enghien, Royal-Baviere, Nassau, Bentheim, Bergh und St. Germain gestellt, welche 3 Brigaden ausmachten. Die Cavallerie stand in drey Treffen, das erste hinter obgedachten Thurme. Die Dragoner-Regimenter formirten die Reserve, zwey dieser Regimenter standen hinter der Cavallerie und das Regiment von Apchon Dragoner stand hinter dem linken Flügel der Sachsen. Die Artillerie, welche der Marschall-de Camp, Chevalier von Pelletier commandirte, war längs der Front an die vortheilhafteste Orte aufgefahren. Dieser Artillerie Chef machte hinter dem rechten und linken Flügel der Infanterie zwo Niederlagen von Munition, damit es im Nothfall nicht daran fehlen möchte, wegen seinem ganz ausserordentlichen Eifer, welcher er diesen Tag ablegte, erhob ihn der König nach der Schlacht zum General-Lieutenant. Der Herzog von

Broglio versammelte bey dem Thurm die General-Lieutenants von Beaupreau, Prinz Camill von Lothringen und Marquis von Castries, ingleichen die Marecheaux-de-Camp, die ihm am nächsten waren. Er gab ihnen seine Stellungen und Anstalten zu erkennen; er zeigte ihnen die Nothwendigkeit an, beyde Flügels aufs äußerste zu vertheidigen, und sagte zugleich, im Fall wider alles Vermuthen, einer von beyden Flügeln überwältigt würde, die Cavallerie sodann die Ebene des Centri vertheidigen, und durch muthige Angriffe das Gefecht wiederum anfangen sollte, und falls man zum Zurückzug genöthiget würde, den seinigen durch die Ebene zu machen, da indessen die Infanterie des rechten Flügels sich über die steile Anhöhe, die hinter ihr bis an die Frankfurter Landwehr ist zurück ziehen sollten, und die von dem linken Flügel längs der Nidda hinter der nehmlichen Landwehr. Die Cavallerie sollte gleichfalls sich zu denen bereiteten Communicationen an dem Friedberger Wartthurm begeben, und die Cavallerie hatte den Befehl, die Infanterie in diesem Zurückzug zu unterstützen, wie denn die Infanterie auch die Cavallerie decken sollte. Hinter der Landwehr sollte das Gefecht wieder anfangen, und wenigstens die Nacht zu gewinnen suchen; und wäre man genöthiget, über den Mayn zu gehen, so stünden schon die Canonen

nen auf den Frankfurter Wällen bereit, um den Einzug der Truppen zu decken, und es sey auch zur Bescheinigung dieses Ueberganges bey den Glacis disseits der Stadt eine Brücke geschlagen. Die General-Lieutenants von Beaupreau und Marquis von Castries erhielten das Commando über die Cavallerie, der Prinz Camille von Lothringen (aus dem Hause Harcourt Armagnac) nahm die Vertheidigung von Bergen, und das Commando der Infanterie, welche ihn unterstützen sollte, über sich, unter ihm standen die Marechaux-de-Camp Graf von Orlick *), und der Marquis von St. Chamand, diese beyde Generals zeigten ungemein viel Tapferkeit; ersterer ward nach der Schlacht vom Könige zum General-Lieutenant erhoben. Der Herzog von Broglio schrieb an den General-Lieutenant Graf von

*) Carl Christoph Graf von Orlick, von Bejuszen, Königl. Französischer General-Lieutenant, Obrist des Cavallerie-Regiments Royal Pologne, General-Adjudant des Königs Stanislaus, Comthor des Königl. schwedischen Schwerdtordens, und Ritter des Königl. Sanct Ludwigsordens, war ein Sohn, des 1709. über die Saporagischen Cosacken ernannten Hetmanns. Er stand ehedem in Königl. Polnischen und Chursächsischen Diensten, bey dem Sibilskischen leichten Dragoner-Regiment (welches jetzt Chevauxlegers sind und Goldackes

St. Germain, und ersuchte ihn, vor seine Person mit der Post zu kommen, die Ankunft seiner ersten Division, so viel als möglich zu beschleunigen, und die zweite über Cassel bey Main gehen zu lassen.

Die Alliirten kamen gegen halb 10 Uhr zum Vorschein, nachdem sie ihre Anstalten durch eine sie bedeckende Anhöhe verbargen; sie marschirten in drey Colonnen, und griffen den Flecken Bergen an; der Angriff nahm um 10 Uhr den hitzigsten Anfang. Als Broglio wahrnahm, daß die Alliirten allen ihren Muth anwendeten, befahl er den Marschall-de-Camp von Pelletier den grösten Theil der Artillerie des Parks an die Spitze des Fleckens zu bringen, woher die Alliirten kämen, und er ließ durch Bergen das Regiment von Picmont und das von Royal Roußillon marschiren, da in nehmlicher

acter heißt) und ward im November 1743. aggregirter Obrist desselben. Er trat darauf in Französische Dienste, ward im December 1748 Marschal de Camp und 1759. im April wegen seines in der Schlacht bey Bergen gezeigten Wohlverhaltens General Lieutenant, er starb aber den 29. November 1759. nach einer dreytägigen Krankheit in dem Hauptquartier zu Annerod. Er war ein einsichtsvoller General, denn, mit seiner Tapferkeit, war Klugheit und ächte militairische Kenntniß im höchsten Grade verbunden.

cher Zeit die beyden Bataillons Elsaß, und die Schweizer Regimenter von Castella und Diesbach sich auf die rechte Flanke zogen. Diese Veranstaltungen hielten die Alliirten auf, sie machten den zweyten Angriff, welcher mit so vieler Heftigkeit geschah, daß sie die Franzosen zurück trieben. Hierauf führte der Herzog von Broglio in Person das Regiment Rohan längst den Obstgärten hin, ließ das Regiment von Beauvoisis, welches diesen Tag so wie die Regimenter Castella und Diesbach grosse Proben der Tapferkeit ablegte, mitten durch Bergen marschiren, und befahl, daß die Regimenter Dauphin und Enghien solche unterstützten. Diese frisch vereinigte Regimenter griffen die Alliirten mit so vielem Muth an, daß sie selbige zurück trieben, und in grosse Unordnung, die hauptsächlich wegen dem unglücklichen Tod des grossen Prinzen von Ysenburg entstand, brachten. Die Franzosen wagten sich hierauf zu weit, der Herzog von Broglio sendete ihnen verschiedene mahle den Befehl zu, einzuhalten, und nach Bergen zurück zu marschiren; endlich schickte er 10 Escadrons ab, ihren Zurückzug zu erleichtern: allein bevor dieser Succurs, angekommen, war die Retraite schon geschehen, weil die Alliirte Cavallerie auf sie losgekommen. Auf einen Theil, der sich zuweit gewaget, stiessen zwey Escadrons, welche bey 100 Mann und einige Officiers niedersäbelten und gefangen nahmen. Die Alliirten zogen sich alsdann hinter die Anhöhe, welche sie Vormittags bedeckte. Sie nahmen eine andre Position, da sie alle ihre Infanterie und Artillerie auf ihre beyde Flügel, und ihre Cavallerie in die Mitten stellten, und in dieser Ordnung rückten sie auf Bergen, und auf dem französischen linken Flügel: der Herzog von Broglio war der Meinung, daß sie auf einmal beyde Flügel angreiffen würden, und daß, wenn es ihnen auf einer, auf beyden Seiten gelingen sollte, sie ihre Cavallerie würden vorrücken lassen, um sich dieses Vortheils zu bedienen, und die Franzosen zu überwinden. Da aber die Stellung zu eingeschränkt war, so setzte er sich bey dem Thurm zur Reserve, wo er nach dem Angriffe von Bergen ankam, und von wannen er alle Bewegungen der Alliirten sahe, die Regimenter von Bentheim, Bergh und St. Germain, ingleichen Royal-Baviere und Nassau zog er hinter dem linken Flügel weg, um sie allenfalls auf dem rechten zu gebrauchen, er wartete demnach, worauf der Alliirten fernere Bewegungen eigentlich abzieleten; es geschahe aber nichts anders als eine sehr heftige Canonade, wodurch die am äussersten an Bergen stehende Brigaden sehr litten, indem sie aus grossen Stücken mit Cartetschen schoßen, die sehr viele Leute wegraften. Hierauf zogen sich

die

die Alliirten zum zweytenmale hinter die Anhöhe zurück, behielten aber beständig eine starke Artillerie an der Tete, mit welcher sie sehr stark und unaufhörlich auf Bergen feuerten. Gegen Abend war diese Canonade am heftigsten, kurz vor der Nacht liessen sie auch mehrere Infanterie gegen Bergen vorrücken, als wollten sie einen neuen Angriff anfangen, jedoch um 11 Uhr zogen sie sich zurück, und marschirten die ganze Nacht. Der Verlust der Alliirten war beträchtlich, und halten die Franzosen selbigen an Todten, Verwundeten, (die sie beynahe alle wieder mitgenommen haben) und vermißten auf 2617 Mann. Unter den Todten befanden sich der tapfere Hessische General-Lieutenant Prinz von Ysenburg, der herzoglich Braunschweigische Obrist von May, der Churhannöverische Obrist-Lieutenant von Dinklage, die Adjudanten Jürgens, Lindemann, und von den Braunschweigischen Truppen noch der Hauptmann Stanze, und Lieutenan Bornemann. Unter den Verwundeten befanden sich die Generale Graf von der Schulenburg, von Gilsen, die Obristen von Linstow, von Kühlwein, von Kalm, von Sluter, von Heister, Obrist-Lieutenant von Marschall, die Majors von Tincier, von Wolf, die Hauptleute von Redecker, Moering, Büttner, Appelboom von Jmhof, von Barner, Bornemann, Tinctonour, von Hammerstein, Schmid, von Stietencron von Bachele, Engel, Diekhof, die Lieutenants Wolfrath, von Ri[illegible]en, Helmke, Manecke, Kleemann, Henke, Strube, König, von Torgelow, Stein, Pleß, Welzing, Alers, Sander, Strembeck, Rosenberg, Weukstein, Micken, Mosel, Cleve; die Fähnrichs von Blüchern, Kirchhof, Heidenreich, von Ilow, Dreyer, Gastius, von Bülow, von Oldenburg, von Pleß, und Lohse. An Geschütz verlohren die Alliirten 5 Canonen, und zwey Munitionskarren. Der französische und sächsische Verlust war gleichfalls beträchtlich. Unter denen Todten befanden sich der Artillerie Brigadier von Cabrie, der Obrist-Lieutenant von Wurmser, die Hauptleute von Oettingen, le Comte, Bonay, Brasseins, und Chevalier Lapeirere, die Lieutenants Reger, Peron, Colombie, von Redon, Mailleville, von Malherbe, Millery, Lamy, Damaras und Gouvin. Unter den Verwundeten befanden sich der Chursächsische General-Lieutenant Freyherr von Dyherrn *), ward durch die Streiffung einer Canonenkugel im Unterleib sehr gefährlich verwundet, der Marschall-de Camp Graf von Orlick, die Hauptleute von la Tour, von Reuterberg, von Frauenberg, von Röder, Tailli, von Brück, Graf von Waldeck, von Dornecker, Ritard, Bareth, Jeandel, von Wreden, Themines, Bülau, Tasque, Desvalles, Bellade, Flavigne, Desaulnais, Bichy, die [illegible] Lieute-

*) Er starb einige Tage darauf.

Lieutenants von Witzthum, von Heist, von Römling, Pernon der ältere, Sermen, Colomb, d'Aymes, Gereü, Robert, Sarronnai Manri, Maure, und Bilbon.

Anmerkung

über die

Schlacht bey Bergen.

Der Herzog Ferdinand hat bey keiner Gelegenheit mehr die Größe seines Genies gezeigt, als wie hier bey Bergen. Denn nach der glücklichen Expedition des Erbprinzen im Fuldischen und Hennebergischen, mußte der Herzog auch seiner Seits suchen, die Franzosen von dem Rhein und Mayn ganz zu vertreiben, und Frankfurt als ihren Hauptwaffenplatz zu erobern. Durch beydes hätten Se. Durchlaucht nicht nur den Kriegsschauplatz von den Hannöverschen Landen gänzlich entfernt, sondern sie hätten noch auf einmal die fürchterliche Cantonirungskette der französischen, Reichs- und kaiserlichen Armeen, die von den Niederlanden an bis Pohlen gieng, auf einmal zerschnitten. Durch dieses Manövre stand der Herzog alsdann zwischen

 beyden

beyden französischen Armeen, er hatte die Wahl, das Kriegstheater im Luxenburgischen, in Lothringen oder in der Pfalz aufzuschlagen; nichts hätte ihn mehr aufgehalten, und seinen siegreichen Waffen widerstanden, der Marschall von Contades wäre gezwungen worden, Westphalen zu verlassen, und wieder zurück zu marschiren. Dieses wären alles gewiß sehr wichtige Vortheile für die Alliirte gewesen. Allein der Held fand einen thätigen Gegner, welcher seine Absichten nicht allein vorgesehen, sondern gegen selbige auch die nöthigen Anstalten vorgebauet hatte. Schon längst hatte Broglio den Posten von Bergen genau recognoscirt, und solchen dem Hof vor haltbar vorgestellt, zu dem Ende ließ er selbigen nicht nur durch Pallisaden und Verhaue in einen bessern Vertheidigungsstand setzen, sondern neun seiner besten Bataillons musten Bergen vertheidigen. Die Befehle zu dem Ausbruch der Quartiere, die beynahe achtzig an der Anzahl waren, hatte er schon lange vorher verfertigt. Es geschahe dahero, daß, da er die Ordre, zum Aufbruch, den 11ten Aprill um Mitternacht den Regimentern zuschickte, selbige so geschwind eintrafen, daß die ganze Armee in weniger als 36 Stunden versammelt war, und in Schlachtordnung stand. Der Herzog von Broglio hatte sich fest vorgenommen, nicht aus Bergen zu rücken, sondern

selbi-

selbiges vielmehr aufs äusserste zu vertheidigen. Der Herzog Ferdinand, gab sich alle ersinnliche Mühe, diesen seinen Entschluß zu vereiteln, und ihm auf das freye Feld zu bringen; er machte zwey der heftigsten Angriffe, der letzte geschah auf beyde französischen Flügeln zugleich. Broglio ließ aber beyde durch frische Bataillons verstärken. Hierauf wendete der Held zuletzt sein Hauptaugenmerk auf Bergen, welches er unter der fürchterlichsten Canonade, mit dem grösten Muth nochmals angreiffen ließ, allein auch hier war Broglio als groser und würdiger Heerführer wieder zugegen. Er zog einen Theil des linken Flügels nach Bergen, um solches hierdurch zu unterstützen, und setzte sich selbst mit der Reserve hinter diesen Flecken, um selbigen mit Gewalt zu behaupten. Als der Herzog Ferdinand alle diese gute Anstalten von seinem Gegner sah, glaubte er durch einen schnellen Zurückzug ihm aus Bergen und in die Ebene zu locken; allein auch dieses geschah nicht, nur ein einziges französisches Bataillon folgte ihm, welches seine Tapferkeit aber auch fast ganz mit dem Tode zahlen muste. Nun sah der Held die Unmöglichkeit, die Franzosen zu einer ordentlichen Schlacht zu bringen, ein. Wiewohl wenn der Herzog Ferdinand auf sein Vorhaben beharret hätte, Bergen einzunehmen, so würde er solches auch sicher bewerkstelligt

haben,

haben. Allein da er eine feindliche Hauptarmee welche am Eingange der Hannöverischen Lande stand, zurück halten muste, und die mit seinen gewöhnlichen Heldenmuth auch verbundene Menschenliebe nach dieser wollte er nicht zu viel Blut von würdigen und braven Kriegern aufopfern, um hierdurch dem übeln Beyspiel eines Attila oder Carl XII. denen das Leben vieler Tausende sehr gleichgültig war, zu folgen. Als wahrer Held, und nach den Pflichten eines grossen Heerführers, der mit dem Leben der Soldaten geitzen soll, und stets denken muß, daß 20,000 Recrouten nie so gut als wie nur 5000 alte geübte Soldaten sind, handelte der Herzog Ferdinand bey Bergen gleichfalls. Nach zwey mißlungenen Angriffen, lies er die Franzosen bis am spätesten Abend heftig canoniren, wodurch er ihnen grossen Schaden zufügte und sie zugleich in einer nicht trauenden Aufmerksamkeit erhielt. Kurz vor Untergang der Sonnen lies er mehrere Bataillons gegen Bergen rücken; hierdurch machte er Mine, als wenn er von neuem diesen Flecken angreifen wollte. Durch diese Bewegung deckte aber dieser grose General seinen Zurückzug, indem er sich zwischen 11 und 12 Uhr ohne von den Franzosen verfolgt zu werden, zurück zog, und nachdem er dennoch einigermassen sein Vorhaben, den Herzog von Broglio vor der Vereinigung mit

dem

dem General-Lieutenant Graf von St. Germain anzugreifen, ausgeführt hatte.

Den 17. April marschirte der Herzog Ferdinand mit der Armee nach Nidda, den 18ten nach Grimberg, und den 19ten bis Alsfeld. Auf diesem Marsch fiel den 18ten bey Grimberg ein Scharmützel vor. Die französische Armee blieb unverändert, so lange die Alliirten sich in der Nähe befanden, in dem Lager bey Bergen stehen. Als sie sich aber entfernten, mußte der General von Blaisel mit den leichten Truppen ihnen nachfolgen. Bey der Alliirten Armee machte der General-Lieutenant Herzog von Holstein die Arriergarde, welche aus 5 Bataillons, den Husaren und Jägern, und den beyden preußischen Dragoner-Regimentern Holstein und Finkenstein bestand. Mit dieser hatte der General von Blaisel verschiedene Scharmützel, und besonders zerstreuete er bey Grimberg die zwey Schwadronen des Majors von Thun und Hauptmanns von Krosigk von dem preußischen Dragoner-Regiment von Finkenstein, welche größtentheils gefangen wurden, und ihre Bagage verloren.

Der Herzog verlegte seine Armee, um sie von den Beschwerlichkeiten der bey rauher Witterung unternommenen Märsche und Angriffe ausruhen zu lassen, bey Fritzlar *) in die Cantonnirungsquartiere,

*) Eine Kurmainzische Stadt an der Eder, zwischen Niederhessen und der Grafschaft Waldeck.

tiere, und die französische Armee rückte gleichfalls in die ihrigen, welche sich längs des Mayns und Rheins erstreckten. Zu Anfang des May zog sich der größte Theil der Franzosen aus Hessen nach dem Rhein, und der Marschall von Contades langte den 15. April aus Paris bey der Armee an, nahm sein Hauptquartier in Crefeld, und lies bey Burick, Wesel gegenüber ein ansehnliches Lager versammeln. Der 15. May lies der Herzog Ferdinand seine Armee aus den Cantonnirungsquartieren bey Fritzlar und Ziegenhayn aufbrechen, und den größten Theil nach dem Münsterschen marschiren. Ein Corps aber unter dem General-Lieutenant von Imhof mußte bey Cassel bestehen bleiben. Es hatten die in dem Bisthum Münster zurückgebliebenen Alliirten, welche die Generals von Sakville und v. Spörken commandirten, von Coesfeld bis Dulmen eine Kette gezogen, welche zu Coesfeld der General-Lieutenant von Brunk und zu Dulmen der General-Lieutenant von Wangenheim commandirte; diese Kette ward ansehnlich verstärkt. Zu Ende des Mays nahm der Held sein Hauptquartier zu Hamm *). Der Marschall von Contades nachdem er

*) Die Hauptstadt in der dem Könige von Preussen gehörigen Grafschaft Mark, beym Einfluß der Ahse in die Lippe.

er über den Rhein gegangen war, und seine Absicht war durch Hessen und Westphalen zugleich sich den Weg in das Herz der churfürstlichen Staaten zu eröfnen; brach er den 20. May von Mühlheim bey Cölln mit der Armee in 7 Colonnen auf, ging durch den Westerwald nach der Wetterau. Den 6. Junii brachen die Franzosen von Oberweimar und Niederwalgern nach Wetter auf, von da giengen sie nach Frankenberg, endlich nach Corbach, und von da nach Stadtberge. Da nun zu gleicher Zeit die bey Frankfurt am Mayn, und im Hannöverischen gestandene Franzosen unter dem Herzog von Broglio aufbrachen, und den 5ten bis Neustadt, den 9. Junii aber in die Gegend von Jesberg vorrückte: so verlies der General von Imhof seine Stellung bey Kassel, und zog sich nach Eimbeck. Die Alliirte Hauptarmee aber rückte von Hamm, über Werde, Soest, und Anröchte in das Lager bey Büren, welches den 14. Junii bezogen ward.

Beyde Armeen standen nun einander so nahe, daß die Vorposten kaum eine halbe Stunde voneinander entfernt waren, keine aber wollte die andere in ihrer vortheilhaften Stellung angreifen. Denn das französische Lager bey Stadtberge war durch die Natur befestigt, und das Alliirte Lager bey Büren war sowohl wegen der Verschanzungen

als

als der natürlichen Lage schwer anzugreifen. Der Marschall von Contades detaschirte also den Prinzen Xaver von Sachsen mit 5000 Mann gegen Paderborn, mit dem Befehl, der Alliirten Armee durch geschwinde Märsche die Gemeinschaft über Rethberg und Bilefeld mit der von Wesel und dem Münsterschen längs der Ems abzuschneiden. Den 19. Junii brach der Herzog Ferdinand nach Rethberg auf, nachdem er zu Lippstadt eine starke Besatzung unter dem General-Lieutenant von Hardenberg, und bey Dulmen ein ansehnliches Corps unter dem General-Lieutenant von Wangenheim zu Beobachtung desjenigen, welches Contades unterm Marquis von Armentieres bey Wesel versammelt, zurück gelassen hatte. Contades zog sich hierauf nach Paderborn, und der Herzog von Broglio mit der Reservearmee, welche ganz Hessen besetzt hatte; nach Neuhaus an der Lippe gegen Paderborn.

Den 30. Junii rückte die ganze französische Armee in das Lippische und bey Lippsring vor. Die Alliirte Armee verlies hierauf das Lager bey Rietberg, zog sich etwas zurück, und lagerte sich zwischen Marienfeld und Herzbroek. Bey diesem Zurückzug machten die Franzosen im Schlosse Rittberg einen Officier und 47 Gemeine gefangen; hingegen hieb am nemlichen Tage der preußische Obristlieutenant von Narzinsky mit 5 Escadrons preußischer

scher Husaren von den französischen 60 Mann nieder, und machte einen Officier und 1 Mann gefangen. Bey welchem Scharmützel der Obristlieutenant, und die Majors von Jeanneret und von Stenzsch sich ganz besonders hervorgethan, und dafür sowohl als alle übrige Officiers und Gemeine ansehnlich von dem Herzog beschenkt wurden.

Den 3. Julii zog sich die Alliirte Armee von Marienfeld bis Dissen, und von da den 9ten nach Osnabrück. Contades brach den Julii von Osterhold nach Stuckenbreg, und Broglio nach Orlingshausen auf. Die leichten Truppen beyder Armeen scharmuzirten stets miteinander, wobey der Hannöverische Obristlieutenant von Freytag und Major Friedrichs sich besonders hervor thaten, und den größten Theil der französischen Volontairs d'Alsace mit ihrem Obristen von Beyerlein, zu Gefangenen machten.

Den 9. Julii nahmen die Franzosen Minden mit stürmender Hand ein. Die Eroberung geschah auf folgende Art. Am 8. Julius gieng der General-Lieutenant Herzog von Broglio mit 16 Grenadier-Compagnien 1400 Mann Infanterie, den Carabiniers, einigen Canonen, den Schönbergischen und Nassauischen leichten Reutern nebst dem Fischerschen Corps gegen Minden. Den 9ten früh ließ er diesen Ort auffordern; der Braunschweigische Generalneralmajor von Zastrow, der Commandant war, wollte sich durchaus nicht ergeben. Broglio lies demnach die Stadt umringen, und als der Marschall-de-Camp Graf von Broglio sein Bruder auf der Niederweser eine Barke erblickte, so die Allürten am rechten Ufer des Flusses angebunden stehen lassen, so musten einige Grenadiers hinschwimmen und sie holen. Hierauf wurden Leute vom Fischerschen Corps auf solche gethan, welches auch die Brücke angrif. Der Herzog von Broglio lies auch zu gleicher Zeit seine Canonen abfeuren, um diesen Angrif zu begünstigen, er gieng auch glücklich von statten, und die Fischerschen Truppen drungen auch mitten unter den Vertheidigern der Brücke in die Stadt. Der General von Zastrow und seine aus 900 Mann bestehende Garnison wurde gefangen, und einige Magazine erobert. Es ist eigentlich der Graf von Broglio gewesen, der an der Spitze des Fischerschen Corps die Brücke zu Minden angreiffen, und mit den Grenadiers und Freywilligen des von la Noue in die Stadt gedrungen, doch hat auch der Brigadier Freyherr von Closen vielen Ruhm dabey erworben. Er ist es, der den General von Zastrow zurück in die Stadt trieb, als er mit seiner Garnison aus derselben nach Nienburg marschieren wollte. Closen führte auch die Passage über den Canal aus, er lies seine Grenadiers

nadiers Schuh und Strümpf ausziehen, und setzte sich da, wo er angewiesen war.

Zu eben der Zeit schickte man sich französischer Seits auch zu der Eroberung von Münster an. Der Herzog Ferdinand hatte, um diesen Platz zu bedecken, ein mäßiges Corps unter dem General-Lieutenant von Wangenheim bey Dulmen stehen lassen, als aber die ganze französische Armee auf ihn eindrang, zog er solches an sich. Wangenheim vereinigte sich zu Osnabrück mit der Armee des Herzogs. Das französische Corps unter dem General-Lieutenant Marquis von Armentiers, unternahm die Belagerung von Münster. Armentieres langte den 9 Julii vor dieser Stadt an, man konnte aber weil die Wege verdorben, das zur Belagerung nöthige Geschütz nicht sogleich von Wesel herbey schaffen, um also keine Zeit zu verlieren, ließ er in der Nacht vom 11 zum 12ten Julii einen Versuch thun, Münster mit dem Degen in der Faust zu erobern, zumal er bey vorgenommener Besichtigung der Gegend und Aussenwerke solches möglich befunden. Allein der Sturm lief unglücklich ab, die Besatzung trieb die Stürmenden zurück, und die Franzosen verloren an Todten den Brigadier und Obristlieutenant von dem Schweizer-Regiment von Jenner Mannlich von la Chanellaz nebst einer grossen Anzahl Gemeine. Der Obrist von Jenner

 ward

ward verwundet. Nach diesem fehlgeschlagenen Sturm lies Armentieres eifrig an den Batterien und Laufgräben arbeiten. Den 22 Julii früh um 3 Uhr, fiengen die Belagerer an, die Festungswerke stark zu beschiessen, die Stadt aber ward verschonet. Der Hannöverische General-Lieutenant von Zastrow (ein Bruder des Braunschweigischen Generalmajors) Gouverneur dieser Stadt sah bereits Vormittags, daß das Ravelin und die Batterien am Höxter und Neubrücherthor niedergeschossen waren, und zog mit der Besatzung, nachdem er das Heumagazin anzünden, und alles Geschütz nach der Citadelle bringen lassen, um 11 Uhr gleichfalls dahin. Die Franzosen besetzten die Stadt, und griffen die Citadelle an, allein das französische Feuer, welches auch ein Magazin in der Citadelle ergrif, war so heftig, daß der Gouverneur den 25. Julii sich mit der aus 3500 Mann bestehende Besatzung zu Kriegsgefangene ergeben mußte.

Die französische Hauptarmee brach den 14. Julii aus dem Lager bey Hervorden auf, und rückte bis Ettinghausen, und den 15ten bis Minden, welches letztere Lager bis zu der am 1. August vorgefallenen Schlacht nicht verändert ward. Da die Alliirte Armee schon den 11. Julii die aus vier Bataillons und einem Cavallerie-Regiment bestandene Besatzung der Stadt Osnabrück an sich gezogen hatte, so fand sich den 13ten früh der Aidemajor des Regiments Champagne von Poigny mit 100 Freywilligen vor gedachter Stadt ein. Die Franzosen verfolgten das zurückgebliebene Detaschement der Alliirten, und machten von demselbigen einige Gefangene. Das von den Alliirten in Osnabrück zurückgelassene Magazin bestand in 396,000 Rationen. Die Alliirte Armee würde gewiß Mangel gelitten haben, wenn nicht der Hannöverische Generalmajor von Dreves mit einem kleinen Corps, welches aus 2 Hannöverischen, ein Hessischen, und einem Braunschweigischen Regiment bestund, den 15. Julii die freye Reichsstadt Bremen besetzt, und dadurch die Gemeinschaft mit der See und Ostfriesland versichert hätte. Uebrigens war die französische Armee weit stärker als die Alliirte, sie konnte dahero mehrere Corps detaschiren, um theils Eroberungen zu machen, theils vortheilhafte Stellungen zu nehmen. Die Einnahme von Minden hatte schon in den Bewegungen der Alliirten einen sehr starken Einfluß gehabt. Sobald der Herzog Ferdinand dieselbe erfahren, brach er den 11 Julii von Osnabrück auf, und marschirte bis Boomte *) den 13ten bis Diepenau, den 14ten bis Stolzenau,

*) Ein in dem Bisthum Osnabrück und auf der Landstraße von Osnabrück nach Hannover gelegenes Dorf

nau, *) und den 16ten ganz nahe an Minden, wo das Hauptquartier zu Petershagen genommen ward. Beyde Armeen stunden nur anderthalb Stunden von einander entfernt. **)

Den 17. Julii schien es würklich, als ob es zur Schlacht kommen würde. Das Corps des Erbprinzen von Braunschweig grif das französische Detaschement, welches unter dem Marschall de Camp Grafen von Rougrave zu Beobachtung des Anmarsches der Alliirten Armee in ein Gehölz gestellt war. Der Erbprinz trieb es zurück, und der Marschall von Contades lies, weil er eine Schlacht vermuthete, die zu Bückeburg stehende Reserve, unter dem Herzog von Broglio den 17ten sogleich über die Weser gehen, und zu der Armee stossen. Der Marschall von Contades hatte ein Detaschement nach Vechte gesendet, welches die dasige Hanöverische Besatzung vertreiben, und diesen befestigten Posten besetzen sollte, allein der Flügeladjutant

des

*) Ein grosser Hanöverscher Flecken in der Grafschaft Hoya und an der Weser gelegen.

**) Diesen Marsch, der würklich ein Meisterstück von einem grossen Heerführer ist, konnte nur der Herzog Ferdinand dieser große General machen. Denn, durch selbigen ward er auf einmal Meister von der Weser und Aller, hielt mit einer ungleich schwächern Armee die große Feindliche in allen ihren Bewegungen auf, und nöthigte sie noch obendrein zur Schlacht.

des Herzogs Ferdinand von Schliefen, entsetzte den Ort mit 40 Husaren und 200 Dragoner. Den 28. Julii rückte der Hannöverische Generalmajor von Dreves mit einem Detaschement von der Bremischen Besatzung vor Osnabrück. Hier lag das französische Regiment von Clermont, welches dem Magazin, so die Franzosen bey dem Rückzuge der Alliirten daselbst gefunden, und stark vermehret hatten, zur Bedeckung diente. Der Commandeur desselben der Obrist Marquis von Commeiras wehrte sich von dem Walle und bey den Thoren zwey Stunden lang, mit der grösten Tapferkeit. Allein der obbemeldete Flügeladjudant von Schliefen bemächtigte sich eines Thores; Commeiras muste also der Gewalt weichen, und 300 Gefangene nebst 2 Canonen zurück lassen. Von den Alliirten, die gleichfalls einen ziemlichen Verlust gelitten hatten, ward der Braunschweigische Obrist-Lieutenant von Cramm getödtet, und der Hannöverische Obristlieutenant von Bachelle schwer verwundet.

Den 28. Julii führte der Erbprinz von Braunschweig mit 8 Bataillons und 6 Escadrons eine glückliche nnd wichtige Unternehmung aus. Er vertrieb die Franzosen aus der Stadt Lübke, wo er einen Theil ihrer Beckerey fand, und ihnen die Zufuhr schwer machen konnte, weil sie solche aus dem Paderbornschen über Lübke erhielten. Ueber

 haupt-

haupt ward durch die Eroberung dieses Passes der Allirten Armee der Zugang zu den Morästen bey Minden, hinter welchen die französische Armee stand, eröfnet.

Den 29. Julii rückte der Erbprinz nach Riemsel, wo das Corps des General von Drewes zu ihm stieß. Den 30ten rückte er bis Herforden, und stellte sich auf dem Wege, wo die französische Armee ihre Zufuhr bekommen mußte. Den 31. Julii that auch der Herzog Ferdinand mit der Hauptarmee einen kleinen Marsch von anderthalb Stunden von Petershagen nach Hille, wodurch er dem Feind etwas näher kam. Am folgenden Tage, als den 1. August kam es zu einer Schlacht, und diese zu wagen, war der Marschall von Contades durch die gefährliche Stellung, in welcher er sich befand, gezwungen. Die Zufuhr von Osnabrück her, war ihm durch Besetzung dieser Stadt abgeschnitten, er konnte auch, weil ihm der Erbprinz in den Rücken stand, von Paderborn her keine Zufuhr erhalten, und da Hameln und Rietburg sich noch in der Allirten Händen befanden, so war auch die Weser nicht frey mithin mußte er sich zum Angrif entschliessen.

Den 1. August des Morgens um 1. Uhr, waren alle Generals im Lager bey ihren Brigaden und Colonnen eingetroffen, und wie der Tag an-

anbrach, lies der Herzog Ferdinand die Reveille schlagen. Als es völlig Tag ward, fieng die feindliche Batterie zu Elthorst (Eickhorst) auf die von den Alliirten bey der Hiller Windmühle errichtete Batterie zu spielen an, diese antwortete aber mit gleicher Heftigkeit. Hierauf lies der Herzog Ferdinand die Armee unters Gewehr treten, die Zelter abbrechen, und mit den Packpferden fortschicken. Die noch bey der Armee befindliche Bagage mußte nach Stoltzenau, und von da nach Nienburg abgehen, und dort bis auf weitern Befehl verbleiben. Der Herzog von Broglio hatte sich mit seinem Corps diese Nacht über die Weser herüber gezogen, um den rechten Flügel der feindlichen Armee zu formiren, und gegen das Wangenheimische Corps, welches den linken Flügel der Alliirten Armee ausmachte, agiren zu können. Die Alliirte Armee setzte sich hierauf nach des Herzogs vorhero gemachte Dispositionen mit neun Colonnen in aller Geschwindigkeit in Marsch. Inzwischen hatte der General von Wangenheim (dessen Corps sich von dem abhängigen Ufer der Weser bis ans Holz erstreckte, und das Vorwerk Tonhausen verschanzt, mit in seiner Linie zu liegen hatte) den Feind en Ordre de Bataille formirt, wahrgenommen, worauf der Hessische Obristlieutenant von Huth mit der schweren Artillerie gegen die feindliche anrückte, und diese letztere währenden Abprotzen ein starkes Feuer gegen erstere zu machen anfieng. Hierauf marschirte der französische rechte Flügel um 5 Uhr des Morgens vor, der General von Wangenheim avancirte gleichfalls gegen denselben. In währender Zeit debouchirte der Herzog mit der Armee in Colonnen, halb rechts und halb links durch die gemachten Oeffnungen nach der Mindener Heide, und an dem bestimmten Ort marschirte dieselbe in aller Geschwindigkeit auf. Als der feindliche linke Flügel, so aus 15 Bataillons Sachsen bestand, dieses wahrnahm, avancirte derselbe gegen den rechten Flügel der Alliirten, und zwar auf die englische Infanterie, welche hierauf gleich auch, so zu sagen mehr gegen den Feind lief, als marschirte, beyde Theile fiengen sehr hitzig gegeneinander zu feuern an. Das Canonenfeuer nahm auch auf diese Flügel gegen 7. Uhr mit der größten Heftigkeit seinen Anfang. Der Feind hatte seine stärkste Macht auf den rechten Flügel gezogen, um das Wangenheimische Corps, worunter auch die Grenadiers-Bataillons begriffen waren, übern Haufen zu werfen bevor die Armee sich formirt hätte, um solcher hernach in die Flanken kommen zu können. Allein der Obristlieutenant von Huth, hatte mit seiner Artillerie-Brigade, die gegen ihm gelegene drey feindliche Batterien dergestalt ruinirt daß sie mehrentheils

rentheils nichts mehr von sich hören liessen, und er seine Artillerie nunmehro mit vielem Vortheil gegen die feindliche Cavallerie und Infanterie wenden konnte; welche gegen selbige auch ein solch erschreckliches Feuer machte, daß sie nicht weiter avanciren, sondern sich in Unordnung zurückziehen mussten, und nicht eher als ausser der Alliirten Feuer in eine Tiefe sich setzen konnten. Der Königlich-Grosbrittannische und Churhannöverische General-Feldzeugmeister Graf von der Lippe-Bückeburg, welcher selbst auf diese Batterie commandirte, hat nebst dem Wagenheimischen Corps unter beständigem Chargiren mit grosen und kleinen Gewehr dem Feinde solchergestalt zugesetzt, daß er nicht länger widerstehen können, sondern mit Zurücklassung verschiedener Kanonen, ohne diejenigen, so demontirt (entlavetet) wurden, sich nach der Flucht umsehen müssen. Da es auf dem rechten Alliirten Flügel sehr hitzig hergegangen war, und die Engländer und daran stossenden Hannoveraner sehr gelitten hatten, mußte das englische Regiment von Kingsley aus der zwoten Linie vorrücken. Der General-Lieutenant Prinz von Anhalt-Bernburg, welcher nebst dem Königl. Preußischen Generalmajor Graf von Finkenstein dujour war, und das Piquet von ungefähr 1600 Mann Infanterie und 200 Cavalleristen commandirte, und den rechten Flügel

be-

bedeckte bekam Ordre, den Feind, welcher das Dorf Halem besetzt hatte, heraus zu treiben, und sich jenseits des Dorfs zu setzen, um etwa dem Feinde in die Flanke oder in Rücken zu kommen, es mögte kosten was es wolle.

Dieser Prinz wurde zweymal zum Weichen gebracht, und als er das dritte mal mit aller Macht angriff, steckte der Feind einige Häuser in Brand den Prinz aufzuhalten, allein derselbe drang durch, und verjagte den Feind. Der preusische Hauptmann von dem Busch von dem Holsteinischen Dragoner Regiment, eroberte mit 36 Mann eine Batterie von 9 Canonen, dafür er tausend Reichsthaler zur Belohnung erhielt. Unterdessen litt die englische Infanterie sehr, daher der General-Lieutenant von Wutgenau von seiner Division aus dem Centro der Armee, das Hannöverische Regiment von Wangenheim, und die Hessische Garde den Engländern zu Hülfe schicken muste; bevor diese aber ankamen, hatten die feindliche Carabiniers in die Hannöverische Garde und in die Englische Regimenter Welsch und Kingsley gesetzt, und ungeachtet von diesen Carabiniers ein ziemlicher Theil erlegt wurden, musten jedoch diese drey Regimenter weichen. In diesem Augenblick langte die Hessische Garde und das Wangenheimische Regiment an,

und

und machten ein solch heftiges Feuer auf die Carabiniers, daß sie sich in aller Eil und in der grösten Unordnung zurück zogen. Hierauf avancirten diese beyde Regimenter in solcher Geschwindigkeit, daß ihnen ihre Canonen nicht nachfolgen konnten; auf einmal stießen sie nun auf 4 sächsische Bataillons, gegen dieselbe chargirten sie mit dem kleinen Gewehr so lange, bis ihre Canonen ankamen, welche den Sachsen mit Cartätschen so heftig anfiengen zuzusetzen, daß diese gleich den Franzosen mit Unordnung sich zurück zogen. Die repoußirt gewesene englische Regimenter hatten sich nun wieder gesetzt, da denn der hannöverschen Fuß Garde, die von den Carabiniers verlohrne Paucken und Standarten zu Theil geworden sind.

Auch diese Art war der französische linke Flügel geschlagen, und lief was er laufen konnte nach Minden. Die Mitte des ersten Treffens mußte also besser vorrücken, und das zweyte Treffen mit einigen Bataillons, die hier und da durch die besagte Bewegung entstandene Oefnungen ergänzen, da denn der Feind in seiner völligen Flucht noch eine starke Canonade ausstehen mußte. Während dieses vorgieng, stand die Cavallerie der Allirten vom linken Flügel zwischen den Wangenheimischen Corps und der Armee postirt, und hatte eine sehr

star-

starke feindliche Linie von Cavallerie, welche die Mitte formirte, vor sich. Diese beyde Cavallerien fochten mit gleichem Muth beynahe eine Stunde lang miteinander, bis endlich die Alliirte, die von ihrer Infanterie unterstützt wurde, die französische gänzlich warf, und derselben verschiedene Standarten und Paucken abnahm.

Auf dem linken Infanterie Flügel der Alliirten, welcher im ersten Treffen aus Grenadiers, Prinz Wilhelm, und Gilsen, Hessen bestand, war eine Batterie von acht Canonen, welche von etlichen Brigaden französischer Grenadiers bedeckt war. Diese feuerten sehr stark auf die Cavallerie der Alliirten. Sie wagten es zu verschiedenenmalen, diese Batterie wegzunehmen, allein das Canonen- und Gewehrfeuer trieb sie jedesmal wieder zurück. Indessen avancirte von diesem linken Flügel der Alliirten die Infanterie mit möglichster Eil auf diese Batterie. Das hannöverische Leib Cavallerieregiment, machte während der Zeit eine solche Bewegung, daß es zwischen dem hessischen Grenadier-Regiment, der feindlichen Batterie, und den dabey stehenden französischen Grenadiers paßirte, zog sich aber hierdurch ein gräuliches Kartätschen- und Musketenfeuer auf den Hals, und wurde genöthigt, in Geschwindigkeit sich davon zu entfernen, sicherte

jedoch

jedoch das Hessische Grenadier-Regiment von besagtem Feuer, daß es hierdurch keinen starken Verlust litt. Inmittelst war dieses Regiment, nebst dem von Prinz Wilhelm und Gilse, nahe an besagte Batterie gekommen, und thaten mit vorwärts gefälltem Bajonet, einen fürieusen Angriff. Das Grenadierregiment marschirte gerade gegen der Batterie, eroberte solche unter einer starken Generalcharge, von der dahinter stehenden feindlichen Brigade. Hier hatte der Herzog von Holstein mit der preussischen, und der General von Urf mit der hessischen Cavallerie eine Gelegenheit einzuhauen, und sie in völlige Flucht zu bringen, auch Canonen und Fahnen zu erbeuten.

Nun waren beyde Flügels, nachdem die Bataille nur zwey Stunden gedauert hatte, geschlagen, und die ganze feindliche Armee in die Flucht getrieben. Ihre Cavallerie setzte sich zwar öfters, allein das beständig anhaltende Canonenfeuer von den Alliirten, brachte sie immer wieder zum Weichen. Der General von Wangenheim verfolgte die Franzosen bis Minden; ein gleiches that die Artillerie von dem rechten Flügel, welche unaufhörlich auf die Flüchtigen schoß. Währender Bataille ließ der Feind ein erschreckliches Feuer aus der großen Eickhorster Schanze auf diejenige, welche die Alliirten bey Hille hatten, machen; um die

Auf-

Aufmerksamkeit der Alliirten dahin zu ziehen, und das Wangenheimische Corps desto eher besiegen zu können, allein der Herzog kehrte sich daran nicht, und blieb bey seiner einmal genommenen Position.

Die Franzosen verloren in dieser Bataille 6000 Mann an Todten, Verwundeten und Gefangenen: unter den Todten befanden sich die Obristen Prinz von Chimay und von la Fayette; unter den Verwundeten waren die vornehmsten die Generallieutenants von Beaupreau und von Poyanne, der Marschall-de-Camp von Monti, die Obristen Herzog von Montmorency, von Gace, von Sechelles und von Vatan, und der Marschall-de-Camp von Lützenburg, befand sich unter den Gefangenen. Die Alliirten erbeuteten 1. Standarten, 7 Fahnen, ein paar Paucken, und 31 Canonen, und ihr ganzer Verlust belief sich auf 2584 Mann und 851 Pferde. Der Herzog Ferdinand ließ seine Danksagung der Armee wegen ihres Wohlverhaltens durch seinen General-Adjudanten von Rheden abstatten. Se. Durchlaucht waren ganz besonders mit den Generals von Wangenheim, von Spörken, Herzog von Holstein, Graf von Lippe Bückeburg, von Urf, von Imhof, von Waldgrave, von Kingsley; und mit den Artillerie Chefs, den Obristen von Hitth, von Braun, und dem Major von Hase wohlzufrieden.

Anmer-

Anmerkung
über die
Schlacht bey Minden.

Da der Marschall von Contades in einer zu langen Unthätigkeit bey Minden stehen blieb, auch beydes, Bremen, und Osnabrück seiner Vorrathskammer länger zu behaupten vernachlässigte, mußte er allen seinen Unterhalt für sein groses Heer nicht nur aus dem Paderbornischen kommen lassen, sondern da ihm der Herzog Ferdinand auch diesen durch den Erbprinzen von Braunschweig, welcher den Herzog von Brissac bey Coofeld schlug, hatte abschneiden lassen; so muste er sich wider seinen Willen zu einer Schlacht, welches er bis dahin mit vieler Sorgfalt vermieden hatte, bequemen. Die Fehler die der Marschall von Contades bey dieser Schlacht machte, waren folgende:

1. Hatte er nicht genug und hinlängliche Nachricht von dem Corps des Generals von Wangenheim bey Thonhausen eingezogen, sondern selbiges nur so obenhin recognoscirt. Durch diese seine Nachläßigkeit, wußte er die Stärcke nicht, und da er solches nicht stark zu seyn

glaubte, fiel er glücklich in die ihm von dem Herzog Ferdinand gelegte Schlinge, und griff es an.

2. Da Contades die Stadt Minden im Rücken, und Moräste vor sich hatte, begieng er den grösten Fehler, daß er diese seine vortheilhafte Stellung verließ, und die Alliirten angriff; unendlich besser würde er gethan haben, wenn er sich hätte angreiffen lassen, oder wenn er bey seinen mißlichen Umständen von Minden aufgebrochen wäre, und sich zurück gezogen hätte.

3. Hatte er gar keine Kundschaft von der Alliirten Armee eingezogen, er wußte nicht ein Wort von der Stellung des Herzogs, und daß derselbe Petershagen verlassen hatte, und bis Hille vorgerückt war; hierdurch wurde sein Vorhaben den Alliirten in die linke Flanke zu fallen, mit einmal vereitelt.

4. Nachdem er einmal den Fehler gemacht, und aus seinem Lager aufgebrochen, war er in seinen Bewegungen, um eine vortheilhafte Schlachtordnung zu nehmen, viel zu langsam, indem er sieben ganzer Stunden damit zubrachte.

5. Da er mit seiner großen Armee nicht zu manövriren und das Terrain gehörig zu benutzen

wußte,

wuste, so war es dem Herzog leicht, seine Macht zu übersehen, und von diesem Fehler, zumahlen er einen Theil seiner Mitte vorrücken ließ, zu profitiren.

6. Seine Mitte, die aus 60 Escadrons Cavallerie welche zwey Linien formirte, bestand, hatte er zu weit vorgerückt, und da sie von keiner Infanterie unterstützt wurde, so ward selbige dann auch, gleich über den Haufen geworffen.

7. War es ein Fehler, daß nachdem er so wohl die Stärke und gute Stellung des Wangenheimischen Corps, als die vom Herzog sah, nicht gleich wieder in sein Lager zurück marschirt ist, zumahlen er dieses ohne grossen Verlust und mit Ehre thun konnte.

8. Hätte er, nachdem er sein eigentliches Vorhaben das Wangenheimische Corps uber den Haufen zu werffen, vereitelt sah, die Truppen mit welchen er seinen rechten Flügel verstärkte und den linken schwächte, auf diesen wieder rücken sollen lassen.

Von den glücklichen Folgen dieser Schlacht und den übrigen grossen Thaten des Herzogs, werde ich im folgenden Theil, in welchem ich noch mehrere vaterländische Helden zu beschreiben gedenke, reden.

Druckfehler.

Seite 104. Zeile 10. anstatt Betragne lies Bretagne.
— 114. Zeile 8. anstatt Marsall lies Marschall.
— 215. — 23. anstatt Er lies Es.
— 240. — 15. anstatt Motmorin lies Montmorin.
— 278. — 22. anstatt Cavallie, lies Cavallerie.
— 287. — 17. anstatt die ganze Schlacht, lies die, die ganze Schlacht.
— 289. — 23. anstatt wöhrend, lies während.
— 314. — 1. anstatt Wachterdonk, lies Wachtendonk.
— 335. — 11. anstatt Zuückzug, lies Zurückzug.
— 350. — 2. anstatt ud lies und.